권력의 탄생

새로운 대통령은 어떻게 만들어지는가

권력의 탄생

새로운 대통령은 어떻게 만들어지는가

초판 1쇄 인쇄 2019년 9월 20일

초판 1쇄 발행 2019년 9월 27일

—

지은이 하상복

펴낸이 이방원

편　집 정조연·김명희·안효희·윤원진·송원빈·정우경

디자인 손경화·박혜옥　**영 업** 최성수　**기획·마케팅** 이미선

—

펴낸곳 세창출판사

신고번호 제300-1990-63호

주　소 03735 서울시 서대문구 경기대로 88 냉천빌딩 4층

전　화 723-8660　　**팩 스** 720-4579

이메일 edit@sechangpub.co.kr　　**홈페이지** http://www.sechangpub.co.kr/

—

ISBN 978-89-8411-899-7　93340

이이 도서의 국립중앙도서관 출판예정도서목록(CIP)은 서지정보유통지원시스템 홈페이지(http://seoji.nl.go.kr)와 국가자료종합목록 구축시스템(http://kolis-net.nl.go.kr)에서 이용하실 수 있습니다.(CIP제어번호 : CIP2019035097)

이 저서는 2010년 정부(교육부)의 재원으로 한국연구재단의 지원을 받아 수행된 연구임(NRF-2010-812-B00008).

권력의 탄생

새로운 대통령은 어떻게 만들어지는가

하상복 지음

세창출판사

서문

1789년, 미국에는 전례 없는 권력개념이 등장했다. 바로 '대통령president' 이다. 혁명의 지도자들은 이 개념을 두고 논쟁했다. '과연 대통령은 왕과 어떻게 다른가?' 하는 것이었다. 종교적 자유를 찾아 떠나왔으면서도 고향의 향수를 잊을 수 없었던 아메리카 대륙의 인민들은 신생국을 이끌 지도자상으로 영국적 전통을 답습할 수도, 그 전통으로부터 완전히 벗어날 수도 없었을 것이다. 그리고 대통령은 그러한 양극단의 중간 지점에 위치하는, 일종의 해법이었을지 모른다. 그렇게 국민이 선출하는 군주라는, 근대적이면서도 전통의 형식을 따르고 있는 권력이 탄생했다. 그 시간 프랑스는 그들의 군주 루이 16세의 목을 잘랐다. 한쪽에서는 근대적인 얼굴의 군주가 세워지는 순간 반대편 대륙에는 특정한 생물학적 인격이 국가와 권력을 표상해 온 전근대적인 전통을 근원적으로 없애 버린 것이다. 그러나 아이러니하게도 그 프랑스는 황제가 탄생하기에 앞서 통령이라는 권력개념을 도입했고, 제2공화국은 대통령이라는 개념을 수용했다. 그 대통령은 두 번째 황제가 되었고 제5공화국에 들어서 프랑스는 가장 강력한 대통령제를 만든 나라가 되었다. 그러한 역사적 궤도를 따라오면서 대통령은 근대 권력의 대표적 원리로 안착했다.

'국민이 뽑는 군주', 대통령의 취임식은 대단히 장대하고 화려하다. 심지어 그것은 마법적이기도 하다. 새로운 대통령이 뽑히고 취임식이 열리는 순간 정치공동체는 희망과 미래를 꿈꾼다. 정치적 스펙터클(자연경관이나 도시 건축물뿐만 아니라 미디어가 전달하여 보여 주는 이벤트나 표상, 미디어 자체까지도 포괄하는 개념)로 장식된 취임식 무대에 선 새로운 권력자의 표정과 손짓과 말은 국민을 환호하게 하고 환희에 젖게 만든다. 신임 대통령의 몸에는 공동체의 이상향이 체현되어 있고, 그의 입에는 국민들을 기쁘게 하고 행복하게 할 완벽한 정책들이 담겨 있다. 그리하여 그는 위대한 정치적 영웅으로 재탄생한다. 그렇게 영웅으로 다시 태어난 그는 국민들 앞에 공동체의 평화를 이끌 공평무사한 지도자, 더 나은 국가를 실현할 수 있는 비범한 능력을 지닌 권력자로 등장한다. 그는 국가와 국민의 이름으로 신성하고 성스러운 존재가 되어 자신의 통치를 시작하는 것이다.

대통령 취임의례의 무대는 그 점에서 대단히 역설적이다. 권력자의 물리적인 몸이 자리하고 있지만, 그 무대의 주인공은 대통령의 실제적인 얼굴이 아니라 이상적이고 절대적이며 성스러운 이미지로 구성된 또 하나의 몸과 얼굴이기 때문이다. 정치사상가 칸토로비치Ernst Kantorowicz의 '왕의 두 신체The king's two bodies'는 이렇게 전근대 군주권력의 본질을 말해 주는 개념으로 머물지 않고 근대로까지 이어진다.

대통령은 근대의 정치적 발명품이지만 대통령이 탄생하는 의례는 그렇지 않아 보인다. 막스 베버가 말하고 있는 것처럼, 근대는 본질적으로 신비적이거나 주술적, 또는 마법적인 인식 패러다임에서 벗어나는 것이다. 근대는 합리적 인식과 계산의 정신이다. 그러나 대통령의 취임의례는 정치적 신비와 주문, 집단무의식적 기대와 열광으로 채워진다. 옛것이 사라지고 모든 것을 새롭게 시작하는 창조의 시공간이 열리는 그 순간 어느 누구도 과학과 경제와 객관의 논리에 속박되지 않는다.

전근대와 근대 사이에서 정치적 양면성을 지니는 대통령 취임식은 여러 나라들에서 화려하고 큰 규모로, 종교적 의례에 버금갈 정도의 집단적 열정 속에서 열리고 있다. 1948년 제1공화국 이래, 잠깐을 제외하면, 지속적으로 대통령제를 운영해 오고 있는 한국도 그 경우에 포함될 수 있다. 지난 2017년 5월에 상대적으로 간소하게 치러진 문재인 대통령의 취임식이 예외적으로 또는 이질적으로 보였던 것은 역설적으로 지난 한국의 대통령 취임식들이 얼마나 장대한 형식과 내용으로 개최되어 왔는가를 말해 준다.

정치인류학자 클라스트르Pierre Clastres는 남북 아메리카의 인디언 부족을 관찰한 한 연구자(Robert Lowie)의 주장에 기대어 원시적 정치권력의 세 가지 본질을 이야기하고 있다. 부족의 추장은 '평화의 중재자로서 관대함을 갖추어야 하며 말을 잘해야 한다'는 것이다(『국가에 대항하는 사회』, 39). 한편, 기어츠Clifford Geertz는 19세기 발리의 정치체제에 대한 면밀한 분석과 해석을 통해 '권력의 상징학'이란 개념을 만들어 냈다. 발리의 왕은 단순히 권력의 물리적·제도적 소유자가 아니었다. 그는 다양한 의례를 통해 자신에 대한 이상적 이미지를 창출함으로써 존속하는 '정치적 생명'이었다. 의례는 왕을 "땅과 거기에 사는 생명체들에 대한 최고의 '수호자', '후견인', 혹은 '보호자'인 응우라ngurah로 표현"했다. 그와 같은 왕은 정치적 행위자이면서도 정치적 기호이기도 한 것이다(『극장국가 느가라』, 236; 240). 웨슬러Howard J. Wechsler가 『비단같고 주옥같은 정치』에서 중국 고대 황제권력의 의례 메커니즘에 대한 광범위하고 심층적인 탐색을 통해 밝힌 것도 바로 이 부분이다. 결국 권력자가 된다는 것, 권력자로 살아간다는 것은 '상징적 이미지'라는 옷을 입지 않고는 불가능하다는 것이 정치인류학이 주장하는 보편적 명제라고 할 수 있다.

- 취임식에 선 근대국가의 대통령이 국민들을 향해 보여 주려는 정치적 역량은 전근대국가의 추장이 과시하고자 한 통합과 관대함과 수사적 역량과 과연 얼마나 다른가.

- 결국 초라한 정치적 성적표를 가지고 권좌에서 내려오더라도 취임식 무대 위에서는 가장 이상적이고 영웅적인 이미지를 가지고 권력 행사를 시작하려는 대통령의 정치적 열정은 발리의 왕 그리고 중국 황제의 그것과 얼마나 다르다고 말할 수 있을까.

- 취임의례의 주인공인 대통령의 실제 모습은 이미지의 거리로부터 얼마나 멀리 떨어져 있는가.

이러한 문제의식 위에서 우리는 근대 정치권력의 공간 속에도 원시적인 형태의 권력 원리가 내재되어 있거나 혹은 완전히 사라지지 않은 채 남아 있을지 모른다고, '대통령권력presidential power'의 탄생의례야말로 그러한 모험적 사유의 유용성을 증명해 낼 흥미로운 무대일 수 있겠다고 생각한다. 미국과 프랑스에서 대통령의 탄생과 진화의 역사가 말해 주고 있듯이 대통령이란 근대의 발명품이지만 그 속에 전근대적 군주의 그림자가 어른거리기 때문이다. 그러한 맥락에서 근대 정치도 인류학적 보편성으로부터 멀리 벗어나 있지 않을 수도 있다고 상상해 본다.

이 책은 이와 같은 문제와 질문들을 사유하고 답을 찾아보려 한다. 성대하든, 간소하든 대통령권력의 탄생을 알리는 의례는 생략될 수 없는 것이라면, 또 그 의례가 확장된 혹은 변형된 인류학적 보편성과 종교성 위에서 작용하고 있다면, 우리는 취임의례의 형식과 내용으로 들어가 그에 대한 이유를 추적하지 않을 수 없다. 이 책이 그러한 궁금증에 대해 얼마나 충실한 그리고 적합한 답을 제공했는지, 이제 독자들의 평가를 기다릴 시간이다.

연구를 시작한 지 근 8년이 훌쩍 지났다. 결코 짧지 않은 시간 동안 미로 속을 헤매기도 하고, 논리적 모순으로 뒤엉킨 상황에 놓이기도 했다. 여러 사람의 격려와 도움으로 그 장벽들을 넘어설 수 있었다. 무엇보다 대중적인 연구서가 아님에도 흔쾌히 출판을 결정해 주신 세창출판사에 감사드린다. 풍성한 아이디어와 꼼꼼한 편집으로 책의 완성도를 한층 더 높여 준 출판사의 정조연 선생님께 특별히 고마움을 표하고 싶다. 지난해, 연구의 전체적인 틀과 방향을 중심으로 발표할 기회

와, 글의 논리적 일관성의 고리를 만드는 데 결정적인 도움을 준 서강
대학교 글로컬한국정치사상연구소의 강정인 소장님께도 감사드린다.
그 세미나에 참여한 많은 선후배 연구자들의 상상력 넘치는 비판이 큰
힘이 되었다. 언제나 그렇듯이 아내 나양과 딸 연재는 힘든 연구 과정
을 지치지 않고 진행하게 해 주는 든든한 조력자다. 그저 고마울 따름
이다.

2019년 8월
목포대 연구실에서
하상복

차례

제1장

프롤로그
―의례와 권력의 탄생

THE BIRTH
OF POWER
THE BIRTH
OF POWER
THE BIRTH
OF POWER

1
대통령 취임의례의
역사적 스케치

1987년 12월, 6월 민주화운동의 의지와 열망으로 제정된 제6공화국 헌법에 따라 대통령 선거가 열렸다. 민주정의당의 노태우 후보가 당선되었고, 이듬해에 개최될 제13대 대통령 취임식을 위한 취임준비위원회가 조직되었다. 위원회는 취임식의 기본적인 방향과 관련해 "대통령 취임행사를 온 국민이 참여하고 축하하는 분위기를 조성"[1]할 것이라고 말했다. '온 국민이 참여하고 축하'하는 취임식을 거행하기 위해 취임위원회는 초청 인원의 규모와 범위를 다음과 같이 결정했다.

　　취임식 참가범위는 행사규모나 장소에 따라 변동이 있게 되는데 준비위원회는 3부 및 헌법기관의 고위 공직자뿐만 아니라 각 분야에 종사하는

1　　대한민국정부, 『정부의전편람』, 1990, p.201.

전국의 보통 시민들도 많이 참석할 수 있도록 한다.[2]

이에 따라 노태우 대통령이 취임사에서 밝힐 국민적 메시지를 예견케 하는 '보통 사람들' 2만 5천명이 초청되었다. 이 숫자는 대통령 취임식 중 가장 큰 규모였다. 그 이전인 12대 대통령 취임식만 해도 9천 명이 초청되었을 뿐이었다. 국무총리를 위원장으로 하는 취임준비위원회는 또 하나의 결정을 해야 했다. 취임식 장소에 관한 것이었다. 잠실체육관, 장충체육관, 세종문화회관, 국립중앙박물관 광장, 국회의사당 광장이 후보지로 올라왔고 위원회는 대통령 당선자에게 결정권을 부여했다. 그리고 당선자는 국회의사당 광장을 선택했다. 정치적 관례를 따른다면 잠실체육관이나 장충체육관이 ―민주정의당 대통령 후보 지명 대회가 열린 곳이라는 점에서― 취임식의 상징성도 갖출 만한 곳이었다. 하지만 당선자는 관례를 버리고 국회의사당 광장이라는 정치적 새로움을 택했다.

노태우의 취임식은 세 가지 점에서 주목할 만한 의미를 지닌다. 첫째, 현재의 국회의사당(1975년에 건립되었다)에서 개최된 최초의 대통령 취임식이었다. 둘째, 국회의사당이 대통령 취임의례의 영토적 전통으로 확립되는 시초였다. 이후 1993년, 1998년, 2003년, 2008년, 2013년, 2017년의 대통령 취임식은 모두 여의도에서 열렸다. 셋째, 13대 대통령 취임식은 2월 25일에 열렸는데, 이후 대통령 취임식은 ―문재인 대통령의 취임식 이전까지― 예외 없이 그날을 취임식의 전통으로 삼아 왔다.

---

2 『정부의전편람』, 1990, p.191.

노태우 당선자는 권위주의 정권 창출을 위해 활용된 기존의 '닫힌 공간'이 아니라 '열린 공간'을 선택했고, 다양한 기호의 배치를 통해 그 무대의 정치적 차이와 새로움을 드러냈다. 내외 고위직 초청 인사들이 앉는 단상의 배치에서부터 과거와 같은 위계성이 약화되었고, 13대 대통령의 취임을 상징하는 1,300마리의 비둘기가 하늘을 날 준비를 하고 있었다. 또 당선자는 연미복과 같은 특별 의상이 아니라 평범한 양복을 입고 등장했으며, 서양음악 일색이었던 과거와 달리 국악단이 주악에 참여했다. 1972년 유신정권 수립 이후부터, 1981년 전두환 군부정권의 등장에 이르기까지 대통령 취임식의 장소로 사용된 체육관을 벗어나 의회민주주의의 상징적 공간을 선택한 것, 그리고 그에 걸맞은 정치적 의미를 드러낼 이미지들로 무대를 채색한 것은 의심할 나위 없이, 세밀한 커뮤니케이션 전략의 소산이다. 이것이 새롭게 출범할 정권은 직선제의 절차를 통과한 민주적 정당성을 보유한 정권이라는, 그러므로 과거의 권위주의 정권과는 근본적으로 다른 정치적 성격을 지닌 권력이라는 메시지의 전달 구도였다는 해석은 틀려 보이지 않는다.

13대 대통령 취임식이 보여 주는 정치적 연출상의 단절은 한국만의 특수한 상황이 아니다. 1981년 프랑스의 정치적 상황으로 들어가 보자. 그해 봄 대통령 선거가 열렸고 사회당 후보 미테랑François Mitterrand이 우파 후보 시라크Jacques Chirac를 누르고 당선되었다. 그리고 5월 21일에 열린 대통령 취임식은 전례와 비교할 때 대단히 이질적인 요소를 지니고 있었다. 전통적으로 프랑스의 대통령 취임식은 대통령 관저인 엘리제궁에서 개선문에 이르는 공간을 중심으로 진행되었다. 나폴레옹의 정치적 기억이 뿌리내리고 있고, 두 번의 대전이 가져온 치욕과 영광이 서려 있는 개선문은 대통령 취임식이 치러질 만한 상징적 장소다. 미테랑 또한 그러한 의례 전통을 따라 좌파정권의 탄생을 알렸다. 신임 대통령은 엘리제궁에서 다음과 같이 연설했다.

조레스 가르침의 신봉자로서 저는 무엇보다 그들[3]의 이름으로 이야기하는 바입니다. 인민전선과 해방 이후 기나긴 행로의 세 번째 단계 앞에서, 민주적으로 표출된 프랑스의 정치적 다수가 사회적 다수로 확인되는 순간입니다. 위대한 국민은 위대한 계획을 설계하기 마련입니다. 오늘날의 세계에서 사회주의와 자유의 새로운 결합을 실천하는 것보다 우리에게 필요한 일이 무엇이며, 다가올 미래를 위해 그러한 결합을 제공하는 것보다 더 빛나는 꿈이 무엇입니까?[4]

신임 대통령은 조레스Jean Jaurès의 가치가 상징하는 좌파정권이 민주적·사회적 다수의 토대 위에서 사회주의와 자유의 결합이라는 과제를 실천할 것임을 공표했다. 그러나 그의 취임식은 거기서 끝나지 않았다. 미테랑은 제5공화국 전임 대통령들 어느 누구도 취임식의 무대로 삼은 바 없는, 공화국의 위대한 인물이 안장되어 있는 묘지 팡테옹Panthéon de Paris을 선택했다. 그는 파리의 대학가 뒤편에 자리하고 있는 국립묘지로 가서 취임식의 대미를 장식할 특별 의례를 거행했다. 프랑스의 역사

---

3 200년 전에 프랑스의 역사를 만든 수백만의 프랑스인들.

4 F. Mitterrand, "Discours d'investiture de M. François Mitterrand, Président de la République".

적·정치적 양심으로 불리는 쉘셰Victor Schœlcher, 조레스Jean Jaurès, 물랭Jean Moulin이 잠들어 있는 묘소로 들어가 사회당의 상징인 붉은 장미를 바친 것이다.[5] 1981년부터 1995년까지, 14년 동안의 사회당 통치는 그렇게 시작했다.

미테랑이 연출한 전례 없는 상징정치는 뚜렷한 정치적 메시지를 지향하고 있었다. 정치 참모를 지낸 아탈리Jacques Attali가 전하는 바에 따르면, 미테랑은 "1789년 프랑스대혁명 이후 좌파는 오직 네 번 정권을 잡았소. 1848년에는 4개월, 1870년에는 코뮌으로 파리에서만 2개월, 1936년에는 1년, 따라서 1789년 이후 지속적으로 다스린 첫 번째 좌파 내각이 바로 우리 내각이라고 말할 수 있어요. 200년 만에 처음이지!"[6] 라고 말했다. 그와 같은 인식에 비추어 볼 때, 미테랑이, 아무도 상상하지 않았던, 팡테옹을 취임의례의 마무리 장소로 선택한 것은 프랑스 근현대사에서 1981년 좌파정권의 등장이 지니는 역사적 의미를 시각적으로 재현하려 한 것으로 우리는 해석한다. 프랑스혁명사가 증언하고 있듯이 팡테옹은 과거와의 근본적 단절과 새로운 역사의 문을 향한 정치적 의지와 열망을 표상하는 장소로 탄생했기 때문이다.[7] 팡테옹과 붉은 장미, 그리고 위대한 사자들, 특히 조레스는 좌파의 집권을 웅변해주는 정치적 기호의 집합들이 아닐 수 없다.

1994년 5월 10일, 남아프리카 공화국에서는 역사적인 사건이 발생

---

5   "Les cérémonies de la journée du 21 mai 1981," *Le Monde*, le 21 mai 1981; "De l'Élysée au Panthéon," *Le Monde*, le 22 mai 1981.

6   자크 아탈리, 김용채 옮김, 『자크 아탈리의 미테랑 평전』, 뷰스, 2006, p.170.

7   하상복, 『빵떼옹: 성당에서 프랑스 공화국 묘지로』, 경성대학교 출판부, 2007 참조.

했다. 흑인 인종차별의 역사적 상징인 만델라Nelson Mandela가 대통령으로 취임한 것이다. 만델라가 이끄는 아프리카민족회의는 4월에 열린 전인종의회 선거에서 전체 유효투표의 62.5%를 얻어 승리했고 만델라는 전인종의회의 만장일치로 대통령에 선출되었다. 대통령 취임식을 위한 매우 상징적인 장소로 행정수도 프리토리아Pretoria의 정부청사인 유니언빌딩이 선정되었다. 이 건물은 프리토리아의 가장 높은 지점에 자리하고 있는데, 오랜 시간 동안 인종차별정책을 실시한 백인정부가 들어서 있던 곳이었다는 점에서, 또 흑인들에게는 출입이 허락되지 않은 장소였다는 점에서,[8] 인종차별의 오욕을 지닌 상징물이 아닐 수 없었다. 하지만 그와 동시에 그 건물은 1956년 8월, 아파르트헤이트의 법률적 장치인 통행법pass law에 저항하는 2만 여성들의 정치적 의지가 새겨진 곳이기도 했다.[9]

만델라는 이러한 모순적 기억을 지닌 유니언빌딩에서 취임식을 거행함으로써 국민들을 향해 뚜렷한 정치적 메시지, 즉 '인종적 화해'와 '국민적 통합'을 설득력 있게 전달할 수 있었다. 그리고 취임식에서는 새로운 국가로 탄생한 '신이여 아프리카를 축복하소서'를 연주했다. 이 노래는 아프리카민족회의가 즐겨 부르던 희망과 저항의 노래였다. 또한, 신임 대통령 취임선서를 위해 과거와는 다른 성경을 만들었다. 이는 남아공성경협회가 만든, 영어와 아프리카어로 함께 쓰인 성경이

---

8 "흑백화합 새 출발, 15만 명 참석 축복. 남아공 만델라 대통령 취임," 「서울신문」, 1994. 05.11; "남아공 흑인정권 출범. 만델라, 대통령취임 업무시작," 「한국일보」, 1994.05.11.

9 "union buildings," wikipedia.

었다. 이 같은 상징적 장소와 기호의 결합으로 탄생한 정치적 연출 속에서 만델라는 "백인과 흑인을 포함한 모든 남아프리카 공화국 사람들이 가슴속에 두려움 없이 당당히 걸을 수 있고 양도할 수 없는 인간의 존엄성을 보장받는 나라"[10]의 건설을 위한 통합과 민주주의를 선언했다.

2009년, 미국의 대통령 취임식 역시 같은 맥락으로 이해할 수 있다. 미국은 역사상 최초로 흑인 대통령을 선출했다. 주인공 오바마Barack H. Obama II는 그 역사적 의미를 국민적으로 각인시켜 줄 특별한 취임식을 연출했다. 그는 링컨Abraham Lincoln의 정치적 기억이 간직되어 있고 재현되고 있는 장소들을 주요 무대로 삼는 스펙터클을 구상했다. 취임식 퍼레이드는 펜실베이니아 애비뉴 4번가 지점에서 시작되었는데, 그곳에는 1862년, 링컨 대통령이 흑인 노예들을 사면한 구 워싱턴 D.C. 시청 건물이 있다. 오바마 대통령은 건물 전면에 위치한 링컨상 앞에서 내려 시민들에게 인사했다. 오마바와 링컨의 이미지가 시각적으로 교차하는 흥미로운 연출이다. 오바마가 두 번째로 내린 곳은 애비뉴 10번가인데 이곳은 1865년 4월, 링컨이 남부주의자의 총탄에 사망한 포드 극장으로, 역시 링컨의 기억이 간직된 곳이다. 그리고 그 건너편에는 링컨 대통령이 후송된 뒤 숨진 피터슨하우스가 자리하고 있다. 그러한 역사적 상징성의 연장선에서 오바마는 링컨이 1861년 대통령 취임식에서 사용한 성경책에 손을 얹고 취임선서를 했다.[11]

---

10 N. 만델라, "우리 모두를 위한 평화가 있게 하소서," 「Daily 월간조선」, 2012년 1월.

11 "오바마 취임식 행사 곳곳에 '링컨의 향기'," 「조선일보」, 2009.01.20. http:..news.chosun.

링컨을 기억하는 장소와 기호들로 짜여 있는 취임 퍼레이드는 어떻게 보면, 생략할 수 없는 중대한 정치적 통과의례다. 그리고 오바마의 대통령 당선은 미국의 정치적 관행에 대한 패러다임을 전복한 역사적 사건이다. 흑인 노예의 노동력 위에서 건설된 국가를 이끌 정치적 리더십이 그 흑인에게 부여되는 거대한 정치적 전환의 입구 앞에서 오바마는 감동하지 않을 수 없었고 말하지 않을 수 없었다. 그는 취임연설에서 "오늘 우리는 두려움보다는 희망을 선택했고, 갈등과 불화보다는 목적을 위한 단결을 선택했기 때문에 여기 모였습니다"[12]라고 말했다. 그러한 연설의 심층에는, 1860년대 내전으로부터 현대에 이르기까지 미국 사회의 태생적 적대와 분열을 가져온 근본적 요인인 인종차별의 중심에 흑인이 있었다는 사실이 배경으로 깔려 있었을 것이다. 최초의 흑인 대통령 선출이 분열과 두려움이 아니라 통합과 희망의 의미가 되어야 한다는 의지를 국민들에게 설득력 있게 전달할 당위는 그러한 역사적 맥락에서 도출된다.

아시아로 눈을 돌려 보면, 2000년 5월 20일, 타이완에서도 역사적인 사건이 발생했다. 3월 18일에 열린 선거에서 39%의 득표율로 승리한 민주진보당의 천수이볜陳水扁 후보가 총통으로 취임한 것이다. 국공내전에서 패배하고 타이완으로 건너온 국민당 정부는 타이완을 대단히 억압적이고 권위주의적으로 통치해 왔다. 1987년에 이르러서야 계엄통치령이 해제되었다는 사실이 그 점을 단적으로 말해 준다. 정치적 권

com.site.data.html_dir.2009.01.18.2009011801049.html.
12 B. 오바마, "오바마 대통령 취임사,"「문화일보」, 2009.01.21.

위주의가 사라져 갈 즈음인 1986년에 창당된 타이완 민주진보당은 중국으로부터의 정치적 자율과 독립을 정강으로 내세우면서 국민당과 이념적으로 대립했다. 민주진보당의 천수이볜 후보는 2000년 총통 선거에서 타이완의 독립을 선거공약으로 내걸고 당선되었다는 점에서, 그의 총통 취임은 타이완의 역사와 정치사에서 매우 중대한 전환점을 갖는 사건이었다. 천수이볜이 총통으로 취임하기 직전부터 중국과 타이완 사이에 정치적 긴장이 조성된 것은 그러한 상황과 밀접한 관련을 갖는다. 5월 15일, 중국 공산당 기관지 「인민일보」는 "'하나의 중국' 원칙과 타이완이 중국의 일부라는 사실이 인정되지 않는 한 양안兩岸 간의 지속적인 평화는 있을 수 없다"고 위협했다.[13]

천수이볜은 이러한 긴장 국면 속에서 취임했는데, 여기서 우리는 앞선 사례와 같이 역사적인 메시지를 전달하는 장소를 선정하거나 상징물을 동원하는 모습을 볼 수는 없다. 오히려 그는 총통부 대강당에서 취임식을 거행하는 '관례'를 따랐다. 또 장소적 연속성을 존중하는 보수적 스탠스를 보였다. 하지만 그는 취임연설을 통해 50년 만의 정권교체의 역사적 의미를 강조하는 일과 중국과의 긴장관계를 해소하는 일을 아우르려는 정치적 의지를 표명했다. 그는 무엇보다 자신의 당선을 '민주주의의 실현'이라는 관점에서 접근했다. 그는 "민주주의의 가치", "아시아 민주화 경험에 새로운 모델", "민주주의가 제3의 물결로 파급", "민주주의에 대한 군센 목표와 신념", "민주주의와 평등의 원칙", "민주주의의 기적" 등과 같은 표현들을 동원했다. 그와 더불어 신임 총통은 중

---

13 "천수이볜 새 총통 20일 취임," 「서울신문」, 2000.05.16.

국을 향해 화해와 긴장완화의 메시지를 전하는 것도 잊지 않았다. 그는 "대륙이 무력으로 침공할 의사가 없는 한 임기 내에 독립을 선포하지 않고, 국호를 변경하지 않겠"으며 "통일과 독립 여부를 묻는 국민투표를 실시하지 않겠다"[14]고 강조했다.

14 "천수이볜 '독립선언, 양국론 천명 없다'," 「매일경제」, 2000.05.21.

2
취임의례의
정치적 당위론

　모든 정치권력은 공식적으로 행사되기 이전에 자신의 존재를 공개적으로 알리는 정치적 절차, 즉 취임식을 거쳐야 한다.[15] 정치인류학은 그것이 꽤 오랜 전통 위에 서 있는 것임을 우리에게 말해 주고 있다. 그 점에서 취임식은 일종의 정치적 통과의례다. 그렇다면 새로운 정치권력은 왜 그와 같은 정치의례를 필수적으로 요청받는가.

　권력관계를 본질로 한다는 면에서 정치는 지배와 복종의 질서일 수밖에 없고, 그 점에서 권력은 자신을 정당화함으로써만 그 불평등한 질

---

15 물론 현대의 권력구조에서 대통령제의 대통령과 의회제에서 총리의 취임식은 그 규모와 화려함에서 커다란 차이를 보인다. 아마도 대통령은 행정부 수반임과 동시에 국가원수라는 정치적 이중성의 존재이지만 총리는 행정부의 수반이라는 사실에 관계되는 것처럼 보인다. 영국이나 일본처럼 군주제가 온존하고 있는 나라에서의 총리 취임식은 한층 더 간소하게 치러진다는 점도 그 사실과 무관해 보이지 않는다.

서의 안정을 꾀할 수 있다.[16] 베버가 말한 '지배정당성'의 정치적 당위는 그 관점에 연결되어 있다. 여기서 중요한 사실은 권력의 정당성이 지배받는 사람들의 인식과 믿음으로부터 도출된다는 점이다.

권력은 그것에 연관된 사람들이 정당하다고 믿을 때에 정당한 것이 된다. 그래서 베버는 정당성을 정당성에 대한 믿음과 같은 것으로 기술했다. "정당한 권력이란 '정당한 것으로 간주되는' 권력이다."[17]

따라서 정당성의 창출이란 곧 광범위한 의미에서 정치적 커뮤니케이션 과정이어야 한다. 정당성은 피치자의 정치적 인식과 믿음에 기반해야 한다는 말이다. 그렇기에 권력은 피치자의 인식체계와 믿음체계가 자신의 정당성을 승인하도록 정치적 존재성을 드러내 주어야 한다. 모든 정치적 지배자는 언제 어디서든 자기 권력의 정당성을 고민하지 않을 수 없지만, 공동체를 이끌어 갈 존재로 새롭게 정치 무대에 등장한 지배자에게는 그것이 한층 더 긴급하고 무거운 일로 다가온다.

하나의 물리적 시공간이 생성되었다가 사라지고 다른 시공간이 탄생한다는, 단절과 불연속의 인식은 일반적이지도 자연스럽지도 않다. 그러나 정치적 시공간에 대한 인식은 다르다. 정치적 시간과 공간은 연속과 지속보다는 불연속과 단절 혹은 생성과 해체의 관점으로 다가온다. 한 정치적 질서의 탄생과 소멸은 그 질서를 이끈 정치권력의 등장

16 하상복, 『광화문과 정치권력』, 서강대학교 출판부, 2010, pp. 22-23.
17 David Beetham, *The Legitimation of Power*, Macmillan, 1997, p. 8.

과 퇴장이라는, 대단히 구체적이고 드라마틱한 변화로 감지되고 인지되기 때문이다. 기성 권력이 정치 무대에서 물러서는 일(자연적 사멸이든 제도적 퇴장이든)과 그에 이은 새로운 권력의 등장은 구질서의 소멸과 신질서의 탄생을 제도적으로 추동해 내는 과정이고 감각적으로 드러내주는 기호다.

새로운 정치권력이 탄생하고 정치 무대로 진입하는 일은, 일종의 정치적 창조 과정이기 때문에 결코 생략되거나 무원칙적으로 이루어질수 없다. 공동체의 정치질서를 창조해 낼 새로운 주체로서 그 권력은자신의 존재를 근원적 정당성의 자리로 올려놓을 설득력 있는 절차를 구상하고 실천해야 한다. 권력의 시원적 정당성의 제시, 그것은 이후에행사하게 될 정치적 힘과 권한의 타당한 근거로 작용한다는 면에서 특별한 위상을 지닌다.

새로운 권력의 탄생과 등장을 알리는 취임의례는 그래서 그 규모에서나 정치적 관심 등의 차원에서 여타의 정치적 의례들과 근본적으로다른 비중을 지닐 수밖에 없다. 권력의 공간은 비어 있는 상태를 허락하지 않는다.[18] 그 점에서 정치적 공간은 대단히 모순적이고 역설적이다. 권력의 교체에 따라 단절되며 불연속성을 드러내지만 그러한 정치적 크레바스(정치권력이 빈 상태인 기간)는 한 치의 오차나 지체도 없이새로운 권력으로 채워져야 하기 때문이다. 끊어짐과 동시에 이어지고,불연속적이지만 연속적인 모순적 현상을 아우르는 취임의례는 대단히중대한 정치적 절차, 권력의 운동이 아닐 수 없다.

---

18 M. 아귈롱, 전수현 옮김, 『마리안느의 투쟁』, 한길사, 2001, p.388.

공동체는 물리적 존재성과 정치적 존재성의 교차점 위에서 유지된다. 공동체는 물리적 차원에서 지속되지만 새로운 권력의 탄생으로 말미암아 새로운 공동체로 다시 태어난다. 공동체를 새로운 정치체로 창조해 내는 계기라는 면에서 새로운 권력의 취임의례는 형식과 내용 모두에서 조밀한 전략을 수반해야 한다. 물리적 연속선만이 아니라 정치적 불연속선 위에서도 운동하는 존재라는 면에서 정치공동체의 운명은 종교공동체의 운명과 다분히 닮았다. 이 점이 우리가 정치의례를 종교의례와 명확히 구분하기는 어렵다고 생각하는 이유인데, 정치공동체는 종교공동체와 마찬가지로 일정한 시간마다 특정한 공간 위에서 소멸과 재탄생의 길을 걷는다. 엘리아데Mircea Eliade는 이 점을 잘 설명해 주고 있다.

> 우선 영토를 잡는다는 것, 즉 주거지를 정하고 가정을 이룬다는 것에는 항상 전체 공동체의 생존을 책임질 엄연한 결단이 내포되어 있음을 염두에 둘 필요가 있다. 다시 말해서 어떤 땅에 '자리 잡아' 그곳을 개척하고 그곳에 거주한다는 것은 실존적 선택을 전제로 하는 행위이다. 이는 '창조'를 통해 비로소 얻을 수 있는 '세계'에 대한 선택이다. … 따라서 국가의 창건이건 혹은 단순히 거주지의 확보이건, 인간이 어떤 영토에 들어가 자리 잡는다는 것은 모두 우주 창생을 반복하는 행위라고 할 수 있다.[19]

그와 같은 통찰력에 기대어 보면 공동체를 새롭게 태어나게 하는 정치적 시간과 공간의 선택, 그러니까 엘리아데가 말하는 '세계'를 선택하

---

19 M. 엘리아데, 박규태 옮김, 『상징, 신성, 예술』, 서광사, 1991, pp.215-216.

고 '영토'에 자리를 잡는 일이야말로 지극히 중대하고 신성하다고 할 수 있다. 일정한 시공간의 영토와 세계 위에서 새로운 정치공동체가 생명을 얻는 일이 취임의례의 시간과 공간으로 감각화 되는 것이다.

대중적인 정치 경쟁을 주요 원리로 삼는 절차적 민주주의가 절대적 영향력을 미치면서부터 근대는 권력 탄생의 원리에서 전통과 분리되기 시작한다. 혈연적 원리를 따르는 권력 승계가 지배하던 전근대 정치제도와 달리, 민주적 경쟁 원리가 작동하는 근대적 정치제도에서 권력의 탄생은 일반적으로 대결에 지배된다. 이념적 경쟁 절차는 정치적 불확실성 혹은 예측 불가능성 위에서 작동하는 것이기 때문에 정치세력 간의 대립과 갈등의 가속화가 초래될 수 있다. 따라서 권력 장악을 둘러싼 다툼이 끝난 뒤의 정치 무대는 균열과 적대로 채워질 가능성이 적지 않다. 권력의 장악을 둘러싼 싸움의 결과가 만들어 낸 갈등은 적어도 세 차원, 즉 물질적 차원·사회적 차원·상징적 차원의 요인[20]이 얽혀 있다는 점에서 사안의 복잡성을 보여 준다. 정치적 패자는 공동체의 희소한 경제적 자원에 접근하는 데는 물론이거니와 그와 같은 자원의 배분에 영향을 미칠 정치적 결정 과정으로부터도 소외되거나 주변화될 수 있기 때문에 새롭게 형성될 정치적 질서에 불만을 지닐 수밖에 없다. 나아가 자신들이 지향하는 이데올로기적 가치가 배제되었다는 점에서 상징적 차원의 갈등 요인도 존재한다. 근대 정치의 주요 속성 중 하나가 이념적 정체성의 대결이라는 사실을 생각할 때 갈등의 상징적 차원은, 비록 그것이 물질적 이해관계와는 거리를 두고 있다고 하더라도,

---

20 Lisa Schirch, *Ritual and Symbol in Peacebuilding*, Kumarian Press, 2005, pp.32-33.

매우 중요한 요인이라고 인식하지 않을 수 없다. 이러한 맥락에서 새로운 정권은 공동체 분열의 상황에 대한 적절한 답을 상징적으로 보여 주어야 한다. 이때 취임의례가 통합을 위한 최초이자 중요한 무대가 될수 있다. 취임의례에서 분열과 당파성이 배제되고 통합과 단결, 단일의 가치가 언어로, 그리고 이미지로 조형되는 것을 관찰하기가 그리 어렵지 않은 이유다.

앞서 스케치한 취임식의 근대적 사례들은 권력의 시원적 정당성 획득과 공동체 통합이라는 정치적 과제에 예외 없이 연결되어 있다. 그런데 그 역사적 예들은 취임식의 텍스트가 연속과 불연속의 정치적 선분 위에서 다양하고 다채로운 스탠스를 취하고 있음을 말해 준다. 무슨 이야기인가 하면, 새로운 권력의 등장을 최초로 알리는 취임행사는 오랜 시간 속에서 전통이란 이름으로 확립된 규칙과 절차를 준수하는 경우도 있지만, 기존의 연출 관례를 모두 없애면서 완전히 새로운 형식을 창출할 수도 있고, 전체적인 연출의 틀은 존중하면서 부분적 변주를 시도할 수도 있다는 것이다. 그러므로 정치적 관례를 존중하고 재생산하는 것, 전적으로 새로운 연출의 기획을 시도하거나 부분적 변용을 시도하는 것, 이를테면 취임의례의 틀과 내용을 결정하고 선택하는 일은 그 행사의 정치적 중요성을 생각할 때 매우 정제된 과정의 결과물인 것이다. 그것은 정치적 의지의 실천이고 특정한 정치적 상황의 반영이다. 기존의 취임식 절차를 따른다는 것은 새로운 정권의 성격이 과거 정권과의 정치적 동일성이나 연속선 위에 놓여 있다는 사실의 시각적 드러남일수 있는 반면에, 그와 다른 이질적 양식의 취임식을 보여 주는 것은 과거와의 정치적 차이와 단절을 감각의 형식으로 제시하는 과정이다.

3
대통령 취임의례 연구
―한국 사례를 향해

　1988년의 한국 대통령 취임식 무대는 그 텍스트에서 과거, 특히 군부 권위주의 정권의 체육관과 비교할 때 중대한 단절로 보인다. 공간적으로는 폐쇄성이 아닌 개방성을 특징으로 하고 있고 탈정치성이 아니라 민주주의의 핵심 중 하나인 의회의 정치적 상징성을 동원하고 있기 때문이다. 그와 같은 정치적 연출의 새로움은 탈권위주의와 민주화의 도도한 물결의 시작과 그 속에서 탄생한 민주적 정권이라는 정체성의 구체적 재현이었을 것이다.

　1994년 봄에 열린 남아프리카의 대통령 취임식도 그와 같은 정치적 단절의 의례로 보인다. 유니언빌딩과 새로운 국가國歌 그리고 성경은 인종차별로 점철된 과거사의 문이 닫히고 있으며, 그 위에서 화해와 통합의 역사가 시작되고 있음을 알린다. 이는 새로운 시대를 이끌어 갈 정치적 주체로서 대통령권력의 존재를 역설하는 대단히 적절한 무대와 기호들이 아닐 수 없다. 1981년, 프랑스 미테랑 대통령의 취임식은 공화국의 절차적 전통을 존중하면서도, 우파정권과의 대비의 차원에서 좌파정권이 프랑스 공화주의의 정통성을 잇고 있음을 웅변하는 스펙터클이었다. 묘지 팡테옹은 공화주의를 수호하기 위한 정치적 의지와 열정의 집합체기 때문이다. 2009년, 오바마 대통령의 사례 또한 미 연방 공화국의 취임식 전통을 지키면서 링컨을 동원하는 상징적 변주를 통해 흑인 대통령의 탄생이 지니고 있는 정치적 의미를 제시하고자 했다. 이는 흑인 대통령이 미 연방공화국의 정통성을 벗어나지 않으면서 노예해방이라는 미국 역사와 정치사의 진보적 흐름을 따를 것임을 말해 주는 국민적 연출이었다. 2000년의 타이완 총통 취임식은, 정권 교체의 역사적 의의와 새로운 정체성의 기반을 드러내 주는 드라마틱한 연출에서 비껴나 관례를 존중한 것으로 보인다. 타이완 독립이라는 급진적 선거 공약과는 거리를 두는 보수적 기획이었다. 국민당의 역사와 이념을 표상하는 총통부 건물이 무대로 등장한 것이 그 점을 암시한다. 그것은 국민당과는 다른, 타이완의 독립을 지향하는 민주진보당의 정체성과 타이완의 미묘한 국제관계, 특히 중국과의 복잡한 역학관계에 따른 전략적 선택으로 해석된다.

취임식이란 새롭게 탄생한 정권의 정당성과 정체성을 국민들에게 전달하고 설득하는 화용론적 과정이다. 그 정치적 시간과 공간은 새로운 권력이 공동체 구성원들을 만나고 교감하는 최초의 자리라는 점에서 중대한 무게를 지니지 않을 수 없다. 권력의례의 분석에서 사용되는 두 개념인 "교차효과effet de croisement"와 "수렴효과effet de convergence"는 취임의례의 정치적 의미와 중요성을 잘 말해 준다. 교차효과는 취임의례를 구성하는 두 정치적 주체인 권력자와 공동체 구성원들이 만나면서 창출되는 심리적 효과이며, 수렴효과는 둘 사이에 형성되는 정치적 정체성의 효과다. 이 두 효과는 정당성과 통합의 기반을 공고히 하는 데 요긴한 토대로 작용한다.[21] 그러므로 그 장소는 아무렇게나 정해질 수 없고, 그 장소를 채울 시각적 기호들과 언어들 또한 대단히 세밀하고 정교한 방식으로 선별되고 직조되어야 한다. 따라서 취임식은 새로운 정치권력의 존재성을 향한 상징적 의지가 실천되는 일종의 정치적 위상학 topology이다. 이 점에서 취임식은 대단히 흥미로운 정치적 분석의 대상으로 다가온다.

한국은 대통령 취임의례의 역사에서 그 어떤 나라들보다 빈번한 단절과 변주를 경험해왔다. 1948년, 1952년, 1956년에 열린 이승만 대통령의 취임식 무대는 모두 중앙청이었다. 그런데 그 무대의 정치적 의미는 조금씩 달라진다. 1948년의 중앙청에는 입법부와 행정부가 동거하고 있었지만 전쟁이 끝난 1954년 6월, 국회가 지금의 서울특별시 의회 건물로 이전하여 2대와 3대 대통령 취임식이 열린 중앙청에는 입법부가 없었다. 이렇게 취임식이 입법부의 유무와 관계없이 중앙청에서 열린 걸 보면 의회민주주의를 향한 정치적 인식은 아직 태동하지 않았던 것처럼 보인다. 그 점에서 1960년 윤보선 대통령의 취임식은 과거와의 정치적 단절로 해석될 만하다. 윤보선은 지속적으로 동원되어 온 중앙청이 아니라 국회의사당을 취임식 장소로 선택했다. 새로운 정권의 이념적 토대를 지난 정권과의 의미론적 대비 속에 배치하는 정치적 연출

---

21 Denis Fleurdorge, *Les Rituels du Président de la Republique*, PUF, 2001, p.3.

이라고 할 수 있다.

하지만 국회의사당을 배경으로 하는 대통령 취임식은 제3공화국의 박정희 정권이 출범하면서 사라져 버린다. 1963년에 취임한 박정희는 다시금 중앙청을 취임 무대로 활용했다. 군사정부는 1961년 9월부터 이뤄진 대대적인 공사를 통해 한국전쟁으로 인해 거의 폐허가 되다시피 한 중앙청을 재건하고 정부 청사로 다시 사용했다. 중앙청이 대통령 취임의 무대로 다시 호명된 것은 이승만 대통령의 취임식 전통이 재연된 것이지만, 그 속에는 박정희 정권이 지향한 특별한 상징적 의미가 내재되어 있었다.

1972년 유신체제의 출범으로 인해 중앙청의 정치적 동원은 중단되고, 체육관이라는 새로운 공간이 그 자리를 차지했다. 종신권력으로 탈바꿈한 새로운 대통령권력은 장충체육관에서 탄생했고 그 양상은 1978년까지 이어졌다. 1979년에 당선된 최규하 대통령 또한 장충체육관을 취임식의 무대로 사용했다. 이는 최규하가 유신헌법이 규정한 통일주체국민회의에 의해 선출된 대통령으로서 박정희 정권의 본질을 벗어나지 못한 존재임을 말해 주는 정치적 기호였다. 군사쿠데타로 정권을 장악한 신군부의 리더 전두환은 1980년과 1981년에 대통령으로 당선되었다. 1980년의 선거는 유신헌법 아래에서, 그 이듬해 선거는 제5공화국 헌법에 입각해 치러졌다. 전두환은 두 번의 대통령 취임식을 모두 체육관에서 거행했다는 점에서 박정희의 경우와 동일하지만 그가 택한 곳은 1976년에 건립된 잠실체육관이었다. 거기에는 전두환 권위주의 정권의 뚜렷한 정치적 의지가 내포되어 있었다. 이후 1988년의 제13대 대통령 취임식에서부터 의회민주주의를 상징하는 무대로서 국회의사당이 등장하기 시작했고 현재까지 그 전통은 부분적인 기호의 변주를 동반하면서 지속되고 있다.

한국에서 대통령 취임의례의 역사는 이렇게 매우 다양한 혹은 대단히 이질적인 방식으로 전개되어 왔다. 민주적인 의미가 강하게 부각되는 개방적인 공간이 동원되었는가 하면, 극단적 폐쇄성을 띠며 상당히 억압적인 기호로 등장할 수밖에 없는 무대가 이용되기도 했다. 그러한 대립적 과정은 취임의례의 공간을 구성하는 상징적 장치들과 연설 메시지의 차이 혹은 대립성으로 표상되었다. 그런 점에서 한국은 정치적 위상학으로서의 취임식을 이해하기 위한 풍부하고 흥미로운 사례가 될 것으로 보인다.

우리는 한 정권이 사라지고 새로운 정권이 등장할 때 그 새로운 정권은 취임의례라는 절차를 통과해야 한다는 정치인류학적 관점을 수용한다. 이는 취임의례의 분석에서 전근대 정치와 근대 정치의 연속성을 받아들인다는 것이다. 취임의례의 인류학적 일반성은 권력 정당성 의지의 보편성에 밀접히 연결되어 있다는 점을 다시 한번 반복해서 강조한다. 정치인류학적 차원에서 권력 정당성은 신성화의 법칙[22]에 뿌리를 내리고 있는데 그것은 근대적 취임의례의 형식에서도 변함없이 관찰된다. 하지만 그럼에도 근대는 전근대 혹은 전통과는 근본적으로 다른 정치적 시공간이라는 사실을 간과할 수 없다. 근대 권력과 정치체는 인격성의 원리를 벗어나 '이념성'의 원리를 본질적 특징으로 한다는 면에서 전

---

22 A. Dierkens et J. Marx (sous la dir.), *La sacralization du pouvoir: images et mises en scène*, Université de Bruxelles, 2004.

근대와 단절하고 있고, 그것은 취임식의 형식과 내용에서 명확하게 관찰된다. 한국 대통령 취임식의 분석은 정치인류학적 보편성과 정치적 근대라는 특수성의 두 관점이 교차하는 지점 위에 자리한다는 입론에서 우리의 분석이 시작된다.

제2장
취임의례의
전근대적 드라마

THE BIRTH
OF POWER

1
전근대적 즉위식
—프랑스와 조선의 사례

서양의 전근대적 정치질서에서 새로운 군주 즉위의례의 전형을 알고자 한다면 1654년에 열린 루이 14세의 대관식에 주목해야 한다. 군주의 대관식에 관한 한 프랑스는 전 유럽에서 가장 화려하고 장대한 의식으로서의 전통을 지켜 왔는데, 루이 14세의 대관식은 그와 같은 정치적 전통을 정점으로 끌어올린 역사적 사례로 간주된다. 이후 프랑스 군주의 즉위의식은 루이 14세의 예법을 거의 모방했다고 해도 과장된 평가는 아니다.[1]

태양왕은 1654년 6월 3일 랭스Reims시에 입성했다. 그는 테 데움Te Deum이 울려 퍼지는 가운데 노트르담 성당으로 인도되었고, 생레미

---

1 R.A. Jackson, *The Royal Coronation Ceremony in France from Charles VIII to Charles X*, University of Minnesota (Ph. D. dissertation, 1976), pp.1-9.

Sanit-Rémi 수도원에서 성유기를 만났다. 루이 14세는 대관식 전날 노트르담 성당에서 열린 저녁 기도회에 참석한 뒤 대주교관에 머물렀다. 6월 7일 일요일에 거행된 대관식은 크게 네 부분, "왕을 일으켜 세우기 the raising of the king", "성유기의 도착the arrival of the Holy Ampulla", "축성과 대관 the consecration and coronation", "대관식 이후 행사post-coronation ceremony"로 나뉘어 진행되었다.

당일 새벽, 주례를 담당할 수아송Soissons의 주교가 성가대를 앞세우고 국왕이 머물고 있는 대주교관으로 향했다. 대기실에 도착해 은으로 만든 막대기로 국왕의 침실 문을 두드린다. 문이 닫힌 채 안에서 "누구를 원하십니까?"라는 대답이 들려온다. 국왕의 처소를 관리하는 재상의 목소리다. 주교는 대답한다. "제왕입니다." 재상은 답한다. "제왕께서는 아직 주무시고 계십니다." 이 대화가 두 차례 더 반복된다. 그러고나면 주교는 다시 한번 문을 두드리고 누구를 찾느냐는 질문에 "신이 왕권을 내리신, 루이 13세의 아들 루이 14세를 알현하려 합니다"라고 답한다. 이제 방문이 열리고 주교는 침실로 들어가, 성장盛裝을 하고 즉위식에 참석할 준비를 마친 루이 14세를 만난다. 국왕에게 성수를 전달한 주교는 기도를 마친 뒤 침대에서 루이 14세를 일으켜 세운다. 이후 국왕이 노트르담 성당으로 향하면 성당 입구에서 주교가 기도를 올리고 성가대가 시편 20장을 노래한다. 국왕은 주교의 기도 소리를 들으면서 성당 안으로 들어가 제단에 앉는다. 여기까지가 즉위식의 첫 단계다.

즉위식의 두 번째 단계는 생레미 수도원에서 성유기를 가지고 오는 데서 시작한다. 네 명의 귀족들이 생레미 수도원을 방문하면 수도원의 부원장이 성유기를 교회로 전달하는 행렬의식이 거행된다. 수아송의 주교가 행렬을 맞이하고 성유기가 전달되기 전 부원장은 다음과 같은 기원을 전달한다.

주교시여, 저는 클로비스와 그의 후왕들을 축성하기 위해 하늘이 생레미 수도원에 내린 이 성물을 귀하의 손에 맡깁니다. 하지만 우리의 위대한 군주 루이 14세의 축성식이 종료된 후에 이 성유기를 다시 제 손에 놓는 것을 잊지 말아 주시길 기원합니다.

약속을 한 뒤 주교는 성유기를 제단 앞에 놓는다. 대관식에 필요한 표장들(왕관, 홀, 정의의 손, 검, 박차, 성의)을 전달하기 위해 생드니 교회로부터 사제들이 도착한다. 수아송의 주교가 일어나 왕에게 교회의 권위, 법률, 정의를 수호할 의지를 묻는다. 루이 14세는 수호를 약속한다. 그러면 수아송의 주교가 대관식 선서를 진행한다. 교회의 평화를 유지할 것이며, 모든 폭력을 금지할 것이며, 정의롭고 자비로운 판결을 수행할 것이며, 그의 땅에서 모든 이교도들을 추방할 것이라는 내용의 선서문이 낭독된다. 선서문이 낭독되는 동안 루이 14세는 복음서에 손을 놓고 있다가 낭독이 끝나면 복음서에 입을 맞추고 1578년 앙리 3세가 제정한 '성령의 명령the Order of the Holy Spirit'을 따를 것을 선서한다. 이제 생드니 교회에서 가져온 군주의 표장들로 루이 14세의 몸을 장식하는 의식이 거행된다. 의식이 완료된 뒤 루이 14세는 검에 입을 맞추고 제단 위에 올려놓는다. 제단에서 다시 검을 가져온 수아송 주교는 그것을 새로운 왕에게 바치고, 왕이 검을 콩스타블constable의 손에 올려놓으면, 콩스타블은 다시 왕 앞에 검을 바친다. 다음으로 왕은 도유식을 위해 기도를 하는 수아송 주교 앞에 무릎을 꿇고 앉는다. 생레미 수도원의 부원장이 성유기를 열고 병의 마개를 제거한 뒤 아미앵의 주교에게 전달한다. 아미앵의 주교는 성유병을 수아송의 주교에게 전달한다. 루이 14세와 수아송의 주교는 제단 앞에 몸을 엎드린다. 그 사이 대관식을 위한 기도문이 울려 퍼진다. 기도가 잠시 중단되면 수아송의 주교가 일어나, 엎드려 있는 루이 14세 앞으로 다가가 그를 위해 세 번의 축복을 내리고 나서 다시 왕 옆에 엎드린다. 기도문 낭송이 완료되면 주교는 일어나 주교관을 벗고 기도문을 낭송한다. 수아송의 주교가 자리에 앉으면 왕은 일어나 주교 앞에 무릎을 꿇고 앉는다.

새로운 군주를 위한 축성식과 대관식을 거행하기 위해 수아송의 주교가 왕 앞에 앉는 데서 즉위식의 세 번째 단계가 문을 연다. 기도를 마친 주교는 그의 엄지에 기름을 바른 후 루이 14세의 머리 위에서 성호를 그으면서 "이 신성한 기름을 그대 군주에게 바릅니다. 성부, 성자, 성령의 이름으로 아멘"이라고 기도한다. 주교는 왕의 가슴에, 어깨와 어깨 사이에, 양 어깨에, 양 팔꿈치 안쪽에 기름을 바른다. 도유식이 진행되는 동안 수아송의 주교는 세 종류의 기도를 올린다. 그 첫째 기도는 루이 14세를 최초로 왕으로 호명한다는 점에서 중요한 의미를 지닌다. 기도가 끝나면 도유를 위해 열린 상태였던 루이 14세의 옷은 수아송 주교에 의해 다시 단추가 채워진다. 새로운 군주는 왕의 의복을 입는다. 수아송 주교는 장갑에 축복을 내리고 왕의 오른손 넷째 손가락에 장갑을 올려놓는다. 이어서 생드니 교회에서 이송된 홀과 정의의 손이 왕 앞에 놓인다. 수아송 주교가 제단에서 샤를마뉴의 왕관을 들고 나와 왕의 머리 위에서 기도가 끝날 때까지 기다린다. 주교는 "통치의 관을 받으라…Accipe coronam regni…"라고 외치면서 왕관을 왕의 머리에 씌운다. 다섯 번의 기도와 축도가 끝나면 루이 14세는 연단의 오른쪽으로 올라 권좌를 향하고, 왕을 보필하는 귀족들은 왼쪽으로 오른다. 모두가 권좌에 도착하면 수아송 주교가 기도를 올리고 왕을 권좌에 앉히면서 두 번의 기도를 올린다. 주교는 자신의 주교관을 벗은 뒤에 왕 앞에서 절하고 축복의 입맞춤을 한 뒤 큰 소리로 "국왕이여 영원하소서"를 외친다. 보필하는 귀족들도 따라 외치고 나면 교회의 문이 백성들을 향해 열린다. 승리의 음악이 연주되고 백성들이 "국왕 만세"를 외친다. 교회 안에서는 금화와 은화가 하사되고 작은 새들이 교회 안을 날아다닌다.

이제 즉위식의 마지막 단계가 기다리고 있다. 미사가 진행되는 동안 복음서가 왕에게 전달된다. 왕은 복음서에 입 맞춘다. 왕은 포도주와 금은으로 만든 빵을 주교에게 하사하고 다시 돌아와 권좌에 앉는다. 수아송 주교가 "군주의 평화Pax domini"를 외치고 나면 미사가 끝난다. 주교는 왕에게 성상이 그려진 패를 전달한다. 귀족들이 따라와 왕에게 평화의 키스를 건넨다. 왕은 연단에서 내려와 홀과 정의의 손과 왕관을 관리들에게 잠시 건넨다. 왕은 기도실로 들어가 수아송 주교를 향해 고해성사를 시작한다. 이어서 왕은 빵과 포도주로 성체배령聖體拜領을 진행하는데, 이것은 오직 대관식에서만 허용된다. 잠시 건네졌던 왕관이 다시 루이 14세의 머리에 씌워지고 홀과 정의의 검도 다시 되돌아온다. 왕은 스위스 근위병의 호위 아래 대관식 연회가 열릴 대주교의 궁으로 향한다. 연회가 열리기 전에 우선적으로 왕의 장갑과 블라우스가 주치의에게 건네진다. 그리고 주치의는 이것들을 태워 버린다. 고위 성직자들은 생레미 수도원의 부원장이 성유기를 들고 출발하기까지 교회에 머문다. 연회 다음 날 루이 14세는 미사를 드리기 위해 생레미 교회를 방문한다. 그다음 날 아침에는 수도원에서 열리는 미사에 참여한 뒤 수도원의 공원으로 가서 연주창 환자들을 어루만진다. 이어서 6천여 죄수들의 사면을 선포함으로써 대관식의 모든 일정이 마무리된다.[2]

루이 14세의 즉위식은 이처럼 비할 데 없을 것 같은 엄격함과 질서 정연함으로 구축되어 있고 이뤄지고 있다. 하지만 이는 서양의 전통만은 아니다. 동양, 보다 가까이는 조선에서의 군주 즉위식 또한 그에 필적할 만한 긴장감과 복잡함을 보여 주고 있다. 세종실록『오례五禮』는 군주권력의 계승 과정에 관한 절차를 다음과 같이 기록하고 있다.

새로운 국왕으로의 권력 승계는 국상 6일차에 시작된다. 왕세자, 종친, 백관, 내외명부가 상복을 입는 성복이 완료되면 사위嗣位를 준비한다. 그리고 선왕의 시신이 안치된 빈전 옆에 새로운 국왕이 머물 장막을 치고 어좌를 설치한다. 그후 전위유교傳位遺敎를 담은 상자를 대행왕(아직 시호를 받지 못한 사망한 왕을 부르는 명칭)의 찬궁欑宮(선왕의 관을 넣어둔 집) 앞에 설치하고 대보大寶를 놓는다. 준비가 완료되면 영의정과 좌의정이 빈전에서, 나머지 신료들은 각각의 자리에서 대기한다.

여기까지가 즉위식의 첫 단계라면 새로운 국왕이 될 왕세자가 상복을 벗고 면복冕服을 입는 것에서 두 번째 단계가 시작한다. 예조판서는 상주인 왕세자가 머물고 있는 악차幄次 앞에서 면복으로 갈아입을 것을

2 Jackson, *The Royal Coronation Ceremony in France from Charles VIII to Charles X*, pp.9-27.

청한다. 청을 수락한 왕세자는 상의원이 올린 면복을 입는다. 면복을 착용한 뒤부터 왕세자는 사왕嗣王, 즉 왕위를 계승한 임금으로 불린다. 면복을 입은 사왕이 동문으로 들어가 빈전 앞으로 다가가는 것으로 세 번째 단계가 시작된다. 사왕이 빈전 앞의 욕위褥位에 꿇어앉으면 모든 신료들도 꿇어앉는다. 사왕은 대행왕에게 세 번 향을 올린 후 엎드렸다가 일어나 네 번 절한다. 즉위식은 빈전 앞에 대기하고 있던 영의정과 좌의정이 전위유교와 대보가 놓인 탁자 앞에 엎드리는 절차로 이어진다. 두 신료는 전위유교와 대보를 받들어 서쪽을 향해 선다. 사왕이 동쪽 계단으로 올라와 재궁梓宮을 향해 꿇어앉으면 두 신료는 전위유교와 대보를 새로운 왕에게 바친다. 사왕은 전위유교를 받아 읽은 뒤 근시近侍에게, 대보를 받아 역시 근시에게 전한다. 이 의례 이후 사왕은 '전하殿下'로 불린다. 전위유교와 대보를 받은 근시들이 계단을 내려가 욕위의 동쪽에 서면 국왕은 욕위로 돌아가서 선왕에게 네 번 절하고 악차로 들어가 어좌에 앉는다. 악차 앞에는 국왕의 의장儀仗인 홍양산紅陽繖과 청홀靑扇을 든 군사와 신하들이 대기하고 있다.

이제 즉위식의 마지막 절차가 기다리고 있다. 새 국왕이 신료들의 하례를 받는 수조하受朝賀 단계다. 액정서掖庭署(왕과 왕족의 명령 전달·알현 안내·문방구 관리 등을 관장하던 관서)가 근정문 가운데 남향으로 어좌를 설치하고 헌현軒懸(국왕을 위한 악기편성)을 실행하고, 협률랑協律郞(제향祭享이나 가례嘉禮 의식에서 음악의 진행을 맡았던 관리)과 아악령雅樂令의 자리를 설치한다. 여연輿輦과 어마御馬를 판사복이 대령하고, 병조는 병사를 근정전 앞에 도열시킨다. 집사관執事官들이 자리 잡으면 봉례랑奉禮郞(나라의 큰 의식이 있을 때 절차에 따라 종친과 문무백관을 인도하던 집사관)

이 3품 이하의 종친과 관원을 인도해 각자의 자리에 위치하도록 한다. 판통례判通禮(나라의 큰 의식에서 절차에 따라 임금을 인도하는 관원)가 악차로 가서 근정전으로 갈 것을 요청하면 국왕은 가마를 타고 이동해 어좌에 앉는다. 국왕이 도착하면 향을 피우고 상서원尙瑞院(국왕의 새보璽寶·부신符信 등을 관장하였던 관서)은 대보를 어좌 앞 탁자에 놓는다. 호위관, 승지, 사관 등이 어좌 뒤와 계단 아래에 대기한다. 이윽고 봉례랑이 인도하는 2품 이상의 종친과 대신들이 어전으로 들어와 새 국왕에게 네 번 절하고 고두례叩頭禮(마지막 절을 하고 일어서기 전에 어깨를 조금 들고 합장한 후 다시 이마와 두 손바닥을 바닥에 댄 다음 그 손바닥을 뒤집어서 위로 올리는 예법)와 산호山呼(나라의 중요 의식에서 신하들이 임금의 만수무강을 축원하여 두 손을 치켜들고 만세를 부르는 일)를 한다. 국왕은 여차廬次(상중에 상주가 거처하기 위해 초가집으로 만든 막차幕次)로 돌아가 면복을 벗고 최복衰服(상중에 입는 상복)을 입는다. 모든 신료들이 물러나 조복朝服을 벗고 상복으로 갈아입으면서 즉위의례는 마무리된다.[3]

---

3 이현욱, 『조선 초기 보편적 즉위의례의 추구 —嗣位』, 서울대학교 국사학과 석사학위논문, 2014, pp.8-11.

2

권력 탄생의 의례
―몇 가지 질문들

　우리가 추적한 근세 프랑스와 조선의 의례는 공통적으로 대단히 조밀한 형식과 절차로 구성되어 있다. 그와 같은 특별한 짜임은 의식의 시간과 공간 그리고 그 속에서 진행되는 행위의 틀과 내용을 엄격히 관리하고 통제하는 것에 기인한다. 권력의 승계가 이루어지는 장소는 아무렇게나 정해지지 않는다. 공동체의 역사와 정치적 기억이 깊이 간직되어 있어서 권력의 핵심적인 요소인 정통성과 정당성이 강렬하게 표상되는 곳이 선택되는 것이다. 그 장소로 이동하는 일에서 시작해 그곳에서 전개되는 의례의 순서와 절차들을 따라가는 과정 또한 한 치의 오차도 허용되지 않는 방식으로 철저하게 수행되어야 한다. 특정한 장소에 들어올 수 있는 행위자와 그렇지 못한 행위자가 정확하게 분리되어 있으며, 의례의 과정을 채우게 될 그들의 언어와 행위, 동원되는 상징물도 엄격한 정치적 문법에 맞추어 움직여야 한다.

프랑스의 사례에서 즉위의례의 중심 장소는 랭스의 노트르담 대성당Cathédrale Notre-Dame de Reims, 생레미 수도원Abbaye Sanit-Rémi, 그리고 조금 멀리 떨어져 있는 생드니 대성당Basilique de Saint Denis이다. 여기서 우리는 수도인 파리의 대성당이나 수도원이 아니라 랭스라는 지방 도시의 성당과 수도원에서 즉위식을 거행하는 이유 그리고 랭스로부터 꽤 멀리 떨어져 있는 소도시 생드니의 대성당이 그 과정에 참여하는 이유가 무엇인지를 묻지 않을 수 없다. 다음으로, 의례 당일 새벽 수아송 주교가 국왕이 머물고 있는 대주교관을 방문해 왕을 보좌하는 신료와 대화하는 장면이 대단히 인상적이다. 주교와 신료는, 왕을 일으켜 세우기 전에, 연극적인 색채가 물씬 풍기는, 어떻게 보면 시간 낭비처럼 보이는 대화를 반복적으로 주고받는다. 그와 같은 절차가 필요한 이유가 무엇인가. 생레미 수도원과 생드니 성당에서 운송된 상징물들인 성유기, 왕관, 홀, 정의의 손, 검, 박차, 성의 등은 국왕의 취임의례를 위해 어떠한 기능을 수행하는가.

그리고 그러한 성유물들은 왜 반드시 생레미 수도원과 생드니 성당에 보관되어 있어야 하는가. 노트르담 성당의 제단에서 수아송 주교가 루이 14세에게 바친 검을 놓고 국왕과 콩스타블은 왜 교환의식을 거행해야 했던 것일까. 도유식에서 왕의 특정한 신체부위에 기름을 발라야 하는 이유는 무엇인가. 그 순서가 갖는 의미는 무엇인가. 도유식이 진행될 때 울려 퍼지는 첫 기도에서 처음으로 루이 14세를 왕으로 호명해야 하는 이유는 무엇인가. 왜 장갑은 루이 14세의 넷째 손가락에 놓여야 하는가. 대관식 이후 왕은 왜 오른쪽으로 권좌에 오르고 귀족들은 왼쪽으로 올라야 하는가. 연회가 열리기 전에, 취임의례에서 사용된 블라우스와 장갑을 건네받은 주치의는 왜 그 성물을 태워 버려야 하는가.

조선의 즉위식에서도 동일한 질문을 해 볼 수 있다. 조선에서 국왕의 취임의례는 왜 선왕의 장례식과 같은 공간, 같은 시간에 진행되어야 하는가. 국왕의 승계의례가 선왕의 시신이 안치된 빈전에서 이루어져야 하는 이유는 무엇인가. 그리고 그때가 왜 반드시 장례 6일차여야 하는가. 왕의 즉위식이 열리게 될 빈전에는 왜 영의정과 좌의정만 들어올 자격이 있는 것인가. 새로운 군주는 장례 6일차에 왜 공식 의상을 상복에서 면복으로 갈아입는가. 또 면복으로 갈아입기 전에 예조판서가 갈아입을 것을 청하는 형식이 필요한 이유는 무엇인가. 전위유교와 대보가 갖는 정치적 의미는 무엇이며, 새로운 국왕은 왜 동쪽 계단으로 올라와 전위유교와 대보를 받는 것인가. 신하들의 조하는 왜 근정전에서 받아야 하며, 어좌가 남향으로 설치되어야 하는 당위는 무엇인가. 취임의례의 마지막 단계에서 왜 국왕은 면복을 벗고 다시 상복으로 갈아입어야 하는가.

두 역사적 사례에 관해 이와 같은 질문들 이외에도 더 많은 질문이 있을 수 있다. 사례로 든 두 취임의례는 그만큼 절차의 형식과 내용에서 매우 두터운 의미들로 구성되어 있기 때문이다.

근정전에서 새로운 국왕과 신하가 조하의 예를 연다는 사실이 말해 주는 것처럼 조선 국왕의 취임의례는 경복궁에서 열린다. 사실 조선은 개국한 지 얼마 지나지 않아 경복궁만이 아니라 창덕궁을 건립했고 (1404년) 원칙에서 보면 경복궁이 정궁正宮이지만 태종조부터 그곳을 실질적인 정궁으로 사용해 왔으며 그런 이유로 경복궁은 잊힌 궁으로 머물러 왔다. 그런데 세종실록 『오례』가 규정한 조선왕조 취임의례의 중심 무대는 창덕궁이 아니라 경복궁이다. 그 문제는 창덕궁에 의해 권력과 통치의 공간에서 멀어진 경복궁을 다시 왕조의 중앙으로 끌어들인 사람이 세종이었다는 사실로 설명될 수 있다. 잘 알려져 있는 것처럼 세종은 창덕궁이 아니라 경복궁에서 즉위식을 거행했고 재위 8년차부터는 경복궁으로 이어했다. 우리는 그것을 부왕의 통치철학과 결별할 것임을 알리는 세종의 정치적 스펙터클로 이해할 수 있다. 경복궁이 태조와 정도전의 정치철학을 함축하고 있는 공간이라면 창덕궁은 태종의 통치철학이 담긴 궁이다. 그 점에서 두 궁은 태조와 정도전의 통치이념으로서 '군신공치제君臣共治制'[4]와 태종의 정치적 노선인 '전제군주제專制君主制'의 차이를 공간적으로, 시각적으로 표상하고 있는 장소로 나타난다.[5]

그렇게 볼 때 조선왕조 권력 승계의 공식 무대가 경복궁인 것은 그곳에서 권력을 이을 군왕이 지향해야 할 통치철학의 핵심을 말해 주는 일이다. 새로운 임금과 신하가 조하의 예를 주고받을 근정전에 남쪽을 향해 어좌를 놓는 예법은 조선이 유학의 질서를 따르는 국가임을 설득력 있게 보여 주는 부분이다. 유교를 통치의 전범으로 삼는 권력은 반드시 북쪽을 등지고 남쪽을 향해(南面) 통치해야 하는데, 근정전의 어좌는 그러한 정치적 원칙의 시각적 표상이다. 조선의 왕위 계승과 관련해 주목하게 되는 흥미로운 또 하나의 절차는 선왕의 장례식과 즉위식이

---

4 김영수, "동아시아 군신공치제의 이론과 현실: 태조-세조대의 정치운영을 중심으로," 『동양정치사상사』 7권 2호, 2008, pp.40-42.

5 하상복, 『광화문과 정치권력』, pp.109-121.

시공간적 연속선 위에서 진행된다는 것이다. 빈전은 그 두 가지 행사가 교차하는 장소인데, 장례 6일차가 장례식이 즉위식으로 전환되는 시점이며, 새로운 국왕은 그 변화의 기호로 상복에서 면복으로 갈아입어야 한다. 즉위의례의 그와 같은 전통은 사실상 조선만이 아니라 고대 동양에서부터 이어져 내려온 절차다. 예컨대, 주나라 문왕이 사망하고 아들 강왕에게로 권력이 승계되는 과정에 대한 역사적 기록이 그 점을 명확히 보여 준다.[6]

'산 자'와 '죽은 자'라는 이질적인 두 정치적 존재와 세계가 만나고 공존하면서 특별한 정치적 의미를 만들어 내는 방식은 인류학적 차원에서 일반적인 현상으로 이해되기도 한다.[7] 본질적으로 그것은 권력의 정통성과 정당성을 향한 원초적 열망의 문화적 발현으로 볼 수 있기 때문이다. 조선을 포함해 유교를 통치의 전범으로 삼고 있는 국가들이 궁궐 조형 원리로 적용되어 온 좌묘우사左廟右社(궁의 좌측에는 종묘를 우측에는 사직단을 세우는 것)는 살아 있는 권력의 정통성과 정당성에 죽은 권력이 관여하고 있는 양상, 달리 말하면 권력의 초월성을 보여 주는 상징적 그림이다.

프랑스 국왕의 즉위식 장소인 랭스와 생드니의 성당과 수도원도 프랑스 왕조의 역사에서 예외적인 의미를 간직하고 있는 장소들이다. 먼저 랭스의 노트르담 대성당은 프랑크 왕국을 통일한 군주 클로비스

---

6 H. 웨슬러, 임대희 옮김, 『비단같고 주옥같은 정치 ─의례와 상징으로 본 唐代 정치사』, 고즈윈, 2005.

7 하상복, 『죽은 자의 정치학 ─프랑스, 미국, 한국 국립묘지의 탄생과 진화』, 모티브북, 2014.

Clovis가 기독교로 개종하면서 세례를 받은 곳으로 그러한 역사적 배경 위에서, 1825년 복고왕정의 마지막 왕인 샤를 10세의 대관식에 이르기까지 프랑스 군주 왕위 계승식의 정통성을 간직하고 있는 건물이다. 1804년 나폴레옹이 황제의 대관식을 랭스의 노트르담 대성당이 아니라 파리의 노트르담 대성당에서 거행한 것은 그러한 역사적 맥락과 잇닿아 있다. 그로서는 자신을 프랑스 군주의 계보 속에 포함시키고 싶지 않았던 것이다.

생레미 수도원은 533년에 사망한 성인 레미의 유골을 보관하기 위해 건립되었는데, 그가 군주 클로비스에게 세례를 내린 인물이라는 점에서 특별한 위상을 지니고 있다. 루이 14세의 도유식을 위한 기름이 담긴 성유기가 그 수도원에 보관되어 있는 것은 이런 배경 속에서 이해할 수 있다. 그리고 파리에서 북쪽으로 약 5km 떨어진 도시 생드니의 중심에 서 있는 생드니 대성당은 성인 드니의 유골이 안치된 곳에 건립된 것으로 알려져 있다. 그는 250년경 기독교 포교를 이유로 참수되었는데 그러한 연유로 생드니 성당은 종교적 신성함을 간직한 곳으로 간주되었으며, 프랑스 메로빙거 왕조의 절정기를 이끈 다고베르트 1세 Dagobert I의 시신이 안치된 이래 프랑스 군주들이 영면하는 장소로 이어져 왔다. 그 성당이 샤를마뉴의 왕관, 정의의 손 등 군주 즉위식에 사용될 주요한 성유물들을 보관하고 있는 것은 그 점에서 자연스럽다 할 수 있다.

3
'성스러운 권력 만들기'로서
즉위식

즉위식이 만들어 내고자 하는 가장 중대한 정치적 효과는 새로운 권력을 신성한 존재로 전환해 내는 데 있다. 바꾸어 말하면, 여러 상징들로 직조된 의례의 절차를 온전히 통과하기 이전까지 왕위를 계승할 존재는 신성하지도 않고 비범하지도 않다는 이야기가 된다. 그 또한 다른 사람들처럼 물리적 육체성을 지닌 자연적 인격체로 머물러 있을 뿐이다. 그 자연적 존재는 특별한 절차를 따른 공간들을 통과함으로써, 신성한 공간으로 입성하게 되고, 그곳에서 자신의 몸이 성물들로 치장되는 것을 지켜보면서, 그리고 절대자의 목소리 혹은 사후세계로 넘어간 권력자의 정치적 의지를 들으면서 서서히 신성의 존재로 다시 태어나는 것이다. 즉 새로운 권력은 상징적 질서의 시공간을 터로 삼아 성스러움의 옷을 입을 수 있다는 말이다.

이러한 문제의 지평 위에서 우리는 취임의례의 핵심적인 원리를 추론해 낼 수 있다. 그것은 본질적으로, 새로운 권력의 정통성과 정당성의 효과를 산출하기 위해 성스러움의 시공간을 구성하고 작동시키는 일이다. 속된 것에 대한 반대 개념으로서 성스러움이란 하나의 공간이나 시간이 경외감이나 두려움을 만들어 내는 특별한 대상으로 인식되는 것을 의미하며 그 점에서 그 공간과 시간으로 들어가는 것은 엄격하게 금지되어 있거나, 일정한 승인 절차를 통해서만 진입할 수 있게 된다.

공간적 관점에서 성스러움은 예외성의 원리Principle of exceptionality에 의해 창출되는데, 앞의 두 역사적 사례에 따르면, 랭스의 노트르담 대성당과 경복궁은 성스러움의 지위를 획득한 장소다. 노트르담 대성당이 성스러운 것은 기독교적 기원과 정치적 기원에서 주목할 만한 예외성이 있기 때문이다. 그러니까 클로비스가 기독교로 개종한 장소라는 종교적 예외성과 이후 프랑스 국왕 대관식의 무대로 기능했다는 정치적 예외성이 공존하면서 다른 어떤 성당들보다 우월한 성스러움의 의미를 획득하게 된 것이다. 그리고 경복궁은 조선왕조가 창건되면서 최초로 세워진 정궁이라는 정치적 정통성의 지위를 획득해 성화된 장소다.

하지만 공간적 성스러움에 관여하는 예외성은 좀 더 복잡하게 작동한다. 즉, 성화된 장소의 내부가 의례의 절차 속에서 분할되면서 또 다른 예외성을 산출한다는 사실이다. 앞의 프랑스를 예로 든다면, 가령, 새로운 군주가 머물고 있는 처소는 외부의 어느 누구에게도 진입이 허락되지 않는다. 그곳은 금지된 공간이고 그 내부와 소통할 수 있는 사람은 철저히 제한되어 있으며, 소통 과정 또한 대단히 엄격한 순서와 절차를 따라야 한다. 그럼으로써 그 처소 속의 군주는 예외적이고 특별한 존재의 위상을 보일 수밖에 없게 된다.

그것은 경복궁에서도 마찬가지다. 군주의 즉위식이 개최될 궁의 빈전은 아무나 들어올 수 없다. 심지어 새로운 국왕조차도 일정한 형식을 거쳐야만 진입할 수 있다. 즉위식의 문을 여는 첫 단계에서 빈전에 입장할 수 있는 사람은 영의정과 좌의정으로 엄격히 제한되고 있다. 의례는 그와 같은 공간적 의미 분할을 통해 성스러움의 효과를 두텁게 구축해 내는 과정인데, 성스러운 물건과 언어들이 군주의 신체를 직간접적으로 에워싸는 방식에 의해 그 효과가 한층 더 강화된다.

시간적 차원에서 성스러움의 문제는 기원성의 원리Principle of originality에 연결되어 있다. 어떤 시간이 성스러운 것은, 가령 생일이라든가 새해 첫날이 다른 날들보다 더 귀하고 순수하게 인식되는 것은 그것이 최초로 시작된 시점으로 회귀하기 때문이다. 여기서 말하는 기원, 즉 '최초로 거슬러 올라가는 것'은 궁극적으로 창조의 과정을 다시 진행한다는 의미로 다가온다. 생일은 한 생명체의 재탄생을, 그리고 새해는 공동체의 시간이 다시 시작된다는 것을 뜻한다는 말이다. 세상의 흐름을 따라 변화되어 가는 한 존재가 재창조와 재탄생의 과정을 시작하게 하는 그 기원의 시간이야말로 성스러운 시간이 아닐 수 없다. 그러한 최초의 시간 속에 놓여 있는 존재야말로 성스러운 인간이 아닐 수 없는 것이다. 이러한 관점에서, 즉위식은 정치적 시간이 다시 원점으로 회귀했음을 보여 주는 과정에 다름 아니다. 즉위식은 새로운 정치적 존재가 태어나는 시간이며, 새로운 정치적 공동체가 재탄생하는 계기다.

여기서 우리는 물리적 시간과 정치적 시간을 근본적으로 다른 시간으로 바라봐야 할 필요가 있다. 한 지점에서 시작해 끊임없이 전진하는, 그래서 역전시킬 수 없는 것으로 인식되는 물리적 시간과는 달리, 정치적 시간은 일정한 계기 속에서 원점으로 회귀하면서 탄생과 소멸을 반복한다. 이러한 원형적 시간으로서 정치적 시간은 즉위식의 두 상징적 절차에서 시각화되고 있다. 조선 국왕의 즉위의례가 거행되는 빈전은 하나의 권력이 생을 다하고 새로운 권력이 생명을 얻는, 정치적 시간의 성스러움이 깃드는 장소가 된다. 죽음과 생성이 공존하고 교차하는 상징적 장소로서 빈전은 그와 같은 시간적 원리를 구현하고 있다. 또한 우리는 루이 14세의 즉위식에서 수아송 주교가 주도하는 도유식과 대관식에 주목해야 한다. 루이 14세는 주교가 이끄는 대로 기름 바름을 받아들이고, 비로소 그는 국왕이라는 정치적 존재로 재탄생한다. 이어서 수아송 주교가 샤를마뉴의 왕관을 씌우고, 귀족들이 국왕을 위한 기원을 올리면 성당 바깥의 백성들이 국왕 만세를 외친다. 마침내 새로운 국왕이 탄생했고 그가 이끌 새로운 정치적 시간이 도래한 것이다.

이러한 관찰과 해석은 우리를 전통적 정치세계의 취임의례란 모름지기 종교성의 발현이 아닐까 하는 생각에 이르게 한다. 종교학자 엘리아데의 관점을 따르면 종교는, 원시적인 수준에서든 가장 고차원적인 수준에서든, 성스러움의 현현顯現을 본질로 한다. "두려운 감정, 경외감을 불러일으키는 신비, 압도적인 힘의 위력을 분출하는 장엄함을 만나게 하는"[8] 성스러움의 체험으로 이끄는 행위와 제도가 종교이며 그 점에서 종교는 근본적으로 성과 속의 이분법에 토대를 두고 있다. 성과

8 M. 엘리아데, 이은봉 옮김, 『성과 속』, 한길사, 1998, pp.46-49.

속의 종교적 이분법은 공간과 시간을 둘로 나누려는 태도에서 잘 드러난다. 엘리아데에 따르면 종교적 인간들은 공간을 균질하지 않은 것으로 인식한다. 그들은 "공간 내부의 단절과 균열을 경험"하고, 질적인 차이 속에서 공간을 이해한다. 또 종교적 인간들에게는 "시간 역시 균질적이거나 연속적인 것이 아니다". 그들은 성스러운 시간과 속된 시간이 있고, "이 두 종류의 시간 사이에는 연속성의 단절이 존재"하는 것으로 인식한다.[9]

성스러운 공간은 언제나 우주의 중심을 향하고 있고, 그 중심의 입구로 연결되어 있다는 점에서 세속적인 공간과 근본적으로 다르다. 성스러운 시간은 신과 절대자의 우주 창조 과정을 모방하는 시간이라는 점에서 세속적인 시간과 전혀 다르다. 성스러운 시간과 공간은 언제나 일정한 표지에 의해 그 본질적 특성을 드러낸다. 우리는 그러한 표지를 상징으로 부르며 그것은 곧 성스러움의 현현이다. 하지만 상징의 기능은 거기서 그치지 않는다. 두 시공간은 질적인 차원에서 상이하기 때문에, 말하자면 균질적이지 않고 연속적이지 않기 때문에 시공간의 이동, 특히 속된 시공간에서 성스러운 시공간으로 넘어가는 것은 아무렇게나 이루어질 수 없다. 여기서 상징이 개입하는데, 다양한 상징의 매개로 한 공간에서 다른 공간으로, 한 시간에서 다른 시간으로 넘어가는 과정을 '통과의례'로 부른다.[10]

상징을 매개로 신성한 공간으로 들어오고 신성한 시간을 만나는 일

---

9   엘리아데, 『성과 속』, pp.55-89.

10 A. 반 겐넵, 전경수 옮김, 『통과의례』, 을유문화사, 1992.

은 궁극적으로 '신화'의 인식과 체험을 가능하게 한다. 엘리아데는 허구나 환상으로 신화를 이해하는 관점에 동의하지 않는다. 그에게서 신화는 "어떤 존재가 어떻게 만들어졌는지 존재의 시초를 말"해 주는 이야기다. 신화는 "초자연적 존재의 행위와 그들의 신성한 힘의 현현을 말하기 때문에 모든 중요한 인간 활동의 모범이 되고 있"는 것이다.[11]

신화는 "세계와 세계 안에서의 올바른 삶의 방법을 설명할 뿐만 아니라 신화를 기억, 재연함으로써 처음에 신, 영웅 또는 선조가 한 일을 반복할 수 있기 때문에 중요하다". 그러므로 "신화를 아는 것은 사물의 기원의 비밀을 배우는 것이다".[12] 이러한 차원에서 종교는 개인적, 집단적 존재의 궁극적 원리에 대한 깊은 물음이다. 그렇기에 종교적 의례를 신화의 관점에서 설명할 수 있다. "처음에$_{ab\ origine}$ 일어났던 것을 의례의 힘으로 반복할 수 있다"고 한 엘리아데의 주장에서 알 수 있듯이 신화는 종교적 의례의 형식과 내용을 통해 그 모습을 드러낸다. 즉 의례는 신화로 불리는 기원적 이야기를 풀어낼 열쇠인 것이다.

이러한 종교학적 틀 위에서 두 역사적 사례를 재해석한다면, 취임의례는 근본적으로 공간과 시간의 이분법을 핵심적인 원리로 삼아 작동하고 있다고 할 수 있다. 취임의례를 통해 속된 공간의 저편에 성스러운 공간이 구축되고, 속된 시간의 흐름을 거슬러 성스러운 시간이 생성된다. 그리고 새로운 권력자는 그 신성한 공간과 시간을 관통함으로써 우주의 중심을 향한 자리에 서게 되는 것이며, 그로써 정치세계의 근원

11 M. 엘리아데, 이은봉 옮김, 『신화와 현실』, 한길사, 2011, p.68.
12 엘리아데, 『신화와 현실』, p.75.

적 창조 과정을 체험할 수 있게 된다. 그러나 그러한 진입과 체험을 위해서는 대단히 엄격하고 때로는 고통스러운 통과의례가 수반되어야 한다. 우주의 중심으로 들어가기까지 그는 자신이 정치적 주체로 존재하고 있지 않음을 인정해야 한다. 그는 자신의 행위를 이끌어 갈 대리자의 목소리와 요구에 귀 기울이고 그것들을 전적으로 수용해야 한다. 즉 수동성에 머물러 있어야 하는 것이다.

그와 같은 의례의 시공간이 창출하는 새로운 정권의 정통성과 정당성은 두 가지 기원을 통해 신화로 전환된다. 프랑스의 경우, 기독교적 신성의 투사와 권력 승계를 위한 전통의 반복적 재생산으로 새로운 군주의 정치적 권위가 확립된다. 프랑스 군주 탄생 신화의 본질은 루이 14세의 취임의례를 통해 가시화되고 있는 것이다. 같은 맥락으로, 조선에서 새로운 군주의 정치적 정통성이 확립되는 데에는 선왕의 신체와 왕위를 계승할 자의 신체가 하나의 시공간에서 공존하는 과정이 핵심적이다. 두 정치적 존재의 물리적 공존에 기초를 둔 정교한 의례는 조선이라는 전통적 정치공동체에서 정통성 있는 권력, 정당한 권력의 탄생이 어디에 기원을 두고 있는가를 잘 보여 주고 있다. 이처럼 조선의 취임의례는 혈연적 승계라는, 권력 창출의 신화적 본질을 시공간적으로 구체화하고 있는 것이다.

제3장

취임의례,
정치적 근대성을 향해

THE BIRTH
OF POWER
THE BIRTH
OF POWER
THE BIRTH
OF POWER

1
취임의례의
인류학적 일반성

　취임의례에 대한 분석을 시작하면서 스케치해 본 프롤로그의 예들은 오늘날의 근대국가들도 전통국가에서처럼 —그 규모와 양상은 달리하지만— 권력의 취임의례를 시행하고 있다는 점을 보여 준다. 그것은 거의 보편적이다. 그리고 전통국가의 즉위식이 지닌 핵심적 메커니즘은 근대적 취임의례들에서도 관찰된다. 그러니까 근대적 취임의례도 분명 공간적 예외성의 원리와 시간적 기원성의 원리 위에서 다양한 상징 언어와 상징물들의 동원을 통해 정치적 성스러움을 창출하는 과정을 따르고 있다는 것이다. 그 점에서 그 의례의 형식에서 전통과 근대를 명확히 구분할 수 있을까를 질문해 보는 것은 타당해 보인다.

　그러나 근대는 세계 인식과 지배 양식에서 전통과는 근본적으로 단절하고 있음을 생각하지 않을 수 없다. 근대의 본질에 대한 베버Max Weber의 이론적 관점이 그 논리를 뒷받침해 주고 있다. 베버는 서구 사회가 경험한 전통으로부터 근대로의 이행, 즉 근대화의 본질을 '합리화 rationalization'로 규정했다. 베버 사회학에 대한 하나의 고전적 해석에 따르면 합리화는 다음과 같은 의미다.

원리적으로 볼 때 합리화란 양화될 수 없는 신비한 힘들에 의존하지 않고 모든 것들을 계산법을 통해 다룬다는 사실을 뜻한다. 합리화는 세계가 미몽에서 깨어났음을 의미한다. 신비로운 힘이 존재한다고 믿었던 야만인들이 신령들을 제어하거나 그들에게 간청하기 위해 의지한 마술적 수단들에 더 이상 의존할 필요가 없다. 기술적 수단과 계산법이 그러한 역할을 대신한다. 이것이 바로 합리화의 의미다.[1]

그의 주장에 기댄다면, 근대의 본질로서 합리화는 '신비', '마술', '신령'과 같은 낱말들에 연결된 종교성의 탈각을 의미한다. 근대를 탈종교성으로 이해하는 일은 비단 베버만의 사고는 아니다. 앞서 살펴본 엘리아데 또한 근대를 종교성에서의 벗어남, 달리 말하면 성스러움의 해체로 이해하려 한다. 근대는 성과 속의 이분법적 원리로 세계를 이해하려는 태도를 더 이상 유지하지 않는다. 오히려 근대는 시공간을 전적으로 세속화하려 한다. 베버가 말한 탈신비화, 탈마술화의 본질은 성스러운 시공간의 세속화와 다르지 않다. 시공간적 신성성을 합리적 관찰의 대상으로 전환해 내는 과학적 인식을 통해 근대는 점차적으로 속화된 세

---

1 Max Weber, H.H. Gerth and C.W. Mills (tr. and eds.), *From Max Weber: Essays in Sociology*, Oxford University Press, 1946, p.139.

계로 진입한다. 엘리아데에 따르면, 근대는 스스로를 완전히 속화된 세계로 인식하고 있다는 점에서 대단히 예외적이다. 그는 그것을 자유라고 명명한다.

> 그는(근대인은) 오로지 자기 자신과 세계를 탈신성화하는 정도에 비례해서만 스스로 자신을 완전하게 만든다. 성스러운 것은 그가 자유를 획득하는 데 최대의 장애물이다. 그는 완전히 신비성을 잃어버릴 때에만 그 자신이 될 수 있는 것이다. 그는 최후의 신이 살해되기 전까지는 진정으로 자유롭지 못할 것이다.[2]

지배의 본질적 문제를 정당성과 연결하고 있는 베버는 지배정당성(또는 정당한 지배)의 유형을 셋으로 구분한다. 합법성·전통성·카리스마가 그것이다. 이 세 유형은 각각 다음과 같이 구분된다. 합법적 지배는 "제정된 질서의 합법성에 대한 믿음과 이러한 질서에 의해 지배를 행사할 수 있는 자격을 갖춘 사람들의 지시권리에 대한 믿음에 근거"하고 있고, 전통적 지배는 "예전부터 타당했던 전통의 신성함에 대한 일상적 믿음과 이러한 전통에 의해 권위를 지니게 된 사람들의 정당성에 대한 일상적 믿음에 근거"하고 있으며, 카리스마적 지배는 "어느 개인의 신성함이나 영웅적인 힘 또는 모범성에 대한 일상 외적 헌신과 그러한 개인에 의해 게시되거나 창조된 질서에 근거"한다.[3]

---

2 엘리아데, 『성과 속』, p.89.
3 M. 베버, 박성환 옮김, 『경제와 사회1』, 문학과 지성사, 1997, pp.412-413.

여기서 우리는 이러한 유형상의 차이를 넘어 합법성이 나머지 둘과 근본적으로 구별되는 지점을 찾아낼 수 있는데, 그것은 정당성의 기원에서 합법성이 신비, 마술, 신령과 같이 종교적이고 초월적인 원리를 받아들이지 않는다는 사실이다. 법률로 대표되는 합리적 원리를 정당성의 기반으로 삼고 있는 합법적 지배는 성스러운 세계 속으로 스스로를 투사하려 하지 않는다. 그 점에서 근대적 지배의 본질은 합법적 지배 양식에 있다고 말할 수 있다.

이 논리를 취임의례의 상황으로 끌고 들어오면 다음의 문제가 생긴다. 근대 정치가 합법성의 원리 속에서 지배의 정당성을 끌어내려 한다면 새로운 권력의 탄생을 성스러움의 원리로 연출해내는 취임의례는 엄밀히 말해 필요한 절차가 아니다. 정치적 근대가 합리적인 원리 위의 헌법적 체계를 갖추고 있고, 그 헌법이 규정한 권력 창출의 원칙, 즉 합법성legality의 원칙에 따라 새로운 권력자가 탄생했다고 가정할 때 그 권력자는 이미 베버의 관점에서 합법적 정당성을 갖춘 존재가 된다. 따라서 취임의례의 형식을 내세워 자신의 정치적 정당성을 알리는 상징적 노력은 굳이 필요하지 않아 보인다. 그 규모의 크기, 연출의 복잡성 정도와 무관하게 모든 취임의례는 소비 혹은 낭비의 과정인데, 이미 지배의 정당성을 합법성의 토대 위에서 확보한 새로운 권력자가 그와 같은 비생산적인 의식을 거행해야 할 정치적 타당성을 발견하기란 쉽지 않다.

그럼에도 근대 정치에서는 취임의례를 포함해 여러 의례를 향한 열망이 식지 않고 있다. 인류학자 컬처David Kertzer는 의례를 향한 근대 정치의 열망을 다음과 같이 이야기하고 있다.

전당대회로부터 대통령 취임식에 이르기까지, 의회 청문회로부터 소리 높여 국가를 부르는 열광적인 대중들의 축구 경기에 이르기까지, 근대의 정치적 삶에서 의례는 널리 퍼져 있다. 권력을 보유한 주체는 지배권의 장악을 향한 정치투쟁의 열망을 표출하는 의례를 통해 자신의 권위를 강화하려 하고, 혁명가들은 정치적 충성의 새로운 기초를 확보하려 한다. 봉기의 지도자에서부터 기존질서의 옹호자에 이르기까지 모든 정치적 인간들은 의례를 이용해 자신들을 둘러싸고 있는 인민들을 위한 정치적 현실을 만들어 내려 한다.[4]

그렇다면 우리는 취임의례, 나아가 의례 일반에 대한 근대의 정치적 양상에 대한 적절한 설명을 시도해야 한다. 엘리아데는 근대를 성과 속의 세계관을 해체하고 모든 시공간을 속화하려는 의지가 최초로 발현된 시기로 해석했다. 하지만 그는 그럼에도 근대인들이 완전히 종교성과 성화된 세계에 대한 열망을 벗어던질 수 없는 존재임을 강조하고 있다.

달리 말하면, 세속적 인간은 비록 종교적 의미를 배제했다고 하더라도 종교적 인간의 태도와 흔적을 보존하지 않을 수 없다. 그가 무슨 행동을 하든, 그는 계승자인 것이다. 그 자신은 과거의 산물이므로 과거를 전적으로 폐기하는 것은 불가능하다. 그는 일련의 부정과 거부를 통해 자신을 형성하지만 그가 거부하고 부정한 실재들은 여전히 그를 따라다닌다.

---

4   David I. Kertzer, *Ritual, Politics & Power*, Yale University Press, 1988, pp.1-2.

자신의 세계를 획득하기 위하여 그는 자기의 조상들이 살았던 세계를 탈신성화했다. 그는 그렇게 하기 위하여 선조의 행동을 거역할 수밖에 없었지만 그 행동은 여전히 어떤 형태로든 그에게 정서적으로 현존해 있으며 가장 깊은 존재 속에서 재현될 준비를 하고 있는 것이다. … '비종교적' 인간의 대부분은 비록 의식하지는 못하더라도 여전히 종교적으로 행동하고 있다.[5]

근대의 본성에 대한 엘리아데의 종교인류학적 해석과 크게 다르지 않게 심리학자 융Carl G. Jung도 근대와 근대인을 양면적 성격으로 풀어 내고 있다. 근대인과 근대 세계는 합리적 의식의 작용에 의해 지배되고 있어서 신비롭거나 초월적인 존재나 현상과 어떠한 관계도, 융의 개념을 따른다면, 어떠한 "신비적인 관여"도 하고 있지 않는 것 같다. 그러한 이유 때문에 전통적인 것들과 근본적인 존재론적 단절을 겪은 것으로 간주되고 있다. 하지만 사실을 말하자면 종교적인 것, 성스러운 것, 신비로운 것을 향한 전통적 열정들은 근대적 심성의 무의식에 깊이 뿌리내리고 있다. 융은 그것을 무의식에 관여하는 '원형archetype' 혹은 '원초적 심상'[6]이라는 개념으로 끌어안고 있다. 융이 볼 때 근대인은 "합리적으로 움직이고 능률적으로 살고 있으면서도 자신이 제어할 수 없는 엄청난 어떤 '힘'에 얽매여 있다". 다만 그들이 그것을 의식하지 못할 뿐이다. 종교적 세계를 지배한 "신이나 악마는 사라져 버린 것이 아니"라,

5   엘리아데, 『성과 속』, pp.183-184.
6   C. 융 외, 이윤기 옮김, 『인간과 상징』, 열린책들, 2009, p.99.

"새로운 이름으로 등장하고 있는 데 지나지 않는다".[7]

한편, 프랑스 인류학자 레비스트로스Claude Lévi-Strauss의 구조주의적 인간 이해는 한층 더 급진적인 방식으로 근대의 예외성과 특수성을 해체하려는 시도로 읽힌다. 이른바 미개인의 삶과 세계에 대한 레비스트로스의 면밀한 관찰과 해석은 인간정신이란 행동과 제도의 외양과 표층에서 감지되는 차이를 넘어 보편적이고 영속적인 구조로 축조되어 있다는 논쟁적 명제로 그를 이끌어 갔다. '이항대립의 의미 구조'가 그것이다. 모든 인간정신은 질적인 대립(신선한/썩은), 형식적 대립(안/바깥), 공간적 대립(위/아래), 시간적 대립(빠른/느린), 사회적 대립(결합된/분리된), 우주적 대립(하늘/땅) 등, 이항대립의 구조로 형성되어 있고 운동하고 있다는 이야기다. 언어의 보편적 구조에서 명백히 발견되는 이항대립의 구조를 레비스트로스는 의례를 포함한 문화적 실천에서도 발견할 수 있다고 생각했다. 브라질 원시 부족사회의 친족제도와 결혼제도, 특히 족외혼 금지의 해석과 관련해 레비스트로스는 그것을 종족적 특수성이라든가 물질적 필요가 아니라 인간정신의 보편적 구조인 이항대립이 낳은 산물로 보았다.[8]

레비스트로스의 구조주의 이론에 대한 지라르René Girard의 해석에 비추어 볼 때, 모든 문화는 "완전한 대칭이 지배하는 곳에 차이를 설정하고, 같은 것 속에 차별을 만들며 상호적 폭력의 혼란을 안정된 의미로

---

7 융 외, 『인간과 상징』, p.121.

8 김형효, 『구조주의 사유체계와 사상: 레비-스트로스, 라깡, 푸코, 알튀쎄르에 관한 연구』, 인간사랑, 1992, pp.113-116.

바꾸"는 실천이다. 그 속에는 "원초성에 뿌리박고 있는 구별, 배제, 결합의 메커니즘"이 깔려 있으며 그로부터 종교적 사고가 생겨난다. 지라르에 따르면 그것은 "종교적인 것에 한정되어 있는 것이 아니다. 그것은 모든 사고의 메커니즘이다". 정말 중요한 얘기는 그다음에 이어지는데, 지라르는 "우리는 이것들을 거부하거나 경멸하는 호기를 부릴 수도없다. 왜냐하면 우리에게 이것 말고 다른 메커니즘은 없기 때문이다"[9]라고 말한다. 그러니까 인간정신과 사고는 어떠한 예외도 없이 구별·배제·결합의 메커니즘을 따르고 있다는 말이다. 이렇게 구조주의 관점에서 우리의 논의에 접근한다면, 근대적 세계와 전통적 세계는 외양과표면에서는 서로 이질적이고 상이하게 보이지만, 근본적으로는 성과속의 이항대립 위에 성립하고 있다고 이야기해야 한다. 근대는 스스로를 속화된 세계로 이해하려 하지만 사실은 전통사회의 성과 속과 다를뿐, 또 다른 성과 속의 이분법 구조 위에 정립되어 있다.

지금까지의 논의들은 궁극적으로 뒤르켐Émile Durkheim이 근대사회의원리를 베버와는 완전히 다른 시각에서 해석하고 있는 맥락을 이해할수 있게 한다. 뒤르켐은 근대를 탈신성화와 속화의 차원이 아니라 성과속의 이항대립으로 ─물론 전통과 근대의 성과 속의 내용은 서로 같지않지만─ 접근하려 한다. 뒤르켐에 따르면 모든 사회는 결속과 질서를필요로 하는데, 그것은 물리적 힘이나 제도만으로는 가능하지 않다. 사회적 안정과 통합을 위한 또 하나의 중대한 기제는 신성성을 만들고 드러내며 재생산하는 일이다. 오스트레일리아 원시종족 아룬타족의 인

---

9 R. 지라르, 박무호·김진식 옮김, 『폭력과 성스러움』, 민음사, 2000, pp.352-353.

티시유마Intichiuma 축제의 토템 숭배에 대한 관찰과 분석을 통해 뒤르켐은 신성, 상징, 사회적 질서의 관계를 인식했다. 뒤르켐은 거기서 그 셋의 관계를 꿰뚫는 원리로서 토템Totem을 발견한다. 그가 살펴본 아룬타족은 두 특징을 지니는데, "첫째, 종족 구성원들은 혈연관계가 없음에도 같은 이름을 가졌다는 이유만으로 자신들을 친족으로 생각하고, 둘째 종족의 공통 이름은 토템이라고 하는 특정한 대상을 가리킨다". 인티시유마 축제는 종족의 토템을 표상하는 동식물의 번영을 기리는 절차와 그 동식물을 섭취하는 과정으로 구성되었다.[10] 그러니까 그 축제는 토템의 재생산과 공유를 위한 의례의 자리가 된다. 그렇다면 토템의 재생산과 공유가 왜 필요한가. 뒤르켐은 문제의 초점이 토템 자체가 아니라 토템으로 상징되는 종족집단에 있다고 해석한다. 축제는 집단 구성원의 통일과 연대의식을 형성하는 데에 근본적인 목적이 있고, 거기서 토템의 번영을 향한 기원을 행하고, 토템을 상징하는 동식물을 나눠 먹는 일이야말로 종족적 일체감을 만들어 내는 중대한 의례가 된다. 여기서, 토템 숭배는 그 상징물 자체에 대한 숭배라기보다는 그 토템이 표상하는 집단이나 사회에 대한 숭배를 의미한다는 종교사회학적 명제가 성립한다.

뒤르켐은 거룩한 것 혹은 신성한 것에 대한 열망은 원시사회만이 아니라 근대 문명사회에도 여전히 사라지지 않고 있다고 주장한다. "어떤 사회도 자신에 대한 신성성의 감정 없이는 존재할 수 없다는"[11] 말이다.

---

10 민문홍, 『에밀 뒤르케임의 사회학: 현대성 위기극복을 위한 새로운 패러다임을 찾아서』, 아카넷, 2001, pp. 216-218.

"어느 시대 어느 곳에서나"[12] 우리가 의례를 발견하게 되는 것은 신성한 것에 대한 보편적 열망 때문이다. 인류사회는 보편적으로, 성스러운 것과 그 반대편에 자리하는 속된 것을 구별해 왔는데[13] 그러한 문제 지평 위에서 뒤르켐은 혁명으로 탄생한 근대 프랑스에 대해서도 그와 같은 성화의 원리를 적용하고 있다.

> 자신을 신으로 수립하거나 신을 창조해 내는 사회의 이러한 경향이 프랑스대혁명의 처음 몇 해보다 더 명백하게 드러난 적은 없었다. 이 특별한 시기에 순수하게 세속적인 것들이 일반적인 열정의 영향 아래에서 여론에 의해 신성한 것들로 변형되었다. 조국, 자유, 이성이 그것들이다. 그 자체로 교리, 상징, 제단, 축일을 지닌 하나의 종교가 수립된 것이다. 이성과 지고존재에 대한 숭배가 일종의 공식적인 만족을 제공하고자 한 것은 바로 이러한 자발적인 열망이었다.[14]

혁명 프랑스가 혁명의 이념을 구체화하고 그 이념을 국민들이 공유할 수 있도록 연출한 여러 축제들은 토템 숭배를 위한 원시종족의 축제 원리, 그리고 그 축제의 사회적 효과와 근본적으로 다르지 않다. 나아가 현대사회가 공동체적 정체성을 확립하고 재생산하기 위해 주조한

---

11 김종법, 『에밀 뒤르켐을 위하여: 인종, 축제, 방법』, 새물결, 2001, p.163.
12 C. 벨, 류성민 옮김, 『의례의 이해』, 한신대학교 출판부, 2007, p.7.
13 민문홍, 『에밀 뒤르케임의 사회학』, p.222.
14 E. 뒤르켐, 노치준·민혜숙 옮김, 『종교생활의 원초적 형태』, 민영사, 1992, p.306.

다양한 상징물들과 그 상징물들을 함께 나누는 축제의 장 또한 원시사회의 토템 축제와 본질적으로는 같은 것이다. 그런 면에서 "현대사회의 집단상징은 그 사회가 거룩하다는 것을 표현한 것이고, 역으로 현대사회의 일상적 조직은 집단적 상호교류를 통하여 이러한 거룩한 상징을 끊임없이 만들어 낸다"[15]고 말할 수 있다.

지금까지 논의한 종교학적, 심리학적, 인류학적, 그리고 사회학적 이론들은 근대사회가 세속성과 속화의 원리에 의해 지배되고 있는 것 같지만 사실을 말하자면 전통사회와 마찬가지로 성스러움에 대한 열망 위에 서 있고, 공동체를 성스러운 상징물로 만들어 내고 함께 공유함으로써 정체성을 구축해 내는 집단적 의례 행위를 반복적으로 실천하고 있다는 주장을 담고 있다.

이러한 논리 위에 선다면 근대의 정치의례, 특히 취임의례는 잉여적인 과정이 아니라 사회적 결속과 질서를 위한 필수불가결의 과정으로 이해해야 한다. 그 안에서 전통적 취임의례의 구조적 양상인 성과 속의 원리가 시간과 공간의 차원에서 실천되고 있다. 전통이든 근대든 취임의례는 근본적으로 성과 속의 이분법을 원리로 삼고 있다. 취임의례는 공간과 시간의 연출적 재구성을 통해 새로운 권력 주체를 정통성과 정당성의 토대 위에 놓으려 한다. 이런 사실을 고려하면 근대를 모든 신비와 마술과 초월성을 벗어던지고 합리적인 원리를 따라 속된 세계로의 투사를 열망하는 곳으로 이해하려는 생각과, 그 사실 위에서 근대적 취임의례를 전통적 취임의례의 운동 원리와 근본적으로 다른 것으로 간

---

15 민문홍, 『에밀 뒤르케임의 사회학』, pp. 225-226.

주하려는 사고는 그리 설득력 있게 다가오지 않는다. 이러한 논의는 정치적 전통성의 프리즘으로 근대의 취임의례를 분석할 필요에 대한 의미 있는 이론적 근거를 제공한다.

2
취임의례의 정치적 근대성
─인격의 성화에서 이념의 성화로

우리는 근대 역시도 전통과 마찬가지로 근본적으로 성과 속의 종교적 이항대립 위에서 작동하는 세계라는 사실을 수용하고 전통과 근대적 취임의례의 원리적 연속성을 인정해야 할 것으로 보인다. 하지만 그렇다고 하더라도 전통과 근대에서 정치적 성스러움의 텍스트까지 같을 것이라고 상상하기는 힘들어 보인다. 따라서 우리의 물음은 '정치적 근대는 무엇을 성스럽다고 말하는가'이다. 다시 말해 신성한 것과 속된 것을 나누는 근대 정치의 고유한 기준이 무엇인가 하는 것이다. 이 질문은 결국 정치적 근대 혹은 근대 정치의 핵심으로 들어갈 것을 주문하는 일인데, 근대적 취임의례의 형식과 내용에 대한 우리의 분석은 바로 그 지점에서 출발한다.

전통적 정치의 중심에는 인격성personality이 자리 잡는다. 왕으로 불리든 황제로 명명되든, 근대가 도래하기 이전까지 국가는 언제나 특정한 개별적 인격체의 존재와 통치에 의해 작동해 왔다. 그 개별적 육체로서의 권력자가 국가를 표상하고 재현해 온 역사를 우리는 전통이라는 정치적 시간 속에서 만난다. 베버가 말한 정당한 지배의 두 유형, 전통성과 카리스마는 지배적 양상에서 개별 권력자의 차원에 관여하는 것이다. 그러한 내적인 특성에 입각한다면, 우리는 취임의례의 전통적 구조를 다음과 같이 이해할 수 있다.

> 우주론적 양태에서 볼 때, 이러한 "권력의 연출dramaturgy of power"은 지도자를 정상적인 인적 상호관계 위로 추어올리는 포괄적인 의례적 체계의 창출을 포함한다. 통치자의 자리로 들어가는 것에 대한 제한과, 그 자리로의 출입이 허용된 사람에게 요구되는 예의바른 행동 규정은 통치자를 강력하게 하는 관계를 실제로 창출한다. 이러한 유형의 체계에서 통치자의 특별한 지위와 권력은 부분적으로 그 통치자를 피치자로부터 분리하는 거리에 기초하고 있다.[16]

이는 취임의례의 중대한 메커니즘의 하나인 공간적 예외성과 분리를 통한 정치적 성화에 관한 설명인데, 이 묘사에서 주목할 만한 사실은 신성화되는 존재가 개별적 인격으로서의 지도자, 통치자라는 점이다. 그러나 인격성의 성화라는 이러한 전근대적 메커니즘을 그대로 근대에 적용할 수는 없다. 근대의 정치성은 국가를 표상하는 특정한 인격체를 성스럽게 만드는 과정에서 벗어나 있기 때문이다.

16 벨, 『의례의 이해』, p.259.

물론 근대의 취임의례 또한 특정한 정치적 인격체가 무대 위로 올라가고 그를 중심으로 시공간의 성화가 이루어지는 것으로 이해할 수 있지만, 그는 근대국가와 근대 정치를 관통하고 있는 핵심적 원리인 이념과 이데올로기의 대리인이자 표상체일 뿐이다. 즉 그는 전근대의 지배자와 달리 그 자신이 물질성을 지닌 고유한 인격체로 성화되는 것은 아니라는 말이다. 근본적으로 정치적 근대, 국가적 근대는 인격성의 원리가 아니라 이념성의 원리 위에서 탄생하고 소멸하는 체제다. 전통과 근대 모두 정치적 신화를 열망하고 있고 정치적 의례는 그러한 신화의 반복과 재생산이지만, 전통의 신화가 인격성의 성화에 연결된 것이라면, 근대의 신화는 이념성의 신성화에 관여하는 것이다. 지젝Slavoj Žižek의 '이데올로기라는 숭고한 대상'[17]이라는 표현이 이와 같은 정치적 근대의 핵심을 보여 준다.

이러한 인식의 기반 위에서 우선적으로 요청되는 작업은 자신이 이끌 정치공동체 구성원들 사이에 공유되고 있는 정치적 믿음과 가치를 인식하고 그것을 체현하고 있는 존재로 자신을 상징화하는 일이다. 그 과정에서 가장 중요하게 동원되어야 할 가치가 바로 '신화'다. 신화란 전근대사회에서 공동체의 질서를 구축하기 위해 발명된 제도이자 상징이라고 인식되고 있지만 바르트Roland Barthes 같은 철학자에 따르면 신화는 단순히 전근대의 시스템에 국한되지 않고 근대사회와 정치에서도 살아남아 대단히 중요한 기능을 수행하고 있다.[18] 따라서, 근대 정치

17 S. 지젝, 이수련 옮김, 『이데올로기라는 숭고한 대상』, 인간사랑, 2002.
18 R. 바르트, 이화여자대학교 기호학연구소 옮김, 『현대의 신화』, 동문선, 1997.

에서 신화와 신화학을 이야기하는 것은 여전히 유의미하다. 하지만 근대의 신화는 이념의 양태로 자신을 드러낸다는 면에서 전통과 차이를 나타낸다.

제4장

'이데올로기-유토피아'
—정치적 근대의 본질

THE BIRTH
OF POWER
THE BIRTH
OF POWER
THE BIRTH
OF POWER

1
이데올로기 국가,
근대국가의 본성

혁명을 통해 수립된 미국은 선한 사회의 본성에 관한 일련의 교의를 포함하는 이데올로기를 중심으로 조직되어 있는 나라이다. … 서론에서 언급했듯이 미국의 이데올로기는 자유, 평등주의, 개인주의, 포퓰리즘, 자유방임주의라는 다섯 개의 단어로 설명할 수 있다.[1]

위의 내용은 미국의 정치적 본성에 관한 립셋Seymour-Martin Lipset의 잘 알려진 명제이지만 여기에는 근대국가의 본질적 속성에 관한 중요한 힌트가 들어 있다. 립셋은 체스터턴Gilbert K. Chesterton의 주장을 따라, 미국은 "세계에서 유일하게 일종의 신념을 기반으로 건설된 국가"라는 의견을 표명하고 있다. 미국은, 가령 영국과 같이 "공통의 역사" 속에서

---

1 S.-M. 립셋, 문지영 외 옮김, 『미국 예외주의』, 후마니타스, 2006, p.33.

국민의식이 구현된 나라들과는 근본적으로 상이한 구성 원리 위에 성립하고 있다는 말이다.[2] 분명 미국은 전근대적 역사와 전통이 부재한 상태에서 근대의 이데올로기ideology만으로 구축된 정치공동체라는 점에서 국가 건설상의 예외성을 인정하지 않을 수 없다.

하지만 그렇다고 하더라도 미국만이 이데올로기 위에 성립한 국가라고 주장하는 것은 적절하지 않다. 근대국가는 ―정치적 전통과 역사 위에 서 있건 그렇지 않건― 본질적으로 '이데올로기 국가'라는 것이 우리의 입론이다. 무엇보다, 국민국가nation-state로 명명되는 근대국가의 주체인 '국민'이라는 개념이 그 논리를 잘 드러내 준다. 근대국가의 주권자인 국민이란 무엇인가. 국민은 전통국가에서 주권자로 지칭되는 왕이나 황제 등의 정치적 인격과는 전혀 다른 존재다. 국민은 자연적이고 물리적인 인격성을 지닌 개별적 존재가 아니기 때문이다. 국민은 물질성이나 육체성과는 무관한 개념으로, 립셋이 지적하고 있는 것처럼 근대국가를 조형하고 있는 특정한 이데올로기로 구성된 추상적인 집단체적 관념이다. 국민은 그 개별적 구성원의 삶에서는 상이성과 이질성을 특징으로 하지만 원리적인 차원에서는 균질성을 특징으로 한다. 지역, 성, 연령, 문화적 측면 등에서 국민적 구성원들은 결코 동일한 모습이 아니지만, 그들은 모두 국민적 단일성을 공유하고 있다.

그렇다면 무엇이 국민이라는 단일하고 균일한 정치적 주체를 만들어 내는가. 그 궁극적 힘은 이데올로기다. 립셋이 말하고 있는 것처럼, 미국 국민들은 그들이 공유하는 다섯 가지의 특정 이데올로기 위에서

---

2 립셋, 『미국 예외주의』, p.33.

하나의 정치적 집합체로 탄생한 것이다. 그리고 그러한 원리는 다른 나라의 국민 건설 과정에도 마찬가지로 적용 가능하다. 이러한 논의 위에서 우리는 국민이란 "물리적 조건들의 결합이 아니라 정치적 의지들의 순수한 결정精晶"[3]이며, 그 정치적 의지는 이데올로기라는 언어적 형식으로 구현된다고 말해야 한다.

같은 맥락에 놓인 논점이지만, 오늘날 대부분의 국가들은 특정한 이데올로기의 지평 위에서 자신의 정치적 정체성을 설정하고 확립하려 한다. 근대국가들은 특정한 이데올로기로 또는 그 이데올로기들의 조합으로 자신의 정치적 성격과 지향을 규정하고 가시화한다. 그리하여 국제정치와 국제질서상의 정치적 연대와 대립의 지평은 언제나 이데올로기의 구분선을 따라 운동한다. 그러므로 이데올로기의 본질에 대한 탐구가 정치적 근대의 문제 지평을 여는 핵심적 과정이다. 우리는 그 논제에 대한 풍부한 상상력을 자극하고 있는 만하임Karl Mannheim의 지식 사회학을 통해 이데올로기의 근대성을 살펴볼 수 있다.

독일의 저명한 지식사회학자가 이해하는 근대 이데올로기의 본질은 이데올로기에 대한 기존의 인식들과 큰 거리를 두고 있다. 무엇보다 근대 이데올로기 논의에서 핵심적인 위치를 차지하는 마르크스Karl Marx의 시각을 벗어나고 있다. 만하임은 먼저, 이데올로기의 전통적 시각을 환기하고 있다. 여기서 이데올로기는 일반적 의미에서 '허위의식'이다. 그 허위의식은 "종교적 원천으로 거슬러 올라"가는 기능으로, 말하자면 "어떤 예언자의 주변 사람들이나 심지어 그 예언자 자신조차 자기의 참

---

3 하상복, 『죽은 자의 정치학』, p.52.

모습이나 자기의 생각이 진실한 것인지에 대하여 의아하게 느낄 때면 언제나 떠오르곤 하던 성질의 문제였다."[4]

하지만 그처럼 지나치게 넓은 외연의 형식으로는 근대 이데올로기의 특수한 사정에 접근하기 어렵다고 만하임은 말한다. "우리는 어떤 경우를 막론하고 모든 것을 단지 과거로부터 전래되어 온 것에 귀착시키려는 그와 같은 결론 도출 방식에는 승복할 수가 없다"[5]는 것이다. 문제는 종교성을 짙게 풍기는 전통의 영역에서 운동해 온 이데올로기의 허위의식이라는 것이 저주와 같은 차원에 머무는 반면에, 근대적 차원의 허위의식은 합리적 분석과 증명의 대상이라는 데 있다. 이 지점에서 만하임은 "신과의 연관성"을 벗어나 "현실에 주안점"[6]을 둔 관점으로 이동하기를 요청하고 있다. 근대적 이데올로기의 탄생과 관련해 만하임은 새로운 사유체계의 형성에서 출발하고 있다. 이데올로기의 형성을 이끈 근본적 동력에는 "훨씬 더 깊은 근거를 지닌 새로운 양식의 사유 과정이" 놓여 있는데, 만하임에게서 그 사유 과정의 새로움이란 의식철학의 발생이다.

이러한 방향에서 가장 중요한 최초의 발자취는 무엇보다도 의식철학의 발생에서 찾아볼 수 있다. 의식이란 하나의 단일체로서, 그 속에 담겨 있는 여러 요소가 서로 응집성을 띠고 있다는 생각은 특히 독일에서 사상적

---

4   K. 만하임, 임석진 옮김, 『이데올로기와 유토피아』, 김영사, 2012, p.186.

5   만하임, 『이데올로기와 유토피아』, p.187.

6   만하임, 『이데올로기와 유토피아』, p.188.

대단원을 매듭지을 만큼의 문제로 부각되었다. 즉 여기서는 우리의 주변을 둘러싼 그 개괄적인 양상의 파악이 더욱 힘들어지는 무한한 다양성으로 채색된 세계 대신에 주관, 주체의 통일성을 바탕으로 한 응집력을 행사하는 세계 체험으로 대두되었으니, 이와 같은 주체는 적어도 세계 형성에 관한 여러 원리를 단순히 수용하는 것이 아니라 자발적으로 스스로의 내면 그 자체에서 이를 조성하게 마련인 것이다(강조는 원문).[7]

7　만하임, 『이데올로기와 유토피아』, p. 179.

2
근대적 주체와
세계의 합리적 재구성

 만하임이 이야기하고 있는 '주체'란 바로 인간이다. 신에 종속된 피조물로서의 인간을 벗어나 신의 위치와 역할을 대신하는 능동적 인간이라는 면에서 주체를 뜻한다. 역사의 거울에 비추어 볼 때, 통일성을 지닌 주체의 등장과 그 주체에 의한 세계 인식의 태도는 15-16세기 인문주의와 종교개혁으로 추동된 새로운 사유운동에 밀접히 연결되어 있었다. 그 사유운동은 본질적으로 세계의 중심을 신으로부터 인간으로 옮기는 과정을 의미한다. 미란 무엇이고 어떻게 만들어지는가의 문제에서 르네상스는 그 원리를 신적 영감으로부터 인간의 이성과 감성으로 이동시켰고, 죽음을 극복하는 구원의 문제에서 종교개혁은 신의 대리자로 간주되던 사제들의 목소리로부터 평범한 신도들의 자발적인 신앙고백으로 그 원리를 바꾸어 놓았다. 르네상스의 천재성이 발명한 원근법perspectives은 예술적 시선의 주체성을 통해 기독교적 전통과의 절연을 가져왔다. 가령, 중세 기독교 사회에서 성화를 그리는 일은 화가의 주체적 시선이 결정하는 것이 아니었다. 화가는 외견상 그림을 그리기는 하지만 그의 작업은 본질적으로 초월의 세계 속 절대자의 시선을 따라 이루어진다. 종교적 영감이란 자신의 의지가 아닌 것이다. 그 점에서 화가는 회화의 주체가 될 수 없었다.

드브레Régis Debray가 '로고스페르logosphère'로 명명한 그 원리는 '그라포스페르graphosphère'로 불리는 새로운 시각 원리가 대체한다.[8] 앞의 원리가 성스러움의 창조라는 목적을 지향한다면 뒤의 것은 아름다움의 재현을 욕망한다. 그리고 그 아름다움을 완성해 내는 주체는 절대자가 아니라 화가의 눈이다. 화가는 자신의 시선 속으로 대상물을 끌어들여 아름다움의 이상적 구도를 찾아낸다. 그리고 캔버스에 그 대상물을 가장 아름다운 모습으로 재현해 내고자 한다. 그 이상적 재현의 원리가 원근법이다. 3차원의 대상물을 2차원의 평면 속에 배치하는 방식인 원근법은 공간배치에 대한 화가의 엄밀한 지식을 필요로 한다. 캔버스 속의 그림은 그렇게 재현된다. 그것이 재현representation인 까닭은 캔버스에 그려진 대상물의 아름다움이란 궁극적으로 화가가 지닌 미학적 시선의 결과이기 때문이다. 이렇게 해서 미의 궁극적 주체성은 신으로부터 인간에게로 이동한다. 신을 찬양하던 문학과 예술에서 인간의 문학과 예술로의 이행을 이끈 르네상스의 기운은 알프스를 넘어가면서 중세 기독교의 근본적 원칙과 질서를 뒤흔든 종교개혁으로 전환되었다. 이로써 주체적

---

8 R. 드브레, 정진국 옮김, 『이미지의 삶과 죽음: 서구적 시선의 역사』, 글항아리, 2011, p.344.

인간은 예술의 영역만이 아니라 종교에서도 그 모습을 드러냈다. 면죄부 논쟁에서 촉발된 종교개혁은 죄 사함과 구원의 궁극적 권한이 신을 대리하는 교황과 사제들이 아니라 믿는 자 개개인의 신앙적 결단과 기도에 귀속되는 것임을 선포한 대사건이었다. 그동안 사제의 판단에 종속되어 수동적 존재로 머물러 있던 신앙인들이 종교개혁을 계기로 능동적 존재로 뒤바뀌게 된 것이다. 그들은 자신들의 생활어로 번역된 성서를 읽고 이해하는 주체적 사고 과정을 통해 종교적 운명을 스스로 개척할 수 있었다. 결국, 르네상스와 종교개혁은, 그 운동의 영역은 달랐지만, 인간을 주체로 세운다는 면에서는 공통적이었다.

만하임의 표현을 따르면 이와 같은 역사적 국면 속에서 초래된 중세적 위기의 본질은 기독교의 신에 의해 뒷받침되던 "세계상의 통일성이 와해된" 것이었다. 종교적 신념 위에 조형된 세계 인식의 토대가 흔들리면서 발생한 위기의 극복은 "절대적 주체의 통일, 즉 '의식' 일반"의 형성에서 마련되었다.[9] 말하자면, 해체되어 버린 중세적 세계는 주체로 재탄생한 인간의 사유영역 속에서 '재구성'되어야 했던 것이다.

천문학에 대한 새로운 지식체계의 형성에서 추동된 17세기 자연과학혁명은 그와 같은 세계관의 와해와 재구성이라는 역사적 과정을 잘보여 주고 있다. 자연과학혁명의 문이 열리기 이전까지 자연과 우주는 내적 생명과 에너지를 지니고 있는 실체이거나 신의 의지로 채워져 있는 공간으로 간주되어 왔다. 자연의 운동은 아리스토텔레스의 목적론적 철학 원리와 기독교적 절대성의 원리에 입각해 설명되었다. 그와 같

---

9 만하임, 『이데올로기와 유토피아』, p.179.

은 고대적·중세적 자연관과 우주관은 관찰과 추론의 힘을 신봉하는 지성에 의해 근본적으로 도전받았고 뉴턴 과학의 정립과 함께 완전히 해체되어 버렸다. 뉴턴의 물리학을 통해 자연은 수학적 법칙에 의해 설명 가능하고 예측 가능한 세계로 인식되었다.

자연이 초월적이고 신비한 공간이길 멈추고 힘과 운동의 원리로 완벽하게 이해할 수 있는 일반적 균질성의 공간으로 나타난 것이다. 이를 통해 자연의 진리는 관찰하는 주체로서의 눈과 추론하는 주체로서의 이성에 의해 파악할 수 있다는 새로운 패러다임이 성립한다. 자연은 인간에 의해 드러나길 기다리는 미지의 대상이 되고 인간은 자연의 비밀을 드러냄으로써 진리의 빛을 획득하는 주체가 된다. 여기서 진리를 향한 의지의 실천적 도구로 과학이라는 지식이 자리한다. 자연은 인간의 지성이 빚어낸 과학의 빛으로 그 모습이 드러나길 기다리는 하나의 대상, 하나의 객체로 머문다. 그리하여 만하임의 아래와 같은 명제가 성립한다.

이제부터의 세계는 오로지 주체와 관계한 '세계'로서 존재하는 가운데 바로 이 주체의 의식 작용은 세계상을 형성하는 데 없어서는 안 될 구성 요인으로 등장하기에 이르렀다.[10]

인간이 자연세계의 일부라는 전근대적 인식은 더 이상 타당하지 않다. 상황은 오히려 그 반대다. 이제 인간은 자연을 존재하게 하는 주체적 사유자가 된 것이다. 이러한 시대정신을 우리는 근대라고 부른다.

---

10 만하임, 『이데올로기와 유토피아』, p.179.

그리고 인식론은 주체적 존재, 즉 자연세계에 대해 능동성을 발휘하는 존재로서의 근대적 인간[11]에 대한 철학적 기획이다. 인식론은 인식 주체와 인식 대상의 엄격한 구분 위에서 성립한다.

모든 인식 작용에는 주관과 객관이라는 두 요인이 있다. 인식하는 의식에게는 인식되는 대상이 대립해 있다. 주관과 객관이라는 이 이원성과 양극성 속에 인식 현상의 가장 보편적이고 명백히 본질적인 특징이 놓여 있다. 달리 말하면 인식 현상의 근본 구조는 양극적 구조다.[12]

인식론은 '주관과 객관', 또는 '인식하는 의식과 인식하는 대상'으로 구성되지만 여기서 궁극적이고도 유일한 관심은 뒤의 것이 아니라 앞의 것에 놓인다는 사실에 주목해야 한다. 이 문제와 관련해 우리는 칸트Immanuel Kant의 주장을 환기한다. 서구 근대 인식론의 화려한 꽃을 피운 칸트는 "내 생각에는 우리가 지성이라고 일컫는 능력의 근원을 밝혀 내고, 동시에 이 지성 사용의 규칙들과 한계들을 규정하기 위해서, 내가 초월적 분석학의 제2장에서 순수 지성 개념의 연역이라는 제목 아래 수행한 것보다 더 중요한 연구는 없다"[13]고 말했다(강조는 원문). 여기서 우리가 알아야 하는 사실은 인식론이 향하는 유일한 지점이 칸트가 지성이라 부르는 인간의 의식이라는 점이다. 물론 그렇다고 해서 인식 대상이

11 Max Mark, *Modern Ideologies*, St. Martin's Press, 1973, p.7.
12 J. 헤센, 이강조 옮김, 『인식론』, 서광사, 1986, p.20.
13 I. 칸트, 백종현 옮김, 『순수이성비판 1』, 아카넷, 2013, p.171.

아무런 의미가 없다는 것은 아니다. 인식 주체의 의식은 반드시 인식 대상으로서 세계의 존재를 전제로 하기 때문이다. 이는 감각운동은 세계 인식의 원초적 토대로서 "원칙적으로 대상의 앞에 있음에 의존한"다는 말이며, "어떤 대상이 우리 앞에 주어지고 그것이 우리의 표상 능력을 촉발함을 통해 발생하는 표상"[14]이라는 말이다. 하지만 우리는 그러한 감각운동을 인식이라고 부르지 않는다. 그것은 단지 대상의 표면과 외관에만 국한된 운동이기 때문이다. 인식이란 "세계의 내적 본질"과 "내적 성질" 그리고 "존재의 내면성으로 육박해 들어가는"[15] 행위다. 칸트에게서 그와 같은 인식 능력은 지성의 '선험적 형식'(시간, 공간, 양, 질, 관계, 양태)에 내재되어 있다. 인간은 그와 같은 선험적인, 즉 본래적인 innate 형식(범주)을 통해 무질서하고 무규정적으로 남아 있는 대상에게 모순적이지 않은 논리적 질서를 부여할 수 있다. 세계의 대상들은 그와 같은 범주적 질서 속에서 자신의 존재성을 확립하고 온전히 드러낸다.

그런 점에서 근대 인식론은 세계에 대한 '합리적 재구성'의 지적 욕망을 본성으로 한다. 근대의 인식 주체는 자신의 지성이 인식할 수 있는 것과 인식할 수 없는 것을 명확히 구분하면서 혹은 더 적극적인 차원에서 뒤의 것을 합리적 인식의 영역으로 끌어들이는 방식을 토대로 세계 내 대상들의 존재성과 관계성을 진리로 확보한다는 점에서 합리적 재구성의 중대한 토대를 구축해 내고 있다.

---

14 김상봉, 『자기의식과 존재사유: 칸트철학과 근대적 주체성의 존재론』, 한길사, 2009, p.31.
15 김상봉, 『자기의식과 존재사유』, p.35.

다시 엘리아데의 논의로 돌아가 보면, 그의 연구는 근대라는 시대가 도래하기 이전까지 세계는 —세계를 구성하는 시간과 공간은— 두 개의 상이한 존재론으로 이해되어 왔음을 우리에게 알려 주고 있다. 엘리아데는 이른바 전통의 세계가 질적 차이성, 비균질성, 불연속성의 개념으로 공간과 시간에 접근해 왔다고 말하고 있다. 이렇게 종교성을 본질로 하는 전통의 세계가 각각 균질적이지 않고 단절되어 있다고 말할 때, 그것은 세계가 성스러운 시공간과 속된 시공간으로 구분된다는 것을 의미한다. 종교적 세계의 중심은 언제나 성스러운 시공간이었고, 종교적 인간은 언제나 그러한 시공간 속에서 신적 신비와 경외감을 느끼는 것을 욕망해 왔다. 이처럼 질적인 차이를 특징으로 하는 전통적 세계를 이해하기 위해서는 단일한 사유 방식으로는 불가능하다. 그것이 가능하려면 시공간의 단일성과 균질성이 확보되어야 하기 때문이다. 합리성 또는 합리화라는, 세계에 대한 단일한 사유 원리가 근대에 적용되고 있다는 말은 궁극적으로 전통적 세계의 이중성과 비균질성이 해체되면서 속된 시공간으로 환원된다는 것을 뜻한다. 이러한 관점에서 아마도 근대는 전통적인 종교적 시공간의 존재론을 부정하는 시대이자 세속화로 모든 시공간을 재편하는 시대일 것이다. 근대인에게 신성으로 가득찬 시공간의 장벽은 그 자체로 수용되기보다는 이성적 기준 위에서 합리적으로 설명되어야 하는 것이다. 그래서 종국적으로 근대는 시간과 공간을 균질성과 연속성으로 재구성하고 축소하려 한다. 그 과정을 거친 시공간은 질적인 차이가 없기 때문에 양화 가능해지고, 연속적이기 때문에 단일의 원리로 측정할 수 있게 된다. 근대의 시공간은 매끄러운 평면 공간이고 이음매 없는 시간이다.

3
근대의 정치적 욕망,
이데올로기와 유토피아

만하임이 이야기하고 있는 통일성과 응집성, 단일성을 모두 지닌 의식적 주체는 이러한 인식론적 기반 위에서 생성된다. 인간정신의 의식은 신비와 초월의 세계가 아니라 논리적 상관성과 인과성으로 파악 가능한 세계에만 관여한다. 근대 세계에서 벌어지는 진리 투쟁은 '누가 신의 계시를 받았는가'라는 문제가 아니라 '누가 더 합리적이고 논리적으로 세상의 운동 원리를 설명해 내는가'의 문제로 전환되기에 이른다. 그렇기에 세상에 관한 표현과 해석 그리고 평가를 이끄는 믿음의 체계를 뜻하는 이데올로기는 '합리성'[16] 위에 정립되어야 했던 것이다.

이러한 관점에 비추어 봤을 때, 이데올로기라는 용어에 대해 최초로

---

16 정태일, "정치이데올로기의 이상과 현실," 한국정치학회 편, 『정치학: 인간과 사회 그리고 정치』, 박영사, 2015, p.57.

체계적인 접근을 시도한 인물이라고 간주되는 드트라시Destutt de Tracy가 계몽주의 철학자라는 것은 결코 우연이 아니다. 드트라시가 이데올로기를 증명할 수 없는 비합리적인 종교적 믿음의 체계를 대신할 합리적인 인식론적 질서에 관한 학설과 연구로 해석한 것은 지극히 자연스러운 양상이었다.

세계 인식을 위한 새로운 형식인 이데올로기는 정치적 근대성의 도정 위에서 자신의 모습을 드러냈다. 중세 신학 위에 서 있던 정치질서와 국가질서는 점차적으로 그 정당성을 상실해 가고 있었고, 아우구스티누스St. Augustinus와 토마스 아퀴나스Thomas Aquinas의 정치신학으로는 온전히 설명할 수 없을 정도로 이미 정치와 국가는 세속적 이해관계와 권력관계 위에서 맹렬하게 운동하고 있었다. 새로운 국가, 새로운 정치의 원리를 설명하기 위해서는 신의 초월적 의지가 아니라 인간의 합리적 인식론이 요청되어야 했다. 그것은 우리가 앞서 이야기한 것처럼, 르네상스로부터 자연과학혁명까지 이어진 새로운 시대정신이었다. 따라서 근대 정치인식론에게는 마키아벨리Niccoló Machiavelli가 실천적으로 사유한, 윤리성·신학성과 절연한 세속적 군주국가의 등장에 대해, 그리고 보댕Jean Bodin이 열망해 마지않은, 종교를 정권의 토대를 위한 수단으로 삼고 있는 절대국가의 형성에 대해 명확하고 합리적으로 설명해야 한다는 것이 중대한 과제로 남겨졌다. 그리고 군주국의 유형과 성격, 권력 창출과 해체의 원칙, 주권의 본질에 대한 이탈리아와 프랑스 정치사상가의 이론적이고 예증적인 논의들 속에서 근대의 정치인식론은 그 토대를 마련하기 시작했다.

하지만 그러한 정치적 개념들로는, 세속국가와 절대국가에 뒤이어

나타난 한층 더 근본적이고 혁명적인 변화를 온전히 해석해 낼 수 없었다. 문제는, 정치적 객체에 불과했던 존재들이 주권자가 되고, 정치적 주체가 되는 전복적 변화와 그 귀결로 전혀 새로운 국가가 탄생했다는 데 있었다. 국민국가로 규정되는 근대국가는 몇 가지 점에서 역사적으로 전례 없는 특징을 가진다. 앞서 논의한 것처럼, 근대국가는 국가를 표상하는 자연적 인격체의 부재 위에 서 있다. 그리고 그 자연적 인격체가 사라진 자리에 국민으로 불리는 집합적 주체인 법률적 인격체가 들어선다. 근대국가는 국민이라 불리는 그 구성원들이 모든 면에서 균질적인 존재(정치적으로 동일한 가치를 지니는 존재)라는 대전제 위에서 성립하고, 그 집단적 인격에 의해 주권이 행사되고 통치성이 실천되는 정치질서를 구축하고 있다. 이것은 그 전과 비교했을 때, 참으로 새롭다 하지 않을 수 없는 정치체였다. 따라서 이러한 정치적 새로움을 이해하기 위해서는 보다 더 정밀하고, 보다 더 체계적인 관념과 개념으로 구축된 새로운 정치인식론이 필요했다.

근대적 정치체제, 국가체제의 형성과 운동기제에 관한 근본적 설명 구조가 전통으로부터의 완전한 단절을 보이고 있다는 증거는 근대 정치사상의 핵심적 원리와 내용을 담고 있는 '사회계약론The social contract'에서 명확하게 나타난다. 사회계약설은 의심할 나위 없이 과학적 논리 구조를 뼈대로 하고 있다. 그 이론은 국가와 정치사회의 기원과 관련해 '자연상태natural state'라는 일종의 가설적 상태에서 출발한다. 그것은 추론을 진행하기 위해 설정된 전제적 조건이고, 그 조건은 역사성 위에 기초하지 않은, 온전히 추상적이고 관념적인 ─비록 당대의 사회적 특성에서 추출된 부분이 있다고 하더라도─ 분석 틀이다. 사회계약론은

'개인'이라는 최소 단위에서 출발하고 있다는 점에서 전통으로부터의 사상적 절연과 근대 과학의 방법론적 요소를 보여 주고 있는데, 과학의 개념들이 그러하듯이 개인 또한 과거에는 존재하지 않던 이성, 감성, 합리성, 자유, 평등, 자연법, 자연권 등의 개념들로 주조된 일종의 관념체이기 때문이다. 자연상태에서 시작해, 권리를 양도하고 국가와 정치권력체를 만들어 가는 일련의 계약의 과정들 또한 대단히 논리적인 인과성과 상관성에 입각해 진행되고 있다.

이렇듯 근대 정치체제에 대한 설명은 합리적이고 과학적인 원칙 위에서 성립되는 것이 일반적인 수준이었기 때문에 이후 근대에 관한 정치적 담화들 또한 합리성과 과학이라는 언어적 형식을 따르지 않을 수 없었다. 그래서 앞서 설명한 것처럼, 드트라시가 발명한 이데올로기는 그러한 근대적 사유의 특징들을 응축하는 개념으로 탄생했다.

드트라시가 이데올로기를 정치세계를 합리적으로 인식하기 위한 하나의 학문적 틀로 정의할 때까지만 해도 그 개념은 정치적 차원에서 중대한 의미를 지니지는 않았다. 하지만 그 개념이 정치적 실천의 무대로 진입하게 되면서 상황은 상당 부분 달라졌다. 이데올로기의 의미변화를 이끈 최초의 계기는 나폴레옹이 만들었다. 프랑스 황제가 자신이 탐탁지 않게 여긴 일군의 철학자들을 경멸적인 존재로 지칭하면서 이데올로기는 부정적인 함의의 용어로 변모되었다. '경멸적'이라는 말은, 만하임의 해석에 따르면, 철학자들의 교조주의를 비판하기 위함이었고 그 속에는 두 가지 차원의 무가치성이 담겨 있었다.

그런데 여기서 사용한 이 '경멸'한다는 말의 의미를 근원적으로 따져

볼 때 그 속에는 인식론적이고 존재론적 측면에서의 무가치성이 내포되어 있음을 알 수 있다. 다시 말해서 상대방의 사상이 비현실적이라는 뜻이 담겨 있다고 볼 수 있으므로 이를 좀 더 엄밀히 규정한다면 다름 아닌 존재론적 내지 인식론적 측면에서의 무가치성을 지적한 것이라고 볼 수 있다는 말이다. 그러나 여기서 한 발 더 나아가 우리는 도대체 어떠한 요인에 비추어 이를 비현실적이라고 할 수 있느냐는 의문을 제기할 수가 있는데, 그 대답은 실천, 즉 정치가의 실천이라는 요인에 견주어 볼 때 그것이 비현실성을 내포한다고 말할 수 있다(강조는 원문).[17]

이데올로기는 존재론적·인식론적으로 뿐만 아니라 실천적 차원에서도 무가치한 것이었다. 이데올로기 관념의 무가치성, 특히 실천적 무가치성에 대한 비판은 마르크스에 와서 이데올로기 비판의 중심적인 시각으로 자리 잡게 된다. 마르크스는 이데올로기를 허위의식이라고 불렀고 과학과 대비했다. 그에게 이데올로기는 '합리적 지식'이라는 미명하에 현존하는 정치·사회질서의 모순을 은폐하려는 거짓된 언어에 불과했다. 반면 과학은 현실의 실제적 변화를 가져올 객관적이고 실천적인 지식이자 힘이었다.

이러한 논의 속에서 만하임은 이데올로기를 특수성의 차원과 총체성의 차원으로 구분해 고찰하고 있다. 앞의 것, 달리 말하면 '특수적인 이데올로기'는 "상대방이 지니고 있는 일정한 '이념'이나 '표상'을 믿지

---

17 만하임, 『이데올로기와 유토피아』, p.189.

않으려는 경우에 사용하는 용어다."¹⁸ 이는 나폴레옹과 마르크스가 이 데올로기를 비판할 때의 의미다. 상대의 정치적 사유체계를 신뢰할 수 없는 이데올로기로 간주하고 자신의 사유체계를 실천적 차원에서 정당한 것으로, 즉 과학으로 평가하려는 인식 속에는 근본적으로 근대적 가치인 합리성의 지적·실천적 주권을 확보하려는 의지가 숨어 있다. 이 데올로기에 대한 비판 그리고 이데올로기와 과학을 구분하는 기준은 존재론적 합리성과 실천적 합리성이라는 말이다.

하지만 만하임은 정치적 공간에서 합리성의 이름으로 상대를 공격할 때 사용하는 개념으로서의 이데올로기 이해를 넘어서기를 제안하고 있다. 말하자면 특수적인 이데올로기에서 총체적인 이데올로기로의 이행을 요청하고 있는 것이다. 총체적인 이데올로기란 "모든 시대의 어떤 당파의 경우에도 인간의 사유란 필연적으로 이데올로기적 성격을 띨 수밖에 없다는"¹⁹ 관점 위에 서 있다. 이 문제와 관련해 만하임은 인간 사유의 존재구속성이라는 보편적 차원에 주목한다.

즉 여기서 우리가 되풀이해 묻지 않을 수 없는 것은 어떻게 일정한 사회구조적 존재상황이 그 나름의 일정한 존재해석 양식을 낳게 하느냐는 것이다. 그러므로 지금 이 단계에 와서 우리의 가장 큰 관심사가 되고 있는 인간적 사유의 이데올로기성이란 문제는 그 자체가 진리가 아니라느니 혹은 거짓된 것이라느니 하는 것들과는 아무런 관계가 없고 오히려 앞

18 만하임, 『이데올로기와 유토피아』, p.161.
19 만하임, 『이데올로기와 유토피아』, p.199.

에서도 언급했던 사유의 존재구속성 문제를 뜻하는 것이 된다. 다시 말해서 인간의 사유는 사회적 성격과는 무관한 담백한 공간 내에서 홀로 부동하며 구성되는 것이 아니라 그 반대로 언제나 이 공간 내의 어떤 특정 위치에 뿌리박혀 있다는 것이다.[20]

이데올로기와 관련해 위 주장이 보여 주는 두 관점은 첫째로, 이데올로기를 진리와 거짓이라는 범주와 연결하는 것은 오류이며, 둘째로, 모든 사유는 그 사유 주체의 사회적 존재성 위에서 형성된다는 것이다. 이런 문제의 지평에서 만하임은 이데올로기의 보편적 차원을 강조하고 있다.

> 그러므로 우리가 그와 같은 특정한 한계 내에서의 파악 태도가 아닌 총체적 이데올로기에 대한 보편적 고찰 방식에 도달하려면 무엇보다도 자기의 적대세력만이 아니라 원칙적으로 자기 자신의 입장까지 포함된 모든 여타의 사상적 입장을 통틀어서 이데올로기적인 것으로 간주할 만한 각오가 되어야 있어야 한다는 것이다. 이제 우리는 모든 시대의 그 어떤 당파의 경우에도 인간의 사유란 필연적으로 이데올로기적 성격을 보일 수밖에 없다고 하는 총체적 이데올로기 개념에서의 보편적 파악 방식을 받아들이지 않을 수 없게 되었다(강조는 원문).[21]

---

20 만하임, 『이데올로기와 유토피아』, pp. 203-204.
21 만하임, 『이데올로기와 유토피아』, p. 199.

결국 근대는 이데올로기가 세계의 존재를 합리적이고 논리적으로 설명하는 틀로서 보편적으로 작동하는 세계다. 따라서 모든 근대적 정치공동체는 예외 없이 특정한 이념적 정체성 위에 성립한다는 사실이야말로 정치적 근대의 본질적 측면이다.

그런데 우리는 그와 같은 이데올로기의 시대 속에서 유토피아라는 또 하나의 관념을 만난다. 이데올로기가 현실 해석의 고유한 형식이라면 그에 대응하는 것으로 유토피아는, 그 문학적·역사적 기원이 말해주듯이, 아직까지 실현되지 못한 세계에 대한 희망과 동경의 형식이다. 유토피아가 이데올로기의 짝패로 탄생한 것이라면 그 개념은 이데올로기와 마찬가지로 근대적 개념이 아닐 수 없다. 하지만 만하임이 언급하고 있는 것처럼, 인간사회는 먼 옛날부터 "기존의 현실에 만족하지 못하는 환상이" "소망의 공간이나 소망의 시간 속에서 안식처를 찾아왔다." 인류의 보편적인 이야기로서 "신화, 동화, 종교적 피안의 약속, 인도주의적 입장이 기초가 된 환상 또는 여행담 등은 모두 현실화된 삶을 간직하지 못한 데 대한 제 나름의 욕구 불만적 표시라고 할 수 있다."[22]

그러나 만하임은 현실세계에 대한 불만을 하나의 비현실적 환상으로 해소하려는 태도를 유토피아적이라고 말하지 않는다. 그가 유토피아를 근대적 현상이라고 말하는 근본적 이유는 "행동의 단계로 이행하면서부터 기존의 존재질서를 부분적으로나 혹은 전적으로 파괴해 버리는 '현실 초월적' 방향 설정을 유토피아적이라고 말하고자 한다"[23]는 인식

22 만하임, 『이데올로기와 유토피아』, pp.424-425.
23 만하임, 『이데올로기와 유토피아』, p.403.

에 기반한다. 이데올로기에 대응하는 개념으로서 유토피아 혹은 유토피아적 의식은 "자기가 생각하는 방향으로 역작용을 가함으로써 기존의 역사적 존재로서의 현실성에 변화를 가져올 만한 능력을 실제로 갖고 있"[24]다는 것을 의미한다. 만하임은 유토피아의 역사적 단계를 논의하면서 그 최초의 국면을 16세기 초반 독일 지방에서 불붙은 농민운동의 천년왕국설에서 찾고 있다. 이들은 "모든 세상사를 운명적인 것을 받아들이거나 또는 '위로부터'의 조종에 의한 것으로 보는 것이 아니라 공동체로서의 모든 사회 계층이 현세적 의미에서의 세계 형성에 의식적으로 참여"[25]했다는 점에서 유토피아적 의식을 보여 주었다는 것이다.

지금까지의 논의는 하나의 정치적 시대인 근대가 합리성의 욕망 위에서 운동하는 시공간이라는 명제에 관한 것이다. 그리고 근대적 욕망을 응축하고 있는 관념이 바로 이데올로기다. 정치사회적 현실에 대한 논리적 설명과 해석의 형식인 이데올로기는 정치적 실천태로서 유토피아와 연결되어 있다. 인간의 현실 초월적 욕망과 의지는 보다 나은 세상, 이상적인 세상에 대한 합리적이고 실천적인 의식으로서 유토피아 의식의 탄생을 가져왔다. 근대 정치는 예외 없이 이러한 두 의식의 궤도를 선회하고 있다. 그리고 그 두 의식을 회전하는 근대의 이데올로기와 유토피아의 가장 강력한 양상을 우리는 '민족주의'와 '민주주의'에서 발견한다. 근대의 정치적 의지와 열정은 그 개념에 의해 추동되어 왔기 때문이다.

---

24 만하임, 『이데올로기와 유토피아』, p.409.
25 만하임, 『이데올로기와 유토피아』, p.437.

제5장

이데올로기-유토피아로서 민족주의와 민주주의
―서구적 탄생에서 한국적 발현까지

THE BIRTH
OF POWER
THE BIRTH
OF POWER
THE BIRTH
OF POWER

1
민족주의와 민주주의의
역사적 운동

2011년 9월 23일 팔레스타인 자치정부 수반 압바스$_{Mahmoud\ Abbas}$는 제66차 유엔 총회에서의 연설을 통해 팔레스타인 독립국가 건설을 호소했다.

나는 팔레스타인해방기구를 대표하여 팔레스타인 인민 유일의 정당한 대의자임을 말씀드리고자 하며, 그 점은 팔레스타인에 관한 모든 갈등이 끝나고 말씀드릴 바와 같이 최종적인 지위 문제가 해결될 때까지 유효할 것입니다. 첫째, 팔레스타인 인민의 목표는 팔레스타인 독립국가 안에서 양도할 수 없는 민족적 권리들을 실현하는 것입니다. … 국제 결의안에 규정된 것처럼 우리 자결과 국가 독립에 관한 우리 인민의 당연한 권리에도 불구하고 우리는 지난 수년간 우리 기치와 사격의 시험대가 될 일들에 관여해 왔습니다.[1]

그로부터 63년 전인 1948년 5월, 팔레스타인 땅 위에는 유대인 국가를 본질로 하는 이스라엘의 수립이 선언되었다. 선언문은 다음과 같이 시작하고 있다.

이스라엘 땅은 유대인민들의 태생지였다. 여기에서 그들의 영혼, 종교, 정치상의 정체성이 형성되었다. 여기에서 그들은 처음으로 국가성statehood을 획득했고 민족적이고 보편적인 의의의 문화적 가치들을 창조해 냈고 책들 중의 책, 영원의 책을 인류에게 제공했다.[2]

이스라엘의 탄생과 팔레스타인의 독립국가 건설 열망은 불가분한 두 현상이다. 팔레스타인과 이스라엘은 그동안 무수히 많은 전쟁을 벌여 온 반면, 1993년 오슬로 평화협정과 같이 평화와 독립을 향한 의미 있는 성과도 만들어 왔다. 하지만 두 세력 간에 무력대결이 끊이지 않고 있고 팔레스타인의 독립국가 건설의 희망은 요원해 보인다. 앞서 압바스 수반이 주장하고 있는 것처럼, 팔레스타인은 웨스트뱅크West Bank와 가자지구Gaza Strip에 자신들의 국가를 그리고 웨스트뱅크의 동예루살렘에 그 국가의 수도를 건설하고자 한다. 예루살렘을 팔레스타인 독립국가의 수도로 삼아야 한다는 인류학적·종교적 당위성이야말로 오늘날 두 지역의 평화가 실현되지 못하고 팔레스타인이 독립국가 수립의

---

1 M. 압바스, "제66차 유엔 총회 연설문," http://www.sweetspeeches.com/s/2546-mahmoud-abbas-mahmoud-abbas-un-speech-calling-for-a-palestinian-state.

2 "이스라엘 독립선언서," 〈위키백과〉; "Proclamation of Independence," http://www.knesset.gov.il/docs/eng/megilat_eng.htm.

길을 열지 못하는 근본적 이유 중 하나다.

중동에서 민족적 갈등의 폭발력이 잠시 잠잠해졌던 1990년대 초반에는 남부유럽의 발칸반도에서 민족적 대결의 잔인한 역사가 시작되고 있었다. 주지하는 것처럼 유고 연방의 분열은 소비에트 블록의 해체와 그에 따른 동유럽 지역의 민주화에 의해 촉발됐다고 볼 수 있지만, 이념과 정치적 카리스마에 의해 국가적 단일성으로 묶여 있던 종교적·종족적·언어적 이질성 문제가 더 중대한 요인이었다. 결국 유고슬라비아 연방체제는 완전히 해체되었고 6개의 독립국가로 재탄생했다. 하지만 엄청난 살육이 자행되고도 한참 뒤에야 나토의 군사적 개입으로 봉합될 수 있었던 코소보Kosovo 지역의 독립 문제는 여전히 중대한 민족주의적 사안으로 남아 있다.[3]

시간을 거슬러 가 보면, 19세기 후반부터 시작된 거대한 착취와 억압의 체제는 그 반작용으로 피식민지 세계에 정치적 자결自決과 독립의 꿈을 심어 주었다. 1919년 봄, 식민지 조선에서는 "조선이 독립국임과 조선인이 자주민임을 선언한" 3·1운동이 터져 나왔다. 조선은 "반만년" 역사의 이름으로 "독립을 선언"했고, "자유와 평등"의 보편성을 주창했으며, "민족자결주의"의 대의를 천명했다. 이 운동은 반제국주의 민족해방운동이 얼마나 오랜 역사성을 갖는가를 설득력 있게 보여 주는 역사적 사례다. 1917년과 1918년, 소비에트라는 신생 사회주의 국가와 미국이라는 신생 제국주의 국가가 경쟁적으로 표명한 민족자결과 독립의 원칙 선언이 그 거대한 민족해방투쟁을 가능하게 했지만 3·1운동도 중

3 　안성호 편저, 『동유럽 민족문제 연구』, 충북대학교 출판부, 2002.

국과 인도 등 아시아 피식민지에서 민족운동의 열망이 표출되는 데 중대한 영향을 미쳤다.[4]

피식민지들은 반제국주의 투쟁을 전개해 왔고 2차 대전 종전을 계기로 그 열망을 실현할 수 있었다. 하지만 모든 피식민지의 상황이 모두 동일한 것은 아니었는데, 프랑스의 오랜 식민지 알제리도 그중의 하나였다. 2차 대전 종전 즈음 알제리에서도 반제국주의 투쟁이 전개되었지만 프랑스는 제국의 권위에 사로잡혀 있었다. 그러나 이슬람 원칙에 입각한 국가 건설을 주창한 민족해방전선Front de Libération Nationale이 주도한 반프랑스 봉기는 과거의 제국주의적 논리와 방식으로는 통제할 수 없었다. 가열찬 식민지 투쟁의 결과로 알제리는 1962년 3월 독립국가로 재탄생했다.[5] 프랑스의 마지막 식민지라는 점에서 알제리의 독립은 제국주의 역사의 종말을 알리는 상징적 사건이 아닐 수 없다.

'민족'을 외치고 민족들의 정치공동체를 구성하려는 열망, 즉 민족주의는 20세기 초반 이래 한 세기 이상 거대하고 보편적인 흐름으로 지속되고 있는 것처럼 보인다. 우리가 그 출발점을 20세기 초반이 아니라 더 앞으로 옮겨 놓게 된다면 ―그것은 의심할 바 없이 정당하다― 그 열정의 역사는 한참 더 길어질 것 같다. 그리고 코소보와 팔레스타인의 민족적 좌절이 말해 주듯이 그 역사는 세계화와 지구화를 외치고 있는 현재에도 여전히 진행 중이다.

---

4 와다 하루키, "아시아 해방사에 있어서의 3·1 독립운동," 『기독교사상』 34(4), 1990, p.126.
5 이재원, "제국주의의 식민통치 성격 비교: 프랑스-알제리," 『역사비평』 30호, 1995.

1863년 11월 19일에 열린 게티즈버그 국립묘지 헌납식에서 미연방 대통령 링컨은 희생 군인들을 위해 연설했다. 1863년 7월 1일부터 3일까지 벌어진 게티즈버그 전투는 7천 명이 넘는 전사자를 낸 대혈전이었다.

우리 앞에 남아 있는 대사업에 몸을 바쳐야 할 사람들은 바로 우리입니다. 그 대사업이란 이들 명예로운 전사자가 최후까지 온 힘을 다해 싸운 대의를 위해 더욱 헌신해야 한다는 것, 이들 전사자의 죽음을 헛되이 하지 않으리라 굳게 맹세하는 것, 이 나라를 신의 뜻으로 새로운 자유의 나라로 탄생시키는 것, 그리고 인민의, 인민에 의한, 인민을 위한 정부가 지상에서 사라지지 않도록 하는 것입니다.[6]

무고한 목숨을 내놓을 것을 강요한다는 점에서 전쟁은 쉽게 받아들이기 어려운 정치적 상황이다. 특히 같은 정치공동체 구성원들이 서로 죽고 죽이는 내전은 더더욱 그렇다. 링컨은 엄청난 희생이 초래되고 있는 그 남북전쟁을 무슨 수를 써서라도 합리적으로 해석해 내야 했다. 그래서 그는 '인민의, 인민에 의한, 인민을 위한 정부'를 수호하는 것으로 전쟁을 정당화했다. 그것은 곧 민주주의 이념과 가치에 다름 아니다. 그렇다면 그는 왜 민주주의를 대의로 삼아야 했을까. '민주주의를

---

6 Pennsylvania, *Revised Report made to the Legislature of Pennsylvania, Soldiers' National Cemetery at Gettysburg*, Singerly & Myers, State printers; Harrisburg, 1867, p.233.

지키는 일'이야말로 극단의 정치적 모순과 대립을 참고 견디게 하는 마법의 언어였기 때문이다.

링컨이 보여 준 민주주의라는 언어의 정치적 마력은 한 세기를 한참 지나서도 같은 땅에서 결코 약화되지 않은 모습으로 유지되고 있었다. 하지만 그 언어의 활용법은 그 이전 세기보다 한층 더 뒤틀려져 있었다. 2005년 12월 12일, 필라델피아에서 열린 '전미세계문제위원회World Affairs Council'에서 부시 대통령은 "이라크의 민주주의를 위한 투쟁"이란 제목으로 연설했다. 대량살상무기 제거를 명분으로 미국과 영국 연합군이 이라크를 군사적으로 제압한 결과가 가져다준 자신감으로 충만한 연설이었다. 부시는 이라크 재건의 정치적 명분을 민주주의에서 찾고 있었다. 부시는 "오늘 저는 우리 전략의 또 다른 긴요한 부분에 대해 깊이 말씀드리고자 합니다. 이라크 인민들이 중동의 심장에 영속적인 민주주의를 세울 수 있도록 우리가 도와주어야 한다는 것입니다"[7]라고 연설했다. 이라크 재건을 다룬 연설에서 부시는 민주주의란 말을 무려 60회나 사용했다. 부시는 이라크에 민주주의의 싹이 트고 꽃이 피면 이전에는 상상할 수도 없었던 유토피아가 실현될 것임을 역설했다. 이를 통해 새로운 이라크 건설의 가능성을 의심하는 사람들을 일축할 수 있고, 사담 후세인을 지지하는 세력들과 테러리스트들의 기반을 흔들 수 있으며, 테러와의 전쟁을 위한 동맹국을 얻을 수 있을 뿐만 아니라, 중동의 개혁파들에게 영감을 줄 수 있고, 더 나아가 갈등으로 점철된 지역

---

7 G.W. Bush, "The Struggle for Democracy in Iraq," http://www.presidentialrhetoric.com/speeches/12.12.05.html.

에 희망을 줄 수 있으며, 궁극적으로 미국인들에게 더 큰 안전을 제공할 수 있다는 것이었다.

부시에게서 민주주의는 "자유를 향한 열망"인데, 그 점에서 2002년 1월 29일 그가 의회에서 행한 연두교서 또한 민주주의를 향한 놀라운 의지의 표명이었다. 북한·이란·이라크를 이른바 '악의 축Axis of Evil'으로 규정함으로써 부시는 그다음 해에 있게 될 이라크 침공을 사전적으로 정당화하고자 했다. 부시는 자유, 곧 민주주의의 이름으로 침공과 전쟁을 정당화했다.

> 테러에 맞서는 우리의 전쟁은 이제 시작되었습니다. 하지만 지금은 시작일 뿐입니다. 이 활동은 우리 시대에 종결되지 않을 수도 있습니다만 우리 시대에 반드시 수행해야 합니다. 우리는 단시간 안에 끝낼 수 없습니다. 하지만 만약 지금 멈춘다면, 테러 캠프를 방치하고 테러국들을 손보지 않는다면, 우리는 잘못된, 견고하지 않은 안전의식에 머물게 될 것입니다. 역사는 미국과 우리 동맹국들이 행동할 것을 명령합니다. 자유권을 위해 투쟁하는 것이야말로 우리의 책임이자 특권입니다.[8]

2013년 3월 20일, 이라크 전쟁을 시작하면서 행한 연설에서 부시는 동일한 정치적 논리를 반복했다. 그는 "친애하는 국민 여러분, 미국과 세계가 처한 위협은 곧 극복될 것입니다. 이 위험한 시기를 극복하고

8　G.W. Bush, "President Delivers State of the Union Address," http://georgewbush-whitehouse.archives.gov/news/releases/2002/01/20020129-11.html.

곧 평화의 과업을 달성할 것입니다. 우리는 우리의 자유를 수호하고 다른 이들에게도 자유를 가져다줄 것입니다"라고 외쳤다.

부시는 이라크 전쟁을 준비하고 수행하면서 국가 주권과 영토 존중이라는 국제법적 원리를 자의적으로 침해했고, 자국의 경제적·군사적 이익을 유지하고 강화하는 방향으로 한 나라의 구조와 제도를 바꾸어 버렸다. 하지만 그러한 적나라하고 노골적인 이해관계와 전략적 행위는 그대로 드러날 수는 없었다. 그래서 부시는 추악한 민족주의를 고결하고 숭고한 이념인 민주주의로 미화했다. 여기서 우리는 링컨에게 제기했던 것과 동일한 질문을 던진다. 왜 하필 민주주의가 그와 같은 정당화의 최적의 낱말이어야 했을까.

2011년 9월 제66차 UN 총회에 참석한 이명박 대통령의 기조연설은 몇몇 역사적 사례들이 제시해 주고 있는 민주주의의 독특한 얼굴을 한층 더 명확하게 인식하게 한다. 이명박은 유엔 총회에서 민주주의, 민주화, 민주정부 등의 개념들을 총 23회나 사용하는 등 다른 어떤 가치보다 민주주의를 강조했다. 이명박은 민주주의를 "자유와 평등, 인권, 법의 지배라는 기본적 가치들을 담아내는 그릇"에 비유하면서 "민주화를 열망하는 국민들의 요구는 정당한 권리"라고 말했다. 민주주의는 "결코 달성하기 쉬운 과제가 아니"지만 "지속가능한 국가발전의 토대"이고 "21세기 세계화 정보화 시대에서 거스를 수 없는 대세"이기 때문에 민주주의를 향한 국제적 노력이 필요하다고 주장했다.[9] 그러나 우리

---

9 이명박, "제66차 유엔총회 기조연설," http://www.mofa.go.kr/webmodule/htsboard/template/read/korboardread.jsp?typeID=6&boardid=89&tableName=TYPE_

는 이명박 정부가 재임 초기부터 민주주의에 걸맞은 모습을 제대로 보여 주지 못했다는 사실을 의심하지 않는다. 미국산 쇠고기 수입 문제와 4대강 사업을 둘러싼 갈등을 풀어 가는 과정에서 정부의 정치적 태도와 자세는 결코 민주적이지 않았다. 적극적 기준이 아니라, 언론·출판·집회·결사의 자유 등 민주주의를 위한 '최소한의' 기본권 보장이란 관점에서도 이명박 정부는 민주주의에 적대적이었다고 평가할 수밖에 없다. 하지만 아이러니하게도 그 비민주적 정부가 민주주의의 역사와 가치와 중요성을 소리 높여 외쳤던 것이다. 이명박 정부에게서 민주주의는 실재의 공허함을 드러내 주는 정치적 수사 이상의 낱말이 아니었다. 부시 정부와 별반 다르지 않은 모습이다. 하지만 국제적 담론 질서에서 민주주의가 대외적 정당성을 창출해 내는 최상의 언어라는 사실을 고려할 때, 연설은 반드시 민주주의의 기조 위에서 짜여야 했다.

물론 민주주의가 19세기 중반과 21세기 초반의 미국에서처럼 모순과 폭력과 국가이익을 은폐하는 언어, 혹은 이명박 정부 시기의 한국에서처럼 권위주의를 가리는 언어로만 동원되었던 것은 아니다. 2011년 7월, 노르웨이에서는 극우주의자의 테러로 인해 76명의 시민이 숨진 비극적 사건이 발생했고 그 희생자들을 기리는 오슬로 대성당의 추도회에서 스톨텐베르그 Jens Stoltenberg 총리는 이렇게 연설했다.

우리는 여전히 충격 받은 상태지만 우리의 가치를 포기하지 않을 것입니다. 우리의 대응은 더 많은 민주주의, 더 많은 개방성, 더 많은 인간애입

DATABOARD&seqno=335811.

니다. 단순한 대응은 절대 답이 아닙니다.[10]

여기서 민주주의는 비인간주의와 비상식을 가리는 언어가 아니라 반문명적 야만 행위와 그것이 가져온 불안과 혼란을 넘어설 수 있는 대안적 길로 등장하고 있다. 하나의 정치공동체, 사회공동체의 미래를 열어 줄 희망의 언어로서 민주주의는 남미와 남유럽 그리고 아시아의 무대 위에서 정치적 격렬함으로 꽃을 피웠다. 미국의 보수주의 정치학자 헌팅턴Samuel P. Huntington은 1970-80년대 그 권위주의 국가들이 민주화를 향해 나아가는 모습을 보면서 '제3의 민주화의 물결The third wave of democratization'이라고 명명했다.[11] 시간이 흐르면서 민주주의란 단어는 —비록 민주화가, 즉 민주주의의 도래가 그 지역의 모든 사회적 문제들을 해결해 주지는 못하더라도— 적어도 반독재의 도정 위에서 모든 모순을 해결해 주고 공동체의 화합과 통합을 견인할 원리라는 믿음을 부여받았다. 민주주의에 대한 무한한 신뢰와 애정은 아시아에서 끝나기는커녕, 1990년대와 2000년대 초반을 지나면서 동유럽과 아프리카, 중동으로 확산되어 나갔다.

민주주의는 마법의 언어다. 국가적 슬픔의 치유를 향한 문을 여는 언어이기도 하고, 공동체의 분열을 막아 내기 위한 통합의 언어이기도 하다. 그런가 하면 추악한 정치적 논리와 이해관계를 숨기고 미화하는

---

10 곽재훈, "테러에 대한 우리의 대응은 더 많은 민주주의와 개방성, 인간애," 「프레시안」, 2011.07.26.

11 S.P. Huntington, *The Third Wave of Democratization in the late 20th Century*, University of Okalahoma Press, 1991.

낱말이기도 하고 정당성의 위기를 봉합하기 위해 긴급하게 동원해야 하는 미봉책이기도 하다. 인민을 위하지도 않고 그들의 정치적 의사를 따르지도 않는 정권일수록 더 많은 민주주의, 더 나은 민주주의를 말하곤 한다. 또 민주주의는 공동체의 통합과 미래를 견인하는 비전의 언어가 되기도 한다. 그 언제부터인가 민주주의는 그 같은 여러 필요에 호응하는 무소불위의 정치 언어로 자라나 있다.[12]

---

12 하상복, "인민을 어떻게 자유롭게 할 것인가?," 『개념과 소통』 17권, 2016.

2
정치적 근대의 추동력으로서
민족주의와 민주주의

　19세기 중반 미국의 정치적 과거에서 시작해 21세기 초반 팔레스타인의 정치적 현재까지를 따라가면서 우리가 도달하게 되는 궁극적 인식 지점은 거대한 두 개의 이데올로기인 민족주의와 민주주의 운동에 의해 정치적 근대 세계가 조형되어 왔다는 사실이다. 홉스봄Eric Hobsbawm이 근대 세계를 추적하는 데 사용하고 있는 핵심적인 세 개념, '혁명'과 '자본'과 '제국'은 민족주의와 민주주의가 만들어 낸 이데올로기의 궤적 위에서 운동했다.[13] 물론 여기서, 민족주의와 민주주의는 그 역사적 운동 속에서 의미와 지향점을 달리해 왔고 심지어 언어적 형식은 동일하더라도 정반대의 혹은 모순적 의미를 내포하기도 했다는 점

13　E. 홉스봄, 정도영·차명수 옮김, 『혁명의 시대』, 한길사, 1998; E. 홉스봄, 정도영 옮김, 『자본의 시대』, 한길사, 1998; E. 홉스봄, 김동택 옮김, 『제국의 시대』, 한길사, 1998.

은 미리 지적되어야 한다. 근대가 전진하면서 민족주의와 민주주의도 다양한 형용사를 통해 파생어를 만들어 내며 스스로 변신해 나갔다.

민족주의와 민주주의가 근대 세계의 동학dynamics을 탐색하는 데 열쇠가 될 수 있고, 되어야 하는 이유는 근대라는 시대가 그 두 개의 가치를 공동체적 이데올로기와 유토피아로 삼아 탄생했기 때문이다. 민족과 민주란 단어 위에서 근대는 전통 혹은 구체제와 스스로를 근본적으로 구별 짓는다.

근대가 도래하기 이전, 공동체의 정치적 구성은 공식적인 차원에서는 하나의 왕조를 중심으로 이루어져 왔을 테지만 구성원들의 실질적 삶의 차원에서는 ―자신의 혈연적 친족성이 지속되어 온 곳이자 물질의 재생산이 이루어지는 곳으로서― 고향이라는 땅 위에서 정체성의 기반이 형성되었을 것이다. 정치적인 측면에서 전통적 공동체의 구성원들은 신민과 백성으로 불리었고, 그 점에서 그들은 결코 정치적 주체가 될 수 없었다. 그들은 오직 의무의 객체들이었다.

사상적인 차원과 제도적인 차원, 그리고 물질적인 차원이 서로 영향을 주고받으면서 전개된 혁명으로 서유럽에는 근대라는 새로운 세계가 태동했고, 그 근대는 전통과는 근본적으로 달랐다. 근대는 전혀 새로운 공동체 원리를 꿈꾸었고 실현하려 했다. 영국의 휘그파the Whig 지도자 섀프츠베리Shaftesbury 백작의 상상력이 그 점을 잘 보여 주고 있다. 백작은 사랑하고 헌신해야 할 땅을 이야기하면서 컨트리country와 파트리아patria를 구별해야 한다고 말했다. 그에게서 진정한 사랑과 헌신의 대상이 되는 땅은 태어난 곳인 컨트리가 아니라 파트리아였다. 바로 그 지점 위에서 그의 사유는 전통과 결별한다. 파트리아는 컨트리와 같이 혈연과 지리의 공동체가 아니라 자유, 평등, 공동선, 공공 가치 등을 실현하기 위해 상호동의의 원리로 묶인 이념의 공동체를 의미한다.[14] 그러한 파트리아에 속한 사람들을 부르는 말이 민족nation이었다. 그 점에서 민족은 전통적인 결속체의 의미와 본질적으로 다르다. 민족은 자연적이고 운명적인 연결에 의해서가 아니라 정치적 뜻과 의지로 결합된 사람들의 집합을 가리키기 때문이다.

그렇게 근대는 민족이라는 새로운 정체성의 원리를 발명해 냈고 그 민족에게 민주주의의 기본적 가치들을 담지하고 있는 정치적 주체의 자격을 부여했다. 민족이란 개념은 정치공동체 구성에 관한 전통적이고 관습적인 원칙을 따르지 않는다는 면에서 자못 급진적이다. 민족은 혁명적 실천의 동력이었고 그 결과물이었다. 자유를 필두로 근대적인 가치를 희구하는 존재들의 결합이라는 대단히 추상적이고 관념적인 개념으로서 민족은 영국혁명에서 절대군주체제와의 대결을 이끈 이념적 진지였다. 그리고 그 개념은 대서양 너머 미국의 독립운동과 이후 국가건설을 추동한 정치적 동원의 언어이기도 했다. 신생 공화국의 독립과 형성에서 민족이란 자유와 기독교 유토피아라는 두 개의 가치로 결합된 정치적 주체를 가리키는 용어였다. 민족은 이후 프랑스혁명에서도 유사한 정치적 의미로 운동했다. 프랑스혁명의 초기 국면에서 민족은 절대왕정의 정치적 반정립이었고, 민족의 구성원이라는 말은 군주권력

---

14 Shaftesbury, *Characteristics of Men, Manners, Opinions, Times*, Lawrence E. Klein (ed.), Cambridge University Press, 1999, pp.399-402; 조승래, "18세기 영국의 애국주의 담론과 국민적 정체성의 형성," 한국서양사학회 편, 『서양에서의 민족과 민족주의』, 까치, 1999, pp.59-60.

과 가톨릭권력으로 구성된 구체제에 대한 저항 주체의 의미로 통용되었다.[15]

이러한 역사적 맥락을 마주하면서 우리는 정치적 근대의 태동과 맞물려 운동한 민족 개념의 이념적 진보성을 인지할 수 있다.[16] 민족은 억압과 종속에 대한 일체의 부정이었고, 종교적 관용에 대한 열렬한 사랑이었으며, 전통과 관습의 이름으로 정당화되어 온 모든 권위에 대한 타협 없는 도전이었다. 민족에는 당대 자유주의의 중대한 원리들이 구현되어 있었으며, 그 점에서 그것은 자유, 자유주의의 또 다른 이름이었다.

그러나 자유주의 정치주체들의 의지적 공동체로서 민족의 원초적 의미는 19세기 초반을 기점으로 중대한 의미변화와 위상변화를 겪는다. 구체적으로는 다음과 같은 역사적 국면을 의미한다.

그럼에도 모든 민족주의적 함의에서 프랑스혁명과 미국혁명은 세계주의적이고 보편적인 운동의 양상을 상당 부분 보이고 있었다. (그러나 -역자) 나폴레옹에 대한 저항의 시기들이 지속되면서 명백히 세계주의에 대립하는 힘으로서의 민족주의가 그 모습을 처음으로 드러내기 시작했다.[17]

세계주의와 보편주의에 연결된 민족주의의 양상이 앞에서 언급한

---

15 최갑수, "프랑스혁명과 국민의 탄생," 한국서양사학회 편, 『서양에서의 민족과 민족주의』, 까치, 1999.

16 하상복. "한국의 민주화와 민족주의 이념의 정치(1945-1987)," 『동아연구』, 49권, 2005.

17 I. Kramnick, F.M. Watkins, *The Age of Ideology-political thought, 1750 to the Present*, Prentice-Hall, 1979, p.35.

민족주의의 자유주의적 지향을 가리킨다면 그 이념들에 대립하는 힘이란 당연히 민족주의의 반자유주의적 지향을 의미한다. 그와 같은 민족주의적 지향의 변화 계기가 프랑스 나폴레옹 제국의 군사적 패권주의에 의해 결정적으로 만들어진 것이라는 주장에 대해서는 이견이 없지만, 상황을 보다 더 입체적으로 보려면 프랑스혁명으로 거슬러 올라가야 한다. 왜냐하면 혁명의 수호와 저지를 놓고 벌인 유럽 국가들의 전면적인 대결이야말로 나폴레옹 정복전쟁이 가져온 국가적 적대와 저항의식의 원초적 그림을 우리에게 보여 주고 있기 때문이다.

혁명 프랑스와 유럽의 군주국들은 1791년 4월의 전쟁에서 최초로 부딪혔고 1792년 8월의 전쟁을 통해 한층 더 격렬하게 싸웠다. 그리고 루이 16세의 처형을 계기로 그 정치·군사적 대립과 충돌은 더 강해지고 더 예민해졌다. 이제 전쟁은 전통적인 제한전의 영역을 벗어나 "국민 대 국민의 전쟁으로 변질"되었고, "국가적 운명을 건 사생결단"[18]이라는 무력대결의 장으로 나아갔다. 국가의 존재 여부를 놓고 막대한 군사와 물리력을 동원하면서 벌인 전쟁이라는 면에서 국가를 자신의 운명과 연결 짓게 되는 민족주의적 사유의 한 형태가 생성되지 않을 수 없었다.

18세기 말, 혁명과 반혁명의 싸움은 치열했지만, 혁명 프랑스든, 유럽의 군주국이든 어느 한 쪽이 일방적인 승리를 맛보거나 패배한 것은 아니었다. 그 점에 비추어 볼 때 나폴레옹의 정복전쟁은 다르게 인식될 수밖에 없었다. 프랑스 황제는 혁명 이념 전파의 명분으로 유럽의 전통적 영토들을 유린하고 해체했기 때문이다. 19세기 초반 프랑스 제1제

---

18 노명식, 『프랑스 혁명에서 파리코뮌까지』, 까치, 1997, p.97.

국의 패권주의는 유럽의 많은 나라들을 공포에 떨게 했고 프랑스에 대한 정치적 적대감을 극단화했다. 법칙적으로 볼 때, 그것은 유럽의 주변국들에 통일국가 건설의 필요성을 결정적으로 자극하지 않을 수 없었다. 나폴레옹의 지배는 긍정적인 의미와 부정적인 의미 모두에서 유럽대륙에 근대적인 의미의 국가 수립을 향한 열망의 근원이었다. 우리는 그 정치적 열정의 생생한 얼굴을 당시 프로이센의 한 저명한 지식인에게서 명확하게 볼 수 있다.

1807년 겨울, 프로이센의 철학교수 피히테Johann G. Fichte는 베를린 아카데미에서 '독일국민에게 고함'이란 연설을 했다. 총 14회에 걸친 연설의 결론에서 피히테는 다음과 같이 웅변했다.

> 이번으로 끝나는 이 강연은 당장은 여러분에게 호소하는 것이지만 사실은 독일국민 전체를 염두에 두었으며, 이 강연의 의도는 독일어가 사용되는 모든 지역에서 독일어를 이해하는 모든 사람들을 여러분이 지금 호흡하고 있는 이 공간으로 불러 모으려는 것입니다. … 나는 공통의 기반인 조국을 바탕으로 같은 심정과 같은 결의를 가진 사람들을 그 사람 곁에 모으고 그의 가슴에 연결시켜 먼 변방으로부터 그 중심에 이르기까지 조국의 전 영토가 조국에 대한 생각이라는 단 하나의 활활 타오르는 단결의 불꽃으로 불타오르기를 바라는 것입니다.[19]

청년으로부터 지식인을 지나 노년에 이르기까지 모든 독일인들을

---

19 피히테, 황문수 역,『독일국민에게 고함』, 범우사, 1994, p.229.

향해 조국 독일을 향한 열정을 지닐 것을 외친 피히테의 민족주의는 나폴레옹의 제국주의에 대한 지식인의 저항이었다. 신성로마제국의 후예라는 이름 아래 상징적으로 통합되어 있던 독일 지역의 도시국가들은 프랑스 황제 나폴레옹의 군사적 패권과 정치적 분열책으로 산산이 해체되어 버렸다. 프랑스제국은 프로이센과 오스트리아를 제외한 대부분의 도시국가들을 묶어 라인동맹의 틀 안으로 끌어들였고 그 결과 신성로마제국은 공식적으로 사라졌다. 1806년 독일 지역의 맹주 프로이센은 프랑스에 선전포고를 했으나 그것은 군사적 오판이었다. 예나와 베를린은 쑥대밭이 되었고, 이듬해 프로이센은 굴욕적 강화조약을 체결해야 했다. 프랑스의 정치군사력에 속수무책으로 당하고 있던 프로이센, 나아가 구 신성로마제국의 국가들은 강력한 통일국가의 건설의 꿈을 꾸지 않을 수 없었고, 그것이 곧 피히테의 독일 민족주의로 표출된 것이다.

나폴레옹의 헤게모니는 벨기에와 이탈리아의 독립 혹은 통일국가 수립을 향한 민족주의를 자극했다. 두 나라는 혁명전쟁의 와중인 1793년에 프랑스의 정치군사적 영향권 아래로 다시 들어왔지만 그 내부에서는, 특히 부유한 계급을 중심으로 혁명에 대한 두려움이 조성되고 있었다. 그렇게 보면, 나폴레옹의 패권적 지배는 반혁명, 반프랑스 정서를 더 강하게 만들어 낼 수밖에 없었을 것이다. 그와 같은 분위기에서 구 신성로마제국의 국가들이 근대국가를 향한 정치적 욕망을 강력하게 분출한 것은 지극히 자연스러워 보인다.

프로이센을 중심으로 '순수 게르만어'를 사용하는 국가 수립의 길이 빠르게 진행되었다. 프로이센은 1861년 빌헬름 1세가 황제에 오르고,

다음 해 비스마르크가 수상으로 취임하면서 통일된 민족국가를 향한 기획들을 열정적으로 추진해 나갔다. 강력한 군대 개혁과 1866년에 일어난 프로이센-오스트리아 전쟁에서의 승리는 프로이센과 함께 지역의 패권을 다투고 있던 오스트리아를 통일국가의 주체로부터 성공적으로 제거했다. 프로이센은, 1867년에 헝가리와 결합해 새로운 국가를 건설한 오스트리아를 빼고 북독일 연방을 건설했다. 이는 곧 대독일주의에 대한 소독일주의의 승리를 의미한다. 옛 신성로마제국의 영토 위에 통일국가를 건설하는 정치 프로젝트인 대독일주의는 오스트리아가 주창한 기획으로 당시 오스트리아에는 게르만인만이 아니라 슬라브인과 마자르인 등이 상당 부분을 차지하고 있었기 때문에 대독일주의의 실현은 곧 피히테가 꿈꾼 '순수한' 게르만 국가의 꿈을 접는 것을 뜻했다. 피히테의 정치적 이상은 프로이센을 중심으로 북독일 연방 국가들이 통합하는 소독일주의여야만 실현 가능한 것이었다.

피히테에게서 독일국민을 독일국민이게 하는 궁극적 구성분자는 언어였다. 게르만 종족의 한 분파로서 독일국민은 외국어를 받아들인 다른 게르만 종족들과는 달리 독일어의 순수성을 고수해 온 사람들이었다. 피히테는 민족을 "발성 기관에 미치는 동일한 외적 영향 밑에서 공동생활을 하며 계속적인 의사소통을 통해 언어를 발달시키는 사람들"로 정의했다. "인간의 순수한 언어는 그 민족의 첫소리로 울려 나왔을 때 처음으로 그 민족의 기관과 합치"[20]한다는 주장이 말해 주듯이 언어는 민족을 만들어 내는 궁극의 힘이었다. 피히테는 그러한 존재들, 즉

20 피히테, 『독일국민에게 고함』, p.64.

오랜 역사적 뿌리를 갖는 언어를 공유하는 사람들을 민족volk으로 불렀고 그러한 언어공동체 위에서 국가라는 정치체를 수립해야 한다고 강조했다. 이는 언어적 구성체로서 민족과 정치적 구성체로서 국민을 일치시키는 민족주의 기획이었고 비스마르크의 소독일주의로 실현되었다.

통일국가 달성의 내적 기반을 공고히 한 프로이센은 프랑스와의 전쟁을 통해 그 기획을 완성하고자 했다. 1870년 전쟁은 프로이센이 유럽의 새로운 강자로 떠오르는 것을 두려워한 프랑스의 선전포고로 발발했지만, 사실은 비스마르크가 치밀하게 계획한 결과였고 프로이센은 프랑스를 완벽하게 제압했다. 1871년 1월, 프로이센은 패전으로 혼란에 빠진 프랑스 땅 위에서 독일제국의 수립을 선언하는 잔인함을 보였다. 그것은 나폴레옹의 프랑스에 대한 적대의식과 복수심의 자연스러운 표출이었다. 제국 헌법이 제정되었고 비스마르크는 독일제국의 초대 수상에 임명되었다. 독일제국의 건설은 프랑스에 대한 완벽한 앙갚음이자 피히테가 꿈꾼 민족국가를 향한 정치적 열정의 실현이었다.

독일의 통일국가 건설과 대프랑스 전쟁의 승리는 민족과 민족주의 관념의 차원에서 중대한 의미를 갖는다. 이미 언급했지만, 부르주아 혁명 속에서 태동한 민족과 민족주의는 본질적으로 구체제에 대한 안티테제이면서 새로운 공동체를 향한 개방과 진보의 이념이었다. 그와 같은 지향의 민족과 민족주의는 1870년 프랑스와 독일의 전쟁을 계기로 점차적으로 폐쇄적이고 방어적인 개념으로 ―특정 정치공동체의 이익을 수호하고 확장하기 위한 배타적 개념으로― 모습을 바꾸게 된다. 그 결과 민족과 민족주의는 하나의 정치공동체와 다른 하나의 정치공동체가 이익을 놓고 벌이는 긴장과 대결의식을 설명하는, 그렇게 소망스럽지 않은 언어로 변질된다.

명확하게 드러내지는 않고 있지만 독일 민족주의에 대한 부정적이고 비판적인 시각을 곳곳에 담고 있는 르낭Ernest Renan의 민족주의 논의가 그러한 변화를 보여 주고 있다. 그 점에서 1870년대는, 일찌감치 절대왕정을 지나 근대국가를 수립하면서 유럽의 강자가 된 프랑스와, 그에 자극받아 빠른 속도로 근대국가를 수립한 신흥 강국의 전면적 대결에 의해 그 문이 활짝 열린 것으로 보인다. 프랑스의 인문학자 르낭은 1882년 소르본 대학교에서 민족을 주제로 강연을 했다. 민족에 대한 프랑스 지성계의 관심이 촉발된 것은 무엇보다 1870년에 있었던 프랑스와 독일의 전쟁 때문이었다. 르낭은 그 전쟁에 대한 관찰을 토대로 그해 9월 '프랑스와 독일의 전쟁'이라는 제목의 글을 한 저널에 실었다. 그 글에서 르낭은 "독일의 역사적 발전 법칙은 프랑스와 전혀 닮지 않았다"[21]라고 말했는데, 그 주장은 그로부터 12년 뒤에 그가 행하게 되는 연설, '민족이란 무엇인가'에서 민족을 종족과 혼동해서는 안 된다는 논리로 연장되었다. 르낭의 연설은 민족이란 종족도 아니고, 언어와 지리를 공유한다고 해서 민족이 형성되는 것도 아니라는 자극적인 주장과 감성적인 선으로 연결되어 있는 것처럼 보인다. 종족을 민족 개념과 동일시하고 민족이란 언어와 지리를 기반으로 탄생하는 생각은 독일 민족주의의 근원적 사유인데, 그 점에서 르낭의 글과 연설에서는 1870년대 보불전쟁 패배에 기인한 독일에 대한 적대감이 엿보인다. 그것을 민

---

21 E. 르낭, 신행선 옮김, 『민족이란 무엇인가』, 책세상, 2012, p.18.

족주의적 적대감이라고 해도 크게 틀리지 않을 것이다.

이러한 역사적 맥락에서 우리는 홉스봄이 주장하는 것처럼, 왜 1870년
대 이후가 민족주의적 발흥의 시초가 되어야 했던가를 이해할 수 있
다.[22] 혁명과 제국으로 이어지는 민족주의의 한 축과 그에 대한 반작용
으로 성립한 민족주의의 다른 한 축은 서로 상이한 이념적 원리 위에서
민족국가 구성의 근본적 관점이 되어 왔다. 이제 민족주의는 유럽의 다
른 곳으로 확대되고 시간이 더 지나면 서구 대륙의 바깥에서도 그 모습
을 보이게 된다.

민족주의의 대규모 확산을 설명해 주는 몇몇 주요 양상들을 지적할
수 있는데, 우선, 통일국가를 이룩한 유럽의 근대국가들이 민족적 정체
성 만들기 경쟁에 돌입했다는 점이다. 19세기 후반, 전통의 발명과 동원
을 통해 유럽 민족주의의 문화적, 상징적 외투가 직조되는 과정을 추적
한 홉스봄과 동료들의 작업은 그러한 역사적 문제 지평에 잇닿아 있다.
그들은 19세기 후반의 정치를 "민족 차원의 정치"로 규정하고 각 국가
들이 행정제도와 법률체계, 교육과정과 같은 공식적 영역은 말할 것도
없고 일상의 영역에서 문화적 상징의 제조와 동원을 통해 민족주의적
정체성을 형성하려 한 경쟁적 모습들을 흥미롭게 보여 주고 있다. "농
부들에서 프랑스인들로 변형시켰다"[23]는 책의 표현이 이야기해 주고 있
듯이 19세기 후반 이후의 정치는 정체성의 전통적, 종족적 기반을 민족
이라는 근대적 정체성의 원리로 대체하려는 광범위한 실천으로 특징지

---

22 홉스봄, 『제국의 시대』, p.287.
23 E. 홉스봄 외, 박지향·장문석 옮김, 『만들어진 전통』, 휴머니스트, 2004, p.498.

을 수 있다. 민족주의적 결합과 연대의 공고화를 위해 전통의 이름으로 과거를 호명해내고 신성화하는 상징정치가 작동했는데, 19세기 후반 유럽이 정치적 상징에 대한 열망을 보여야 했던 이유가 여기에 있다.

둘째, 민족주의적 이익의 극대화를 향한 정치, 배타적 민족주의 정서의 정치가 점점 더 강력한 양상으로 전개되기 시작했다. 유럽에서 1870년대 이후의 정치적 시간은 경제적으로 대단히 중요한 의미를 지닌다. 그 시점에서 유럽의 자본주의는 대불황을 만나게 된다. 산업혁명이 대륙으로 확산되고, 독일과 미국 등 신흥 산업 국가들이 자본주의 경쟁에 뛰어들기 시작하면서 유럽의 경제는 성장을 구가했지만 불황이라는 자본주의의 모순 또한 피할 수 없었다. 하지만 위기를 해결하지 않고 자본주의의 미래를 보장할 수는 없었다. 19세기 후반 유럽 국가들은 보호주의 경제와 식민지 경영을 통한 돌파를 선택했다. 이는 식민 지배를 향한 제국주의적 경쟁이 시작되었음을 말한다. 민족주의 경제이익의 시대는 국가 간 갈등의 직접적 원인이기도 했다. 1894년 10월에 발발해 국수주의 정서를 일으키면서 프랑스 사회를 극단적 대결로 끌고 간 '드레퓌스 스캔들L'affaire Dreyfus'과 1898년 2월 쿠바에서 발생해 맹목적 애국주의를 미국 사회에 확산시키면서 급기야 스페인과의 전쟁 원인으로 작용한 메인호U.S.S Maine 침몰 사건 등은 민족주의가 개방과 호혜의 정치가 아니라 대결과 적대의 정치라는 사실을 보여 주는 대표적인 역사적 사례들이다. 바야흐로 자국우월주의, 자민족우월주의를 향한 정치적 열정의 문이 열리고 있었다.

셋째, 혈연·지연 등 전통적인 공동체 구성의 원리를 넘어 민족과 민족주의의 근대적 원리를 따라 공동체를 형성하기 위한 운동이 점차적으로 확산하기 시작했다. 유럽 대륙의 서쪽에서 부상한 민족주의의 의지는 대륙의 북쪽과 동쪽으로 점차적으로 그 지대를 넓혀 가고 있었다.

이제 핀인Finns들과 슬로바키아인들처럼 이때까지 '무無 역사' (예컨대 이전에 어떠한 독립국가, 지배계급 혹은 문화 엘리트들을 가져 보지 못한) 민족으로 간주된 인민들 사이에서 뿐만 아니라, 에스토니아인들과 마케도니아인들처럼 민족을 중시했던 사람들을 제외하면, 이전에는 그것을 생각해 본 적이 아무도 없었던 인민들 사이에서도 '민족운동들'이 존재하게 되었다. 그리고 오랫동안 성립되어 온 민족국가들 내에서도 지방 사람들이 이제 정치적으로 '민족들'을 동원하기 시작했다. 이러한 상황은 이후 자주 그 이름을 듣게 될 조지D.L. George라는 지방 변호사의 지도하에 1890년대에 청년 웨일스 운동이 조직된 웨일스에서도, 1894년 바스크 민족당이 형성된 에스파냐에서도 발생했다. 그리고 비슷한 시기에 헤르츨T. Herzl이 유태인들 사이에서 시오니즘을 제창했는데, 그것이 표현하고 있는 민족주의의 일종은 기존에는 유태인들에게 알려지지도 않았으며 의미도 없었던 것이다.[24]

이러한 모든 현상들로 말미암아 19세기 후반 이후 유럽은 그야말로 민족주의 정치에 지배되고 있었다. 여기서 우리는 민족주의 운동의 복잡함을 보는데, 기왕에 성립한 민족국가들 내부에서는 다원성, 차이와 같은 자유주의적 가치를 거부하고 자본주의적 경쟁과 패권, 공격적 단

24 홉스봄, 『제국의 시대』, p.288.

일성을 향한 열망이 그 언제보다 힘과 설득력을 얻고 있었던 반면에, 유럽 민족주의의 식민지들에서는 오리엔탈리즘orientalism의 패권으로부터 벗어나려는, 독립과 자율성의 의지가 만들어지고 있었다. 그 점에서 19세기 후반을 지나 20세기로 진입하는 유럽의 정치는 제국의 시대이면서 자결의 시대였다.[25]

아마도 앞서 언급한 드레퓌스 사건이 그처럼 모순적으로 돌아가던 민족주의의 본질을 명확하게 보여 준 사례일 것이다. 그것은 프랑스와 독일 사이 적대적 민족주의의 산물이었고, 두 나라에서 맹목적 애국주의가 분출하도록 만들었다. 그리고 그 사건의 희생자였던 유태인들에게는 독립국가 건설이 유일한 길이라는 확신을 심어 주었다. 독립과 자율을 향한 민족주의의 열망은 제국주의 지배가 더 광범위하게 그리고 격렬하게 전개될수록 그에 비례해서 높아져 갔다. 1880년과 1914년 사이에 "유럽과 아메리카 바깥에 존재하는 대부분의 세계가 형식적으로 하나 혹은 몇몇 국가들의 공식적인 통치 아래 혹은 비공식적인 정치적 지배하의 영토들로 분할된"[26] 제국주의 현상은 왜 민족주의가 전 세계적으로 확산되어야 했던가를 잘 설명해 주고 있다.

1차 대전이 한창이던 1917년과 1918년은 피식민지 지역에서 민족주의 이념이 폭발적으로 증대하게 되는 데 중대한 계기를 마련해 준 시기였다. 여기서 우리는 레닌Vladimir Lenin과 윌슨Woodrow Wilson의 연설을 언급해야 한다. 1917년 10월 26일, 볼세비키혁명을 성공한 레닌은 '평화

25 홉스봄, 『제국의 시대』, p.284.
26 홉스봄, 『제국의 시대』, p.155.

에 관한 포고Decree on Peace'를 발표했다.[27] 레닌은 연설을 통해 대내적으로 사회주의적 경제개혁들을 추진해 나가고, 대외적으로는 휴전 요청과 피식민지들의 독립과 자결의 정당성을 역설했다.

어떤 민족이든 일정한 상태의 경계를 벗어날 수 없도록 강제되고 있다면, 그 민족이 자신의 욕망을 표현했음에도, (공격적) 점령군 또는 일반적으로 지배민족이 완전히 철수한 뒤에 일체의 압력 부과 없이 자유선거로 자신의 존재 상태를 결정할 권리가 부여되지 않는다면 그와 같은 점령은 합병, 즉 강탈이자 폭력이다. 강하고 부유한 민족들이 자신들이 정복한 약소민족들을 어떻게 분할할까를 놓고 전쟁을 계속하는 것은 인류애에 대한 가장 심각한 범죄로 간주하고, 공평하게 명시한 조건 위에서 전쟁을 종료하기 위한 협약에 모든 민족들이 즉각적으로 동의해야 한다는 결정을 이 정부는 엄숙하게 공표한다.[28]

그로부터 몇 개월 지난 1918년 1월 8일, 미국의 윌슨 대통령은 전쟁 종식과 영구평화와 민주주의 건설을 제창한 '14개조 선언Fourteen Points'을 의회에서 발표했다. 윌슨은 다음과 같이 식민지 독립과 민족자결의 당위성을 표명했다.

27 전상숙, "파리강화회의와 약소민족의 독립문제," 『한국근대사연구』, 50, 2009, p.18.
28 V. Lenin, "Decree on Peace," https://www.marxists.org/archive/lenin/works/1917/oct/25-26/26b.htm.

세계의 모든 인민들은 이러한 이해관계[29]의 실질적 파트너이며, 우리의 입장에서 타자들을 향해 정의를 세우지 않으면 우리에게도 세워지지 않는다는 점을 아주 명확히 인식하고 있다. 따라서 우리 프로그램이 세계 평화를 위한 프로그램이며 이 프로그램, 유일한 단 하나의 프로그램은 우리가 보는 것처럼 다음과 같다. … 5. 자유롭고 개방적이며 완전히 불편부당한 방식으로 식민지의 모든 요구들에 대한 적절한 조치가 필요한데, 이는 모든 주권의 문제를 결정하는 일에서 관련된 사람들의 이해관계가 동등한 무게를 지니고 있고, 그 명칭이 정해져야 할 정부의 요구들 또한 동등하게 다루어져야 한다는 원칙의 엄격한 준수를 토대로 해야 하는 것이다. … 14. 강한 나라이든 약한 나라이든 정치적 독립과 영토 통합을 상호 보장하기 위한 구체적인 협약 아래에서 민족이라는 일반적 결사체가 형성되어야 한다. …[30]

흥미롭게도 2차 대전 이후 국제정치적 세계를 양분하게 될 두 국가가 서로 상이한 이념적 지향 위에서이긴 하지만 민족자결의 원칙을 제시하게 된 것인데, 이후 "민족주의 운동의 지리적 확산"과 "유럽 패턴과는 다른 새로운 형태의 민족주의 출현"을 목격하는 시대, 이제 누구든 "민족적 원칙"으로, "자결권의 개념으로" 자신들의 상황과 요구를 정당화하는 시대가 등장한다. 홉스봄은 이를 "민족성 원칙the principle of nationality의 승리"로 명명한다.[31]

---

29 자결과 정의와 공정의 원리를 따라 세계를 만들어 가는 일.
30 W. Wilson, "Fourteen points," http://avalon.law.yale.edu/20th_century/wilson14.asp.

민족주의의 관점에서 우리가 꽤 길게 탐색해 본 근대는 본질적으로 자본의 시대이기도 하다. 그 말은 결국 근대가 계급대립과 갈등으로 움직인 시대라는 것을 의미한다. 물론 계급의 적대가 없었던 시대를 상상할 수는 없겠지만 근대의 자본주의적 계급 갈등은 그 정치적·이념적 형식이 민주주의를 지향하고 있었다는 사실로 말미암아 전통 시대의 갈등보다 한층 더 전면적이고 격렬할 수밖에 없었다. 그와 같은 고유한 운동 과정 속에서 근대는 민주주의 제도와 권리를 확장해 나갈 필연적 운명이었다.

정치적 근대가 지향하는 이념과 가치를 최초로 구현해 낸 선언인 '버지니아 권리장전'(1776), '인간과 시민의 권리선언'(1789) 등이 말해 주듯이, 근대의 정치성은 적어도 그 선언과 형식에서 인간을 보편적 권리의 주체로 주창함으로써 민주주의를 본질로 하고 있었다. 버지니아 권리장전의 제1조와 2조는 다음과 같다.

제1조

모든 인간은 본성상 그 자유로움과 독립성에서 평등하고, 국가나 사회 구성원이 될 때라도 어떠한 계약에 의해서도 대대손손 박탈당할 수 없는 태생적 권리를 지니고 있다. 이름하며 사적 재산을 획득하고 소유하며, 행복과 안전을 추구하고 확보할 수단을 통해 삶과 자유를 향유하는 권리다.

제2조

모든 권력은 인민에 귀속되어 있고 그러한 연유로 인민으로부터 유래

---

31 E. 홉스봄, 강명세 옮김, 『1780년 이후의 민족과 민족주의』, 창작과비평사, 1994, pp.172-178.

한다. 당국은 인민의 수탁자이자 하인이며 언제나 그들에 복종해야 한다.

권리장전은 근대 민주주의의 핵심적 요소들인 자유, 독립, 평등, 권리, 사적 소유권 등이 인간 삶과 사회 구성의 핵심적 원리이며, 인간으로 불리는 모든 존재들에 해당되는 보편적인 가치임을 밝히고 있다. 또한 국민주권설 혹은 인민주권설이 국가와 정치운영의 원칙임을 명백히 하고 있다. 프랑스대혁명의 민주주의적 기원을 말해 주는 '인간과 시민의 권리선언'도 서문을 통해 인간을 '권리'의 주체라고 명시적으로 선언하면서 인간 존재의 민주주의적 본성이 태생적 자유와 권리의 평등에 있음(제1조)과 자유, 소유권, 안전, 저항권 등 인간의 권리들을 지키는 게 정치적 결사의 궁극적 목적임(제2조), 또 국민이 주권의 소유자임(제3조)을 밝히고 있다.

서유럽에서 역사적 기원을 갖는 근대정신과 근대제도는 자본가 계급의 이익과 이해관계가 관철되는 과정의 직접적 산물이라고 할 수 있고, 부르주아 계급은 자신들의 정치경제적 패권을 장악해 가는 과정을 자유주의liberalism의 이름으로 정당화했다. 많은 사람들이 이야기하고 있듯이 전통적 정치성의 반정립인 자유주의의 정치 원리가 그 시작부터 정치, 경제, 사회적 권리의 무산계급으로의 확장, 즉 민주주의를 지향하고 있었던 것은 아니었다. 그 점에서 우리는 오늘날 '자유민주주의'라는 조어법으로 자유주의와 민주주의를 자연스럽고 필연적인 이념적 결합체로 상상하지만 역사적 관점에서 그것을 주장하기는 어려워 보인다. 하지만 앞서 언급한 것처럼, 근대 정치를 주도한 부르주아 계급은 자유주의적 이념과 가치를 자신들만의 배타적 공간 안으로 끌어들일 수는 없었다. 왜냐하면 자유주의 정치사상은 부르주아 계급의 특수성에 연결되어 있으면서도 인간의 보편성과 일반성의 형식을 확보하고 있었기 때문이다. 그것은 하버마스Jürgen Habermas가 『공론장의 구조변동』[32]에서 서유럽 부르주아 사회의 정치적 주체인 공중公衆을 역사적으로, 철학적으로 추적하고 공중의 존재론적 독특성(부르주아적 계급에 속하면서도 보편적인 정치사회적 가치를 품고 있는 주체로서의 독특성)을 언급한 맥락이기도 하다.

자본가 계급은 자신들의 정치적 이념으로 자유주의를 주장하면서 그 가치에 내재된 보편주의를 주장하는 —노동자들을 필두로 한— 피지배 계급의 목소리를 외면할 수는 없었다. 가장 긴급한 요구는 정치적 권리로서 선거권이었고 따라서 —서유럽의 부르주아 계급은 그에 대해 대단히 복잡한 방식으로 대응했지만— 선거권 확대는 이루어질 수밖에 없는 정치적 과제였다. 1832년부터 몇 차례에 걸쳐 진행된 영국의 선거법 개정이 그러한 역사적 사실을 잘 보여 주고 있다.[33] 선거권 확대는 서유럽에서 민주주의가 정착하는 데 결정적인 기여를 한 과정이었다.

하지만 서유럽 민주주의는 보통선거의 열망만으로 형성된 것은 아니다. 우리는 영국의 정치사상가 던John Dunn의 시각을 따라, 민주주의는 부르주아 체제의 근본적인 폐쇄성과 적대성을 인식하고 권력의 장악을 통해 정치·경제적으로 평등한 사회를 건설하려는 의지 속에서 한

---

32 J. 하버마스, 한승완 역, 『공론장의 구조변동』, 나남, 2001.

33 이화용, "영국: 민주주의의 신화와 역사(1832-1928)," 강정인 외, 『유럽 민주화의 이념과 역사』, 후마니타스, 2010.

층 더 빠르게 실천되어 나갔다고 말하려 한다. 프랑스대혁명은 그러한 역사적 계기의 결정판이었다. 대혁명은 민주주의가 단순히 선거권 확대처럼 제도와 절차의 차원을 넘어 인간 삶과 사회 구성의 이념적 규정력으로 작동하면서 공동체 구성을 향한 강력한 설득력의 언어로 자리 잡게 되는 데에 중대한 영향을 미쳤다.

그러나 민주주의자라는 것이 신봉자를 가리키는 꼬리표이자 정치적 명예의 훈장으로 바뀌고, 어디서건 인간의 집단적인 삶을 민주주의의 요구 조건들에 맞게 변형하겠다는 생각이 창의적인 발상이라는 신뢰를 처음으로 얻게 된 것은 2천 년이 훨씬 넘은 뒤에 일어난 프랑스혁명을 거치고서다. 우리가 아는 한, 1789년 이후에야 비로소 인간들은 그들이 속한 사회를 민주화하는 일에 대해 이야기하기 시작했다. … 프랑스혁명과 더불어, 한 단어로서의 그리고 하나의 관념으로서의 민주주의는 정치적 추진력을 얻었고, 이후 한 번도 그 추진력을 완전히 잃어 본 적이 없다. 도덕적인 것이든 실제적인 것이든 민주주의의 장점에 대해서는 끊임없이 활발한 논쟁이 이루어져 왔고, 오늘날에도 여전히 계속되고 있다.[34]

특히, 1792년 제1공화국의 수립 이후 혁명의 정치를 이끌었던 로베스피에르Maximilien de Robespierre의 정치적 실험은 민주주의의 유토피아를 향한 열정에서 결정적인 의미를 갖는다.

---

34 J. 던, 강철웅·문지영 옮김, 『민주주의의 수수께끼』, 후마니타스, 2015, pp.25-26.

민주주의를 정치적 충성의 초점으로서, 즉 더 이상 단순히 파악하기 힘든 혹은 썩 그럴듯하지 않은 정부형태가 아니라, 강렬하고 (아마도 장기적으로 보면) 거의 저항할 수 없는 매력의 극치이자 권력의 근원으로서 소생시킨 사람은 무엇보다도 로베스피에르였다.[35]

프랑스대혁명과 급진 공화주의 실험의 역사적 궤적 위에서 보편주의 언어로 민주주의는 재탄생했고, 이후 민주주의는 정치적 권력구조가 어떻든, 정치체제가 무엇이든, 사회의 물질적 토대가 어떤 특성이든, 그것들의 존재이유를 정당화하고 근거 지우는 궁극의 이념으로 자리 잡았다. 이러한 문제 지평 위에서 우리는 아래 입론을 만난다.

가는 곳마다 그것[36]은 권위를 요구하고 존중을 요청한다. 하지만 모든 곳에서 이런 요구는 첨예한 논쟁의 대상으로 남아 있다. 어떤 경우에는 그런 요구가 가볍게 무시되고 채 표명해 볼 수도 없게 위협을 당하기도 한다. 그런가 하면 쩌렁쩌렁하게 울려 퍼지기는 하지만 듣는 사람들 대부분에게는 공허한 신음 소리로 여겨지는 경우도 있다. 사실상 그 어느 곳에서도, 심지어 가장 잔혹한 독재체제하에서조차 그것을 요구로 알아듣지 못하는 경우는 더 이상 없다. 또 그런 요구가 그야말로 흉포한 억압에 의해 공적 담화에서 배제되거나 삭제되어 아예 영원히 들리지 않게 된 지역도 이제는 거의 없다.[37]

---

35 던, 『민주주의의 수수께끼』, p.215.
36 민주주의란 낱말.

미국 정치학자 헌팅턴이 민주화의 전개를 기준으로 근대 정치의 역사에 관한 세 단계로 범주화 작업을 진행한 것은 이러한 역사적 시각의 대표적인 반영으로 볼 수 있다.[38] 민주국가는 모든 국가가 도달해야 하는, 또는 귀착되어야 할 운명으로서의 유토피아인 것이다. 하지만 유토피아로서 민주국가의 모습은 결코 단일하지 않다. 그것은 체제의 특성, 물질적 토대의 특수성, 권력의 이해관계에 따라 상이하게 해석되고 규정되어 왔다. 그것이 오늘날 많은 나라들이 민주주의를 이야기하고 있지만 그 배경은 의미가 결코 같지 않은, 심지어 모순적인 이유다. 그 양상은 근대 이후 공동체의 유일하고도 최종적인 원리가 된 민족주의가 그 내용에서는 각각 상이하거나 모순적이고 때로는 적대적이기까지 한 것과 같은 맥락에 자리하는 것으로 보인다.

---

37 던, 『민주주의의 수수께끼』, p.33.

38 Hungtington, *The Third Wave of Democratization in the late 20th Century*.

3

민족주의와 민주주의의
한국적 발현

　1948년 5월 10일, 대한민국의 헌정을 조형할 제헌의회를 구성하기 위한 총선거가 열렸다. 하지만 김구가 이끄는 우파 민족주의 정치세력은 총선거 참여를 거부했다. 38도선 이남만의 선거는 한반도에 분단국가를 초래할 위험이 있기 때문이라는 판단이었다. 그리고 그들의 우려는 현실이 되었다. 미국과 소련의 군사적 필요에 의해 한시적으로 그어졌던 38도선이 두 이질적 체제의 군사적·정치적 구분선으로 확정되었고 반세기 이상의 대결을 거치면서 걷어 내기 어려운 수준으로 경화되어 버렸다.

　식민지에서 해방된 한반도가 풀어야 할 정치적 당면 과제는 당연히 근대적 정치체제를 수립하는 일이었다. 근대체제 건설의 주체로서 민족에 대해 프랑스와 독일은 두 개의 상이한 원리를 만들어 냈고, 그것은 근대적 민족 구성의 원리의 대표적인 두 모델이 되고 있다. 두 범주에 비추어 해방 이후 한반도의 국가 건설 정치에서 민족 원리는 프랑스가 아니라 독일의 색깔에 가까웠다. 한국에서 민족은 언어, 역사, 지리와 같은 문화적 요소들을 공유하는 사람들의 영속적 집합으로 이해되었다. 이것은 결코 의심하거나 부정할 수 없는 본질이었다. 한반도라는 삶의 자리를 만들고 이어 온 사람들은 자신들이 혈연, 지리, 역사, 문화, 언어 등에서 강한 동질성으로 묶여 있다는 믿음을 공유하고 있었기 때문이다. 종족적 정체성이 확고한 뿌리를 내리고 있다는 신념, 그것도 적어도 천 년 이상의 시간 동안 축적되어 온 결과라는 사실에 반대하는 사람은 없었다. 그렇게 볼 때 한국의 ─정치적 근대를 주조해 나갈 주체로서─ 민족은 서유럽, 특히 프랑스혁명의 정치적 실천 과정에서처럼 새로운 국가를 위해 '만들어야 할' 주체가 아니라 오래전부터 '존재해온' 주체였다고 말해야 한다.[39]

우리는 한국에서 민족이라는 정체성의 토대가, 단일한 영속적 실체라는 역사 인식으로 확보되었다고 주장하면서도, 일제의 식민지 경험에 의해 한층 더 견고화, 정치화되었다고 말하고자 한다. 나폴레옹 제국의 침략에 대한 반작용이 독일 민족의식의 형성에 깊은 영향을 미친 것처럼 일본의 식민지배 역시 잠재되어 있던 한국의 민족적 단일의식이 응축된 민족의식으로 주조되는 데 영향력을 행사했고, 민족해방운동의 이름으로 민족의식이 정치화하는 데에도 크게 작용했다. "19세기 후반 이후 형성된 민족의식이 일제의 억압·차별·수탈에 대한 저항, 반

---

39 김수자·하상복, "민족주의," 강정인 외, 『한국 민주화의 이념과 사상』, 후마니타스, 2009, p.208.

일·항일의 독립의식과 결합하여 더욱 강렬한 민족의식과 민족주의를 촉성시켰다"[40]는 서중석의 관점을 언급하는 것이 유용하다 하겠다.

천 년 이상 영속적인 문화적 집단으로 존재해 왔다는 공동체 의식의 토대 위에서 식민지배에 대한 저항을 통해 단일한 정치적 주체로서의 민족을 낳은 한국의 민족주의는 해방 이후 한반도 민족국가 건설 프로젝트로 발현되었다. 그 프로젝트는 민족적 구성원들의 삶의 공간과 정치적 제도의 외연을 정확히 일치시키는 데 있었다. 그렇기 때문에 38도선 이남과 이북으로 나뉜 서로 상이한 두 정치체제의 형성을 상상하거나 시도하는 일은 절대적 부정의 영역이었다. 아래의 주장은 그와 같은 민족주의적 당위가 5·10 총선거에 참여한 정치세력들에게도 해당되는 것이었음을 말해 주고 있다.

> 조소앙, 조봉암, 안재홍, 장준하 등으로 대표되는 단선·단정 참여 세력의 존재는 해방 공간에서 근대국가 수립이 단지 민족주의적 과제 해결의 관점에서만 평가될 수 없는 문제임을 증언한다. 이들에게 있어 남한만의 단독정부 수립은 민족통일에 대해 배타적으로 선택된 대안이었다기보다는 민족통일국가 건설의 과제 해결로 나아가기 위한 현실적인 전 단계로서 민주주의국가 건설을 의미했다. 즉, 이들은 "남북 정권의 분립이 통일의 한 과정"이라는 데 이해를 같이 했고, 따라서 '통일을 위한 단정 참여론'을 주장하기에 이르렀던 것이다.[41]

---

40 서중석, 『배반당한 한국 민족주의』, 성균관대학교 출판부, 2004-2005, p.51.
41 문지영, "자유주의: 체제 수호와 민주화의 이중 과제 사이에서," 강정인 외, 『한국정치의

심지어 그와 같은 태도는 '정읍발언' 이후 단독정부 수립의 불가피성을 공개적으로 선전하기에 이르렀고 총선거에 주도적으로 참여한 이승만이 이끈 보수주의 정파들에게도 예외는 아니었다. 이승만은 여러 정치적 발언에서 통일국가의 수립을 향한 의지를 피력해 마지않았다.

각 정치세력은, 정치적 이상과 현실 사이에서 상이한 정치적 스탠스를 취하면서도, 한반도를 아우르는 민족국가 수립이라는 최종적 목표를 부인할 수는 없었기 때문에 제헌의회 선거와 대통령 선거를 지나 1948년 8월 15일 수립된 한국에 대해서는 완전이라든가 완결이란 수식어를 부칠 수 없었다. 1948년 8월과 9월, 남과 북에 이데올로기적으로 대립하는 두 체제가 성립하면서 고착화되기 시작한 분단은 결손의 개념을 만들어 냈고 그 반작용으로 민족적 통일의 의지와 열정을 촉진했다. 두 체제가 한반도를 반으로 가르고 있는 정치적 현실 앞에서 민족주의는 그 어떤 이데올로기도 필적할 수 없는 절대적 가치로 작용해 왔고, 복원된 한민족의 단일공동체라는 유토피아이기도 했다.

분단이라는 현실과 통일이라는 이상 사이의 간극이 초래한 내전으로 인해서 전례 없는 반공주의가 등장했음에도 불구하고 민족주의 이데올로기와 유토피아는 한국의 정치 공간을 살아가는 모든 주체들이 가장 우선적으로 그리고 타협 없이 접근해야 할 위상을 지켜 왔다. 이승만 이래 모든 최고 권력자와 그 세력은 민족통일과 번영의 비전을 반드시 이야기하고 제시해야 했다. 그것은 자신의 권력이 시작되는 문턱에서부터 공개적으로 밝혀야 할 그림이었다. 그리고 그 반대편에서 권

이념과 사상』, 후마니타스, 2009, pp.131-132.

력의 전횡에 저항해 왔던 정치세력들 또한 민족주의 이데올로기와 유토피아를 정치적 정당성의 근거로 삼아 왔다.

그리하여 한국 현대사는 민족주의를 통한 자기 정당화의 담론, 민족 통일을 향한 정치적 언어들의 경쟁 무대가 되기도 했다. 그것은 곧 민족 주의 헤게모니 투쟁이기도 했다. 모든 정치적 집단의 궁극적 존재이유를 만들어 내는, 그와 동시에 반대편 세력의 존재근거를 근본적으로 흔들 수 있는 힘이 민족주의라면 그 언어를 독점하는 것이 필요했고, 역으로 권력의 독점에 맞서 그 언어의 해방을 위한 노력이 요청되었다. 권력 과 그 반대편의 정치세력은 모두 자신들이 얼마나 민족주의적인지, 역으로 상대가 얼마나 반민족적인지를 주장해왔고, 민족통일을 위해서는 어떠한 프로젝트가 필요한지를 역설해 왔다. 그와 같은 역사적 맥락은 민족주의에 대한 다음과 같은 해석적 상상력을 가능하게 해 주고 있다.

20세기 한국 사회의 담론 체계에서 민족은 이념적으로나 실천적으로나 늘 그 중심 위치를 차지했다. 지난 100여 년간 한반도의 역사 속에서 전개된 삶과 죽음, 노동과 문화, 사상과 느낌은 물론 심지어 개인적 고통과 사랑까지도 민족의 거대한 담론 체계 속에 흡인되었다. 한반도에서 태어나 한국인의 자각을 갖고 한국인으로 성장한다는 것은 곧, 그것이 긍정적인 의미에서든 부정적인 의미에서든, 민족주의자가 된다는 것을 의미했다. 그것은 계급과 성, 지식의 유무 그리고 연령에 상관없이 역사의 명령이었고 한국 사회의 규범이었다. 민족주의의 명분은 실로 누구도 뿌리칠 수 없는 역사의 힘이었다.[42]

홉스봄의 말처럼, 서구의 19세기가 민족주의적 열광의 시대였다면, 한국은 20세기 중반 이후가 그런 시대였다. 분단된 민족을 하나로 통합해 원초적 단일성의 공동체를 복원해야 한다는 역사적 당위 앞에서 수많은 민족주의 수사와 담론 그리고 정책과 프로그램이, 권력과 권력 사이, 권력과 비권력 사이에서 경쟁해 왔다.

1945년의 해방과 그 이후의 정치적 근대 형성의 시간은 민족주의를 향한 거대한 열정의 기원이기도 했지만, 한국의 정치를 압도할 또 하나의 이데올로기이자 유토피아인 민주주의를 탄생시킨 토대이기도 했다. 해방된 한국은, 식민지배의 극단적 폭력과 권위주의가 여전히 강렬한 기억으로 남은 자리에서, 정반대의 정치적 경험을 한다. 서구가 만들어 낸 관념이고 제도이고 절차인 민주주의를 갑작스레 도입하고 체험했다는 말이다. 민주주의를 운영하기 위한 정치제도인 의회주의와 대통령제로 권력구조를 구체화하고, 모든 성인남녀가 보통선거를 실시했으며, 학교에서는 미국의 민주주의 가치교육을 시행했다. 또 다른 제국주의 미국 군부의 권위주의적 지배 속에서도 한국은 민주주의라는 근대적 정치제도와 이념을 신속하게 받아들이고 인지하고 느낄 수 있었다. 그것은 명백히 아이러니였지만 그 힘을 바탕으로 한국은 민주주의에 적대적인 세력에 저항하는 잠재력을 키울 수 있었다.

민주주의는, 민족주의와 함께 한국의 정치를 관통해 온 이데올로기였고 유토피아였다. 그러한 구도가 생성된 데에는 한국적 특수성이 자

---

42 임지현, 『민족주의는 반역이다: 신화와 허무의 민족주의 담론을 넘어서』, 소나무, 1999-2008, p.52.

리하고 있었다. 주지하는 것처럼, 한국의 정권은 초대 공화정이 수립된 지 오래지 않아서부터 민주주의 원리에 위배되는 시도들을 주저하지 않았다. 1951년, 내전이 한창일 때에 부산에서 일어난 헌정쿠데타가 그 시초였다면 1961년의 군사쿠데타는 한국에서 민주주의의 최초 진지를 무참하게 무너뜨렸다. 그리고 정치화된 군인들의 민주주의 욕보이기는 1980년 5월 광주의 시민들을 무참히 살육하면서 국가권력을 손에 쥐는 악마적 얼굴로 다시 모습을 드러냈다. 군부의 쿠데타는 국민주권을 잔인하게 난도질했다는 점에서 반민주주의의 나신이었다.

민주주의에 역행하는 권력의 반동적 힘이 만들어지고 유지되고 강화될수록 그에 맞서는, 민주주의를 향한 의지와 열정 또한 강력한 힘을 얻어 왔다. 1948년, 이승만 권위주의에 대한 제헌의회 소장파 그룹의 도전이 민주주의를 향한 저항의 문을 열었고, 박정희 군부정권의 기나긴 폭력적 지배에 대한 끊임없는 비판과 공격에서 민주국가는 좋은 사회를 만들어 낼 유토피아로 자라났다. 전두환 군부집단의 반인륜성에 맞선 시민적 에너지의 본질 또한 '민주화운동'이었다. 민주화의 결실로 탄생한 정권들은 군부에 맞선 시민들의 운동을 공식적으로 그렇게 명명했다. 그리고 민주공화국이라는 헌법정신을 무력화한 박근혜 정권의 비상식과 탐욕에 맞선 한국의 민주주의는 광장에서의 촛불의 힘으로 자신의 이데올로기적 논리와 유토피아의 희망을 만들어 냈다. 그것은 이명박 정권에서 전개된 촛불시위의 연장으로 해석해도 크게 틀리지 않을 것이다.

민족주의가 한국에서 보편적인 이데올로기이자 유토피아였던 것처럼, 민주주의 또한 그러했다. 민주주의를 부정하는 세력은 한국 사회에서 정치적 정당성을 박탈당할 수밖에 없었고, 민주주의 기반 위에서 사회의 이상을 그리지 않는 존재는 정치적 반동에 지나지 않았다. 한국의 민주주의를 유린하는 데 궁극적 책임이 있는 정권과 세력들이 민주주의를 지속적으로 강조해 오고 자신들의 정치적 존재성을 민주주의와 동일시하려는 모순적인 정치적 태도들도 그러한 맥락에서 논리적으로 설명 가능하다. 가령, 1980년의 비극을 초래한 주체였던 전두환은 무수히 많은 연설을 통해 민주주의를 향한 자신의 의지와 애정을 역설했다. 그는 새로운 헌법을 제정하는 즈음, 민주주의의 중대한 절차 일반이기도 하고, 한국적 특수성에서 민주주의의 중요한 가치이기도 한 평화적 정권교체를 약속하면서 자신을 민주주의의 표상체로 그려 냈다.

> 30여 년간의 우리의 헌정사를 통하여 국민적 비원인 평화적 정권교체를 한 번도 경험하지 못했다는 것은 나라의 체모에 관련되는 일일 뿐만 아니라 정권의 정당성에 대한 논란을 연중 행사화시킴으로써 정국을 격동의 수렁에 빠뜨린 주인이기도 했습니다. 평화적 정권교체를 위한 개헌안의 정신이 우리의 체질로 될 때 자신의 손으로 정권을 결정한다는 국민적 자부심이 제고될 것이며 이때에 비로소 민주주의는 우리의 토양 위에 굳건히 뿌리를 내리게 될 것입니다.[43]

1980년대의 군사정권의 수사적 민주주의는 본질적으로 기의 없는 민주주의의 기표에 불과한 것이었지만 그럼에도 민주주의 언표가 담론

---

43 전두환, "개헌공고에 즈음한 대통령 특별담화," 『동아연감』, 1981, p.787.

의 공간을 지배해 왔기 때문에 1980년대의 반정부운동 또한 민주주의 언어 위에서 추동되었다. '민주헌법쟁취 국민운동본부'라는, 1980년대 후반의 운동 조직체가 그 사실을 정확하게 말해 주고 있다. 운동본부 결성선언문은 이데올로기로서 민주주의, 유토피아로서 민주국가에 대한 열망의 결정체였다.

> 민주개헌은 어느 개인이나 정파적 이익의 한계를 뛰어넘는 온 국민의 일치된 소망으로 이미 확인되었다. 우리 국민은 85년 2·12 총선을 계기로 엄청난 탄압에도 불구하고 진정한 국민적 합의에 기초한 민주화의 길을 얻기 위한 시급한 과제로서 민주 개헌의 요구를 도도하게 분출시켰던 것이다. 개헌은 단순히 헌법상의 조문개정을 뛰어넘어 유신 이래 빼앗겨 온 정치·경제·사회·문화 등 모든 생활 영역에서 기본권리를 확보하기 위함이며, 이를 위해 무엇보다도 정부선택권을 되찾음으로써 실로 안으로 국민 다수의 의사를 실행하고 밖으로 민족의 이익을 수호할 수 있는 정통성 있는 민주정부의 수립을 가능케 함을 의미한다. 또한 개헌은 응어리진 국민적 한과 울분을 새로운 단결과 화해, 역사발전의 원동력으로 승화시킬 수 있는 그 무엇과도 바꿀 수 없는 민주화를 위한 출발점이며 절대명제임을 밝히는 바이다.[44]

그리고 1990년대를 지나 2000년대에 들어서까지 민주주의는 민족주의와 함께 한국정치의 이데올로기 지평을 지배한 가장 거대한 담론이

---

44 "민주헌법쟁취 국민운동본부 결성선언문," 『6월 항쟁 10주년 기념자료집』, 1997, p.212.

자 가치체계였다. 보통사람의 시대, 문민 민주주의 시대, 국민의 시대, 국민 참여 시대가 권력의 지평 위로 올라왔고, 그 반대편에서는 그러한 민주주의 언어들 역시 민주주의의 이름과 가치 위에서 평가되고 비판되어 왔다.

제6장

정치적 근대와 이미지 운동
─근대적 취임의례의 코드를 찾아서

THE BIRTH
OF POWER
THE BIRTH
OF POWER
THE BIRTH
OF POWER

1
마키아벨리의 '외양론'
―이미지를 향한 욕망으로서 근대

이탈리아 르네상스 시대의 정치사상가 마키아벨리는 『군주론』에서 성공하는 군주가 되기 위한 정치적 교훈들을 여러 역사적 사례를 바탕으로 제시했다. 군주의 신의信義 문제와 관련해 그는 다수, 일반 대중으로 불리는 피치자들의 정치적 인식 능력을 언급하고 있다.

사람들은 일반적으로 손으로 만지기보다는 눈으로 보아서 당신을 판단한다. 보는 것은 모두에게 허용되지만 만지는 것이 허용되는 사람은 거의 없기 때문이다. 모든 사람은 밖으로 드러나는 당신의 모습을 볼 수 있지만 당신이 어떤 사람인지를 만져서 느낄 수 있는 사람은 극히 소수에 불과하다. … 모든 사람의 행동, 특히 군주라고 하는, 아무도 그에게 이의를 제기할 법정이 없는 존재의 행동에서 사람들은 최종적 결과에 주목하게 된다. 따라서 군주가 국가를 획득하고 잘 유지하게 되면, 그 수단은 모든 사람에 의해 명예롭게 청송받을 만한 것으로 평가된다. 일반 대중은 외양과 결과에 의해 설득되기 때문이다(강조는 필자).[1]

이는 군중과 피치자들에 대한 정치적 폄하임이 명백해 보인다. 그런데 마키아벨리는 무엇을 근거로 그와 같은 평가를 내리고 있는 것일까. 다수에 대한 마키아벨리 정치의식의 반영이라고 생각해 볼 수 있다. 그런데 이것도 진실의 단면일 수 있지만, 문제는 좀 더 복잡한 층위에 놓여 있다. 우리는 마키아벨리가 이탈리아 르네상스의 중심 피렌체에서 태어나고 활동한 인물이라는 점을 고려할 필요가 있다. 문명사와 지성사의 관점에서 르네상스는 다양하게 해석될 수 있지만, 이미지, 즉 마키아벨리가 말하는 외양의 생산 원리에서 과거와 거대한 단절이 시작된 시대라는 점을 염두에 두어야 한다.

서구에서 이미지, 즉 외양은 양면적인 평가의 대상이 되어 왔다. 배척의 대상이기도 했고 찬양의 대상이 되기도 했다. 이미지에 대한 부정적 사유의 근원은 플라톤의 이데아론에서 발견할 수 있다. 『국가』 제7권의 동굴의 비유가 알려 주고 있는 것처럼, 그림자로 표상되는 이미지는 외양 너머에 있는 참된 존재의 인식을 방해하기 때문에 부정적이다.[2] 플라톤에게서 존재는 관념, 물질, 이미지로 구분되는데, 그 셋은 동등한 존재론적 위상 혹은 가치를 지니지 않는다. 그리고 그중에서도 이미지는 가장 저급한 차원에 속한다. 그 이유는 두 가지다. 첫째, 영속성

---

1 N. 마키아벨리, 박상훈 옮김, 『군주론』, 후마니타스, 2014-2015, p.281.
2 플라톤, 박종현 옮김, 『국가·정체』, 서광사, 2005.

과 변화의 문제다. 이데아로 명명되는 관념체로서의 존재는 일체의 형태와 감각적 양상으로부터 자유롭기 때문에 영속적으로 실재하는 반면, 물질과 이미지는 현실적·감각적 변화의 영향을 받기 때문에 실재하는 것이 아니다. 이는 변화하는 것은 참된 것이 아니라는 파르메니데스의 진리관을 바탕으로 하고 있다. 둘째, 원본과 모사본의 문제다. 이데아는 존재하는 모든 것의 근원인데, 현실과 이미지는 이데아의 존재원리를 따라 만들어진 모방본이다. 나아가 이미지는 모방의 모방, 그러니까 이데아의 모방본인 현실의 모방인 것이다. 그 점에서 이미지는 가장 낮은 수준의 존재론적 가치를 부여받게 된다. 『국가』 10권의 침대 비유[3]가 이러한 시각을 잘 보여 주고 있다. 이러한 이유로 플라톤은 이미지를 만드는 행위에 대해 대단히 혹독한 평가를 내리고 있다. 그 일은 "진리에서 멀리 떨어져 있는 자신의 작품들을 만들어 내며, 우리 안에서 분별(지혜)과는 멀리 떨어진 상태로 있는 부분과 사귀면서 건전하지도 진실하지도 못한 것과 동료가 되고 친구가 되"[4]는 것이다.

진리 인식의 관점에서 이미지에 대한 부정적 사유는 서구의 종교적 영역에서도 목격할 수 있다. 가령 유대교적 유일신관 위에서 진리로

---

3 글라우콘과의 대화에서 소크라테스는 세 종류의 침대를 이야기하면서 존재의 위계를 밝히고 있다. 침대는 본질적 침대, 현실 속의 침대, 침대의 그림으로 구분되는데, 첫째 침대가 침대의 이상적 관념과 개념이라면, 둘째 침대는 물질성을 지닌 현실 속의 대상이며, 마지막 침대는 침대의 시각적 이미지다. 각각의 침대는 신, 목수, 그리고 화가가 만든 것인데, 여기서 소크라테스는 신을 본질의 창조자, 목수를 침대의 제작자, 화가를 침대의 모방자로 명명하고 있다. 창조와 제작과 모방은 결코 같은 무게의 가치를 갖는 행위가 아니다. 특히 화가는 본질과 실재를 보고 모방한 것이 아니라 현실의 것을 보고 침대를 모방했다는 면에서 진리로부터 가장 멀리 떨어져 있기 때문이다.

4 플라톤, 『국가·정체』, 2005, pp.603a-b.

서의 절대자는 어떠한 물리적 형태나 감각적 틀로 담아낼 수 없는 것이다. 유한한 것에 담겨지는 진리는 진리가 아니라는 이야기다. 이러한 종교적 태도는 700년대 동로마제국에서 성상파괴운동의 형태로 다시 나타났고, 15세기 종교개혁에서 근본주의적 신앙운동으로 발현되었다. 하느님의 신성은 어느 것으로도 옮길 수 없다고 외치고, 성상숭배를 기독교 미신화의 주범으로 비판한 칼뱅Jean Calvin이 그 대표적인 인물이었다.[5]

하지만 흥미롭게도 서구는 이미지를 열망하기도 했다. 기독교의 등장이 그 결정적 계기를 마련했다. 예수의 신성에 기원을 두는 기독교는 신의 이데아와 육체적 형태를 구분하지 않았다. 예수는 절대적 신성과 육체성이 서로 배척하지 않고 조화를 이룰 수 있다는 믿음의 증거였기 때문이다. 그렇게 기독교는 절대적 존재성과 물리적 외양, 즉 이미지와의 적대적 분리를 무너뜨렸다. 이제 이미지는 신의 무한성을 알리는 중대한 매개물로 자리매김한다.[6]

이와 같은 이미지 배척과 숭배를 둘러싼 역사 속에서, 종국적으로 이미지 찬미 열망이 승리할 것임을 알리는 시대, 르네상스가 등장한다. 새로운 시대는 이미지에 대한 종교적 열정과는 근본적으로 다른 원리에 바탕을 두고 있었다. 르네상스는 이미지를 향한 열광의 시대였다는 점에서 기독교적 전통을 잇고 있는 것 같지만, 상징적 실체로 이미지를 바라보려는 종교적 태도와는 근본적으로 거리를 두고 있었다. 르네상

---

5 이정구, 『성상과 우상: 그리스도교 이미지 담론』, 2012, 동연, p.99.
6 이정구, 『성상과 우상』, pp.68-74; 드브레, 『이미지의 삶과 죽음』, p.136.

스는 신의 섭리와 의지의 산물이라는 종교성을 이미지에서 떼어 내고 그 자리를 합리적 인간정신이라는 새로운 원리로 대체했다. 근대의 문화적 문을 열어 준 르네상스는 건축, 회화, 조각, 문학 등으로 이미지를 숭배했지만 그것은 과거처럼 신과 구원이 아니라 인간과 현세의 욕망과 결합되어 있었다. 르네상스의 인간주의는 이미지 제작의 새로운 기술을 발명했다. 과거와의 근본적인 단절을 특징으로 하는 그 원리를 서양미술사는 원근법 또는 '투시법'이라 부른다.

원근법은 르네상스운동의 중심지 피렌체에서 발명되었다. 건축가 브루넬레스키Filippo Brunelleschi가 공간 재현 실험을 통해 창안하고 예술이론가 알베르티Leon Alberti가 체계적 논리로 정립한 것으로 알려져 있다. 브루넬레스키는 대상을 바라보는 '눈'이 원근법의 핵심 원리라는 사실을 발견했고, 알베르티는 이스토리아istoria, 즉 감상자 영혼의 고양이 그림의 목표라는 미적 이론을 정립했다. 영혼의 고양을 위한 미의 구현을 위해서는 자연물에 관한 가장 정확한 이미지를 만들어야 하는데, 평면 공간의 기하학적 분할과 수학적 배치에 관한 합리적인 사유 과정이 그것을 가능하게 한다.[7]

중세의 종교적 이미지가 만들어 낸 경외감과, 근대를 향한 길목에 위치했던 르네상스가 생산한 예술적 이미지가 가져온 감동은 그 심리적 효과에서는 동일했다고 말할 수 있지만 이미지의 존재론적 특성에서는 근본적으로 달랐다고 보아야 한다. 종교적 이미지가 상징이라면, 예술적 이미지는 재현이기 때문이다. 이렇게 말할 수 있겠다. 중세 기독교

---

7   주은우, 『시각과 현대성』, 한나래, 2003.

세계에서 이미지는 신성의 세계로 들어가기 위한 기호의 역할을 수행했다. 그렇기에 그것은 신성과 분리될 수 없는 이미지다. 그러니까 이미지는 신과 실재적으로 통합되어 있다는 사실 위에서 자신의 존재성을 획득한다는 말이다. 하지만 르네상스 시대가 만든 이미지는 초월적 존재와의 실재적 연결과는 무관하다. 그 이미지의 미적 정당성은 주체의 합리성을 기반으로 생산되었다는 사실, 즉 자연적 세계로부터 떨어져 나와 재현의 열망으로 재탄생했다는 사실 위에서 확보되는 것이다.

르네상스에서 시작된 근대의 이미지 생산 원리에서 중요하게 고려해야 하는 점은 실재보다 실재의 모방인 이미지를 더 이상적이고 아름답게 만들고자 한다는 것이다. 그와 달리 신의 상징으로서 종교적 이미지는 그 자체로 아름다운 대상이 될 수 없다. 아무리 아름답다고 하더라도 그것은 단지 신의 현현이고 계시일 뿐이다. 반대로 재현의 이미지는 실재와의 존재론적 연결보다 그 자체의 미적 형식과 내용에 더 큰 중요성을 부여받는다. 그리하여 이미지는 하나의 독자적 세계를 구성하는 힘이 될 수 있다. '그림같이 아름답다picturesque'라는 표현이 그러한 논리를 반영한다. 그렇게 재현된 이미지는 이상적인 미적 기준에 최대한 접근해 자신의 독립적인 존재성을 획득하고, 그 결과 재현의 주체는 이미지의 아름다움에서 기원하는 영광과 특권을 부여받는다.[8]

최초의 문제로 돌아가 보자. 다수 피치자들은 외양, 달리 이야기한다면 재현된 이미지를 기준으로 사태를 평가하고 판단한다는 마키아벨리의 주장은 단순히 대중의 정치의식에 대한 한 사상가의 개인적 관점

---

8 Louis Marin, *Le portrait du roi*, Les Editions de Minuit, 1981, pp.9-11.

으로 들리지 않는다. 오히려 르네상스 시대 속에서 창안되고 운동한 이미지 원리가 그 속에 놓여 있는 것은 아닐까 하는 생각이 든다. 르네상스에서 이미지는 이상적 미와 가치의 구현체로 생산되고 전시되면서 자연적 사물의 세계와 구별되어 자신만의 시각세계를 구성했다. 마키아벨리의 주장은 그 이미지가 너무나도 아름답기에 사람들은 외양으로 불리는 그 세계를 욕망하는 존재가 될 수밖에 없다는 선언이다.

이미지가 대중을 매혹하는 힘이 강력한 만큼, 정치와 권력은 그 놀라운 존재를 끌어안으려 했다. 르네상스 유럽에서 새로운 통치술로 발명된 인문주의 왕권이 유행한 것은 그와 같은 변화의 정치적 결과다. 인문주의적 왕권은 권력의 미적 표상을 위한 이미지 동원을 본질로 한다.[9] 르네상스 시대에 권력은 화려하고 찬란하며, 압도적이고 감동적인, 그래서 피치자들의 감성을 뒤흔드는 예술적 이미지들로 자신을 재현하려 했다. 그러한 이미지의 마술을 통해 군주는 평범함과 거리를 둔 존재, 그리하여 정치적으로 추앙할 만한 존재로 탈바꿈했다. 르네상스 시대에서 이미지 창조를 통한 재현의 과정은 권력자가 실천한 가장 중대한 정치적 기술art이었으며 도시 전체가 그것을 위한 무대로 동원되어 왔다.

그 통치술은 때때로 연극에 비유된다. 연극이란 본질적으로 이미지의 생산과 조작 위에서 작동하는 행위이기 때문이다. 하지만 연극은 르네상스 이후 인문주의적 통치술의 단순한 비유가 아니라 실제로 동원된 중요한 예술적 장르였고,[10] 우리는 근대의 이미지 형성 원리인 원근법이 연극의 정치적 구성에서 핵심적인 원리로 기능해 왔다는 역사에

---

9 하상복, "프랑스 사회당 정부의 문화정책," 『문화정책논총』 17권, 2005.

주목해야 한다.

원근법은 창조의 특권적 도구로 나타난다. 원근법은 단지 절대적 명증
성으로 현실이 드러나게 하는 기하학적 기법을 넘어 창조자를 그가 재현
한 세계 바깥에 위치하게 하는 정신적 활동 총체다. 예술가의 세계관을 왜
곡할 가능성이 있는 모든 주관성을 제거하면서 원근법은 무엇보다 정치
적 지배집단에 봉사하는 이데올로기 도구로 등장한다. 연극에서 원근법
은 무대 구성의 방식과 배우가 움직이는 배경에 응용되었고 그렇게 중세
미학과의 단절을 보인다.[11]

정치인류학자 발랑디에Georges Balandier가 이야기하고 있는 것처럼, 르
네상스 시대에서 연극은 ―권력과 이미지의 미학적 결합과 그 실천으
로서― 매우 강력한 정치적 효과를 산출했다. 발랑디에는 특히 마키아
벨리가 내보인 외양 문제를 '이미지 제작imagerie'이라고 바꿔 말하면서
그것의 정치적 효과에 주목하고 있다. 말하자면 군주는 연극무대 위에
서 이미지로 둘러싸이며 "우주의 창조자, 예언자 혹은 영웅과 동일시
되고, 군주의 기획은 종교와 그 의례, 그러니까 제도로 확립된 신성성
과 한 쌍이 되어 성스러워진다"[12]는 것이다. 르네상스 시대의 연극정치

---

10 Jean-Marie Apostolidès, *Le prince sacrifié: théâtre et politique au temps de Louis XIV*,
   Editions de Minuit, 1985, p.28.
11 Apostolidès, *Le prince sacrifié*, p.34.
12 Georges Balandier, *Le pouvoir sur scènes*, Editions Balland, 1992, p.14(원문을 맥락에 맞
   게 일부 수정했음).

를 관찰하면서 발랑디에는 '연극적 지배théâtrocratie'와 '무대권력pouvoir sur scènes'이라는 개념을 만들어 냈다.

르네상스 시대, 연극적 원리를 바탕으로 한 인문주의 통치법의 등장과 확산은 정치적 인식론에서 매우 중대한 변화를 가져왔다. 첫째, 원본과 모방으로 존재를 구분하고 정치를 원본의 세계에 배타적으로 속하는 행위로 인식한 전통적 사유, 가령 플라톤적 사유 형식이 정당성을 잃어버리게 되었다는 점이다. 그러니까 일반화하자면, 본질과 외양의 구분 위에 조형된 정치적 인식론이 무의미하게 되었다는 말이다. 둘째, 정치는 오히려 외양의 세계에서 전개되는 행위로 전환되기 시작했을 뿐만 아니라 객관적 진실의 차원이 옆으로 밀쳐지고 설득과 조작이 더 중요한 과정으로 등장하게 되었다. 이러한 변화 속에서 궁극적으로 정치는 이미지와 강력하게 결합했다.

마키아벨리 정치사상의 근대성은 국가와 정치권력을 세속적 욕망의 주체로 만들었다는 점에서 성립하지만 이미지가 정치적으로 새롭게 인식되고 중대하게 활용되었다는 점에서도 발견할 수 있다. 외양에 대한 마키아벨리의 문제의식은 근대 이후 정치의 중심 무대 위에서 이미지가 작용하기 시작했다는 점을 담아내고 있는 것이다. 여기서 중요한 사실은 이미지의 정치적 운동이 오늘날의 정치를 이해하는 데도 유용하다는 점이다. 발랑디에는 "모든 정치권력은 종국적으로 연극의 방법으로 복종을 획득한다"[13]고 주장하면서 이미지 제작과 연출의 정치적 보편성을 강조하고 있다.

---

13 Balandier, *Le pouvoir sur scènes*, p.21.

2
이미지의 정치적 운동으로서
취임의례

　정치적 행위가 전개되는 무대를 이미지의 총체로 이해한다면, 정치학자 코트레Jean-Marie Cotteret가 주장하는 것처럼, "정치, 그것은 곧 드러내기"가 된다. 정치는 정치적 행위자를 둘러싸고 있는 물리적, 제도적 세계와 더불어 외양의 형식과 내용으로 채워진 또 다른 세계에 자리를 잡고 있다고 말할 수 있다.[14] 정치를 '구성construction'의 과정으로 이해하려는 상징정치학자 에델만의 주장도 이러한 맥락이다.

　나는 정치 과정을 관련된 사람들의 구성물로 다루려 한다. 사태에 대한 객관적 관찰과는 별개로 그 의미는 관찰자의 상황과 그 상황을 반영하고 해석해 내는 언어의 함수다. 사회문제, 정적, 리더는 하나의 실체이기

14 Jean-Marie Cotteret, *Gouverner, c'est paratre*. PUF, 1991.

도 하지만 적어도 우리가 이해하는 한 유동적인 일련의 의미를 보유하는 의미체이기도 하다. 이와 유사하게 나는 정치 행위를 수행하는 사람들 역시 두 가지 관점에서 일종의 구성물로 생각한다. 첫째, 그들의 주체성, 즉 자기 존재의 의미는 그들이 구사하는 행위와 언어에 의해 창조된다는 것이며 둘째, 정치 과정에 참여하는 사람들은 타자에게 일종의 상징물로 나타난다는 것이다. 그들은 이데올로기, 가치, 도덕적 위상의 표상, 역할 모델, 위협과 악함의 기준과 상징이 된다. 간단히 말해 나는 다층적이고 유동적인 의미를 보유하는 사람들과 정치 과정에 주목하려 한다.[15]

정치는 제도로 직조된 공간에서 벌어지는 권력 행위를 넘어 행위자와 사태에 대한 감각적 재현과 의미 연출로 이어진다. 정치는 이미지 생산 기제들의 복합적 작동 과정인 것이다.

우리의 분석 대상인 권력자의 취임의례는 이러한 정치학적 관점에 정확히 부합한다. 취임의례는 연극정치, 이미지의 정치적 생산, 드러내기, 구성의 개념으로 둘러싸여 있다. 우리는 이미 전근대 동서양의 두 사례를 통해 취임의례가 공간과 시간의 차원에서 성스러움의 생산을 핵심적인 원리로 한다는 사실을 살펴보았고 그와 같은 정치적 성화의 중심에는 새로운 권력자의 신체가 정치적 인격으로 존재하고 움직이고 있다는 사실을 관찰했다. 그리고 근대 또한 그와 같은 시공간적 성화의 원칙에서 벗어나 있지 않다는 점에 주목했다. 근대에도 새로운 권력자

---

15 Murray Edelman, *Constructing the Political Spectacle*, The University of Chicago Press, 1988, p.2.

의 몸은 가장 중대한 역할을 수행한다. 하지만 그 신체는 인격이 아니라 이념 혹은 이데올로기의 구현물이라는 정치적 근대성의 본질을 우리는 간과할 수 없다.

이러한 정치미학적 연속–불연속의 원리 위에서 구성되는 근대의 취임의례를 관찰하고 분석하는 일과 관련해 정치의례 연구자인 플뢰르도르주는 4개의 영역들로 구성된 체계화된 의례의 틀을 제시하고 있다. "표현의 영토, 특정한 시간, 연출된 배우들, 조작된 장식물들"이 그것들이다. 바꾸어 말하면 연극이 전개되는 공간, 연극이 수행되는 시간, 연극에 참여하는 배우들, 연극 연출에 동원되는 장식물들이다.

> 대통령 의례가 진행되는 영토는 특별한 장소임과 동시에 주어진 모든 행위 요인들을 수렴하는 장소이며, 준 신성함의 양태, 일종의 공화국 사제의 형태로 대통령을 드러내 주는 시간의 연출이 있으며, 단순히 자리하는 것이 아니라 코드화된 연출에 기여하는 참석자들이 있고, 끝으로 그 사용에서는 평범해 보이지만 보충적인 '말'의 형태를 표상할 수 있는 조작된 장식물들이 있다는 사실을 언급할 수 있다.[16]

취임의례의 영토와 관련해 플뢰르도르주는 '역사적 상징성과 문화재적 가치를 가진 장소', '역사가 만들어 내고 역사를 증언하는 장소', '미학적 장소 혹은 예외적인 장소', '권력의 의례를 수행할 물리적 효과를 지닌 장소' 등으로 범주화하고 있지만, 문제는 결국 '권력의 장소'를

---

16 Fleurdorge, *Les rituels du président de la République*, p.25.

향한 정치적 연출, 권력 주체의 신성함을 만들어 내는 정치적 연출에 가장 적합한 영토를 고민하는 데 있어야 한다. 만약 그에 합당한 장소가 존재하지 않는다고 판단한다면 권력의 새로운 장소를 발명해야 한다.[17]

취임의례의 시간은 본질적으로 "의례의 순간moment rituel"이라는 의미에 깊이 연결되어 있다. 의례의 순간은 하나의 사건이며, 사건이란 일상성으로부터의 단절, 즉 불연속이다. 권력의 성화를 향한 취임의례의 시간은 원초적 시간, 시초적 시간으로의 복귀를 연출함으로써 사건을 만들어 낸다. 새로운 권력의 성스러운 탄생을 알리는 의례의 시간은 대략 4개의 양상으로 자신의 모습을 드러낸다. 말하자면, 의례의 순서와 절차를 관장하는 '시간적 질서chronologie', 의례 순서와 절차에 각각 할당된 '시간의 양chronométrie', 의례의 날과 절차의 '역사성과 규범성chronographie', 의례 '시간의 새로움chronosophie' 속에서 시간은 성스러움의 효과를 향해 운동한다.[18]

이렇게 직조된 시공간 위에서 의례의 주체로서 권력자를 포함한 행위자들이 움직인다. 무엇보다 우리가 생각해야 하는 부분은 권력자의 차원인데, 그는 시공간의 전 차원에서 자신의 모습을 드러낸다. 그러니까 권력자는 "편재偏在하는 존재"다. 그리고 그가 선 곳은 무대의 중심이어야 한다. 그것은 그의 정치적 성화와 더불어 그의 편재성을 가능케 하는 중대한 자리다. 공간에 등장한 권력체는 언어를 통해서 새로운 정

17　Fleurdorge, *Les rituels du président de la République*, pp. 27-45.

18　Fleurdorge, *Les rituels du président de la République*, pp. 50-51.

치적 주체로서의 온전한 모습으로 자신을 전달한다. 그리고 권력자는 시간에서도 편재한다. 의례의 시간은 그의 나타남과 더불어 출발하고, 그의 신체적 운동 위에서 흘러간다. 그리고 그의 퇴장과 더불어 정지한다. 하지만 우리가 더 주목해야 하는 현상은 그가 의례적 시간의 창조자라는 점이다. 새롭게 이끌어 갈 공동체의 과거와 현재와 미래의 시간을 결정하는 주체가 그이기 때문이다.[19] 그는 자신이 독점하는 언어를 통해 의례의 시간을 종횡으로 엮어 낸다. 여기서 의례의 언어는 정치적 시간의 세 층위(과거, 현재, 미래)를 결합함으로써 공동체의 기억과 현실, 그리고 유토피아를 제시하는 마법적 힘으로 등장한다.

그와 달리, 권력자의 주변을 둘러싸고 있는 다른 행위자들은 의례의 시공간에서 엄격히 자신의 위치와 역할을 부여받고 있고 그 점에서 그들은 본질적으로 정치적 장식이라고 말해야 한다. 그들은 장식물들과 함께, 의례의 무대를 일정한 정치적 의미로 구성해 내는 역할을 수행한다.

---

19 Fleurdorge, *Les rituels du président de la République*, pp. 56-57.

제7장
한국의 대통령 취임식
―'의례 영토'의 탄생과 변화

THE BIRTH
OF POWER
THE BIRTH
OF POWER
THE BIRTH
OF POWER

1
중앙청과
대통령 취임식 영토의 탄생

　1948년 5월에 승인된 대한민국 제헌헌법 제53조에 의거하면 대통령과 부통령은 국회에서 무기명 투표로 각각 선거하고, 재적의원 3분의 2 이상의 출석과 출석의원 3분의 2 이상의 찬성 투표로 당선을 결정하는데, 3분의 2 이상의 득표자가 없는 때에는 2차 투표를 행하고 2차 투표에도 3분의 2 이상의 득표자가 없는 때에는 최고득표자 2인을 대상으로 결선투표를 통해 다수득표자를 당선자로 한다. 이 헌법 조항에 따라 국회는 1948년 7월 20일 임기 4년의 대통령·부통령 선거를 실시했다. 이승만, 김구, 안재홍, 서재필 총 4명이 입후보한 가운데 대한독립촉성국민회 후보 이승만이 총 투표수 196표 중 180표(91.8%)를 얻어 대한민국 초대 대통령에 당선되었다. 그리고 2차 투표를 거친 부통령 선거에서는 대한독립촉성국민회 후보 이시영이 총 투표수 197표 중 133표(67.51%)의 지지를 받아 부통령에 선출되었다. 그리하여 1948년 7월 24

일 초대 정·부통령 취임식이 거행되었다.

취임식 무대는 중앙청으로 불린, 그 기원에서 식민지 역사성을 지닌 건물이었다. 식민지배의 용도로 건립된 그 건물은 이제 또 다른 정치적 지배와 새로운 국가의지의 기억을 끌어안으면서 대단히 복합적인 의미체로 만들어졌다. 중앙청은 1920년대 후반, 일제가 식민지 경영을 위해 건립한 총독부 청사로 건립되었다. 1910년 8월 조선을 병탄한 일본 제국주의는 그해 10월 1일 조선총독부를 설치했다. 남산의 통감부 청사를 활용해 총독부 업무를 수행하거나 가건물을 세우는 방식을 시도했지만, 공간 문제를 해결할 수 없었고 결국 독립적인 총독부 청사 건립의 필요성이 제기된 것이다. 초대 총독 데라우치는 조선왕조의 정궁 경복궁의 중심인 근정전 앞을 신축부지로 결정했다. 초대 토목과장으로, 타이완 총독부에 근무 중이던 모치지 로쿠사부로를, 청사의 기본설계를 위해서는 독일 건축가 게오르그 데 라란데Georg de Lalande를 임명했다. 일본은 1912년에 청사의 설계를 시작하고 1916년 7월 10일에 기공식을 열었다. 총독부 신청사의 건립은 곧 조선왕조의 정궁이 훼손되고 해체되는 것을 의미했다. 근정전 앞의 문과 행각 그리고 다리 등을 없애지 않고는 그처럼 거대한 건물을 짓기 불가능했기 때문이다. 기공식이 열린지 10년 만인 1926년 1월에 준공식이, 그리고 10월에 낙성식이 열리면서 제국주의 통치의 새로운 중심이 탄생했다.

조선총독부 청사는 크게 두 가지 점에서 강력한 정치적 상징성을 구현하고 있었다. 첫째, 조선왕조의 정통성을 품고 있는 경복궁을 가리는 방식으로, 그것도 군주 통치의 핵심적 자리인 근정전을 압도하는 양상으로 건립된 청사는 왕조의 몰락과 제국주의 권력의 위엄이 극적으로 대비되는 공간 구조였다. 목재로 지어진 왕궁의 초라함과 석재로 건립된 제국 청사의 화려함은 그와 같은 정치적 대조의 또 다른 얼굴이었다. 둘째, 조선총독부 청사는 일본의 전통 건축 양식이 아니라 서양의 근대적 건축 양식 중의 하나인 신르네상스neo-renaissance 양식으로 건립되었다는 사실이다. 조선 식민지 경영의 공간적 중심이 19세기 중반 독일에서 유행한 건축미학에 따라 구축된 것은 '일본형 오리엔탈리즘'으로 명명될 일본 제국주의의 내적 모순성을 반영하는 것으로 해석된다. 그러니까 "서양의 문명적 권위를 빌려 아시아의 식민통치를 정당화하는 매우 기형적인 정치의식"[1]의 건축학적 반영인 것이다.

식민지배를 위한 핵심적 공간인 총독부 청사는 1945년 해방과 더불어 새로운 이름과 새로운 정치적 용도의 건물로 변신한다. 1945년 9월 미국 군사정부가 들어서면서 건물은 재조선미육군사령부군정청 청사로 명칭과 용도가 변경되기에 이르렀다. 그것은 슬픈 아이러니인데, 명백히 하나의 제국주의가 물러난 자리를 또 하나의 제국주의가 대신한 것에 불과하다는 의미로 다가오기 때문이다. 이렇게 보면 중앙청은 그 정치적 상징성에서 어떠한 본질적 변화도 찾기 어려운 것으로 보인다. 오키나와 주둔 미 제24군 군단장 존 하지 중장과 제9대 조선 총독 아베 노부유키 사이의 항복 문서 서명식이 미군이 진주하는 1945년 9월 9일 구 총독부 청사 제1회의실에서 열렸다는 점은 그러한 역사적 불합리를 명확하게 드러내 주는 장면이다. 해방 이후 구 조선총독부 청사는 일제 식민지배의 기억으로부터 벗어나게 되는 대신 냉전시대 새로운 제국주

---

1   하상복, 『광화문과 정치권력』, p.183.

의 권력에 의한 식민통치의 연속이라는 의미의 외양을 입게 된 것인데, 여기서 그 건물 명칭이 —미국의 연방의사당을 뜻하는 캐피톨홀Capitol Hall의 번역인— 중앙청中央廳으로 불리게 되었다는 사실을 생각해 볼 필요가 있다. 1946년 12월에는 남조선 과도입법의원이, 다음 해 6월에는 남조선 과도정부가 그 건물에 자리를 잡게 되고, 1948년 5월 31일에 개원한 제헌의회가 들어서면서 중앙청은 근대 한국의 정치사를 기록하게 될 공적 공간으로서의 원초적 운동을 시작하지만, —연방공화국 미국의 정치적 상징을 담고 있는— 중앙청이란 언어적 외양을 그대로 유지한 채였다는 사실은 역사의 눈으로 볼 때 대단히 착잡하다.

중앙청은 식민지배의 과거, 미군정 통치의 현재성, 그리고 대한민국의 정치적 미래가 중층적으로, 좀 더 정확히 표현한다면 모순적으로 교차하고 있는 상징적 건물이었을 것이다. 대한민국 초대 대통령의 취임식은 그렇게 복잡한 상징의 건물을 배경으로 열렸다. 그렇다면 이승만은 왜 그곳에서 대한민국 초대 대통령권력의 탄생을 알렸을까. 이 질문과 관련해 우리는 몇 가지 가설적 해답을 제시할 수 있다. 먼저 물리적인 차원에서, 대통령 취임식이라는 웅대한 정치적 의례를 거행할 마땅한 공간이 부족했다는 당시의 현실에 따른 불가피한 선택이었을 수 있다. 당시에 중앙청이 의례 장소로 이용 가능한 유일한 무대였을 거라는 기능적 설명은 큰 무리가 없어 보인다. 그러한 관점을 수용한다면 초대 대통령 취임식 무대로서 중앙청의 정치적 의미와 상징성을 파악하려는 의도는 적합하지 않아 보인다. 하지만 다음과 같은 언론 보도에 착안한다면 이야기는 좀 달라진다. 이승만은 미군정 종료 후 중앙청을 인수한 뒤에 그곳을 정부청사로 사용하는 것에 대해 반일감정의 차원에서 신중한 입장을 취했던 것으로 알려져 있었는데,[2] 그것은 곧 이승만이 중앙청의 역사적 의미를 잘 알고 있었다는 말로 해석된다. 좀 더 정직하게 말한다면 그가 '초대' 대통령 취임식이 열리는 무대로서 중앙청의 정치적이고 역사적인 상징성을 의식하지 않았다고 보기는 어려워 보인다.

앞서 살펴본 것처럼, 중앙청이란 명칭은 전적으로 미국의 역사와 정치사를 반영한다. 중앙청의 어원인 캐피톨은 워싱턴 D.C.에 세워진 미국연방의회 건물을 말한다. 건국 시조 중의 한 사람이었던 제퍼슨Thomas Jefferson이 미국연방의 입법부를 콩그레스congress라는 일반적 이름이 아니라 캐피톨이라는 역사적 상징성의 이름으로 부를 것을 제안한 데서 기원한다. 프랑스 건축가 랑팡Pierre Charles L'Enfant이 1800년에 준공하고 이후 추가로 돔을 얹으면서 확대된 연방의회 건물은 그리스와 로마라는 고전·고대의 건축미학을 전범으로 삼아 18세기 중반에 탄생하고 유행한 신고전주의neo-classicism 양식으로 지어진 것이다. 절대주의 미학의 표상 바로크 양식의 반정립으로 태동한 뒤 근대적 국가체제와 이념의 감각적 재현에 동원되어 온 유럽의 신고전주의 미학이 대서양 너머 신생 공화국의 정체성을 시각화하는 데에도 동원된 것이다. 신고전주의 건축 양식은 근대 혁명의 양식이었고 미국연방의사당 또한 그러한 정치적 지향과 떨어질 수 없었기 때문이다. 제퍼슨이 공화국의 의사당을 로마의 주피터 신전이 서 있던 카피톨리노 언덕Capitoline Hill에서 유래하는 캐피톨로 명명하려 한 것은 그러한 역사적·정치적 맥락으로 해

2 "중앙청 영욕 56년, 건립에서 '박물관 계획'까지. (하) 관의 상징서 문화전당으로," 「동아일보」, 1982.03.19.

석할 수 있다.

개인사는 물론이거니와 정치적 이상에서도 미국에 깊은 영향을 받아온 이승만으로서는 해방 이후 3년 동안 미군정의 통치가 전개된 공간이자 미연방의 정치적 중심이라는 의미를 차용하고 있는 중앙청에서 대통령권력의 존재를 최초로 드러내는 취임의례를 거행하는 것이야말로 지극한 영광이 아닐 수 없었을 듯하다. 달리 이야기해 보면, 이승만의 중앙청 취임의례는 연방의사당에서 권력의 시작을 알리는 미국 대통령 취임의례의 역사적 전통을 신생국 한국에서 정치적으로 모방한 것일 수 있다는 말이다. 또 일본 제국주의에 깊은 적대감을 수사적으로 보여 왔던 이승만에게 중앙청은 미군정의 3년간의 통치라는 정치적 시간을 지나면서 일제 식민지 기억의 제압이라는 정치적 승리의 상징물로 나타날 만한 것이었다. 우리가 초대 대통령 취임식이 열린 중앙청을 단순히 기능적 필요가 아니라 그와 같은 정치적 상징성으로 풀어낸다면 1948년의 취임의례는 이상화된 제국주의의 권위를 차용해 자신의 권력과 체제를 정당화하려는 정치적 의지의 반영으로 해석해 낼 수도 있다.

대통령 취임식 직후인 1948년 8월 15일, 중앙청은 또 하나의 중요한 정치의례인 대한민국 정부 수립 선포식의 무대가 되었고, 입법부와 함께 행정부가 들어서면서 대한민국의 정치적 중심으로 탄생한다. 그러한 정치적 용도와 의미 변경의 신속한 과정 속에서 중앙청에 채색된 제국주의적 욕망의 기억들은 탈색되어 갔다. 이제 국민들은 중앙청을 국가기념일의 주요한 장소로 자연스럽게 인식하게 되었고, 제2대 대통령 취임식이 그곳에서 열리게 될 것을 예상하기란 그리 어려운 일도 아니었다.

하지만 한국전쟁 중에 개최되는 2대 대통령 취임식의 무대 중앙청은 한국정치의 중심이라는 기존의 의미를 넘어 대단히 강력한 이데올로기적 상징 공간으로 변모한다. 그 이데올로기적 공간성은 한국전쟁의 비극으로 만들어진 것이다. 전쟁 초기, 서울을 점령한 북한군은 중앙청을 '인민군전선사령부'로 사용하기 시작했고[3] 중앙청에는 인공기가 게양되었다. 그리고 두 달 뒤인 1950년 9월 28일, 한국군과 미군은 인천상륙작전으로 서울을 회복하고 중앙청에 다시 태극기와 성조기를 올린다. 하지만 중앙청의 탈환은 순탄하게 이루어지지 않았다. 관련 증언을 보면, 서울 수복 며칠 전 미군기 수대가 중앙청에 접근해 오르락내리락하며 폭탄을 떨어트리면서 건물 "전체가 한 개의 거대한 불덩어리"[4]로 변했다. 서울 수복이 이루어지고 중앙청을 점령한 한국군이 청사 3층 난간에서 태극기를 게양하는 순간 북한군의 자동화기가 발사되면서 양측 사이에 전투가 벌어졌다. 증언은 아래와 같다.

청사 주위로, 전체적으로 어수선한 혼란 속에서 깃발 쟁탈전이 벌어지면서 도시는 다시금 붉게 물들었다. 나는 이제 막 중앙청사의 울타리 벽을 넘은 해병대의 첫 번째 대원들과 함께 '저격수'의 총격을 피해 몸을 숙이고 들어갔다.[5]

---

3   "인공기 게양," 「경향신문」, 1995.08.16.
4   이문호, "9·28(서울 탈환)의 감격, 불덩어리가 된 중앙청," 『한국논단』, 251권, 2010, p.71.
5   "한국전쟁 60년(2): 인천상륙과 서울수복," 「경향신문」, 2010.04.26. http://news.khan. co.kr/kh_news/khan_art_view.html?artid=201004261751455#csidxb95e85de5cd03e293e3 385f59c08b72.

이렇게 내전 속 이데올로기 대립의 기억으로 채워진 중앙청은 두 번째 대통령 취임식 장소가 된다. 그 점에서 초대 대통령 취임식 무대로서의 중앙청과 두 번째 취임식 장소로서의 중앙청은 물리적으로는 동일한 건물이라도 그 정치적 상징성에서는 결코 같은 건물이 아니었다.

의회의 세력구도가 자신에게 불리하게 형성되는 국면을 만난 이승만은 기존의 국회 간선제로는 재선 가능성이 적다고 판단하여 자유당을 앞세워 선거제도의 변경을 꾀했다. 1952년 7월, 계엄령과 물리적 폭력으로 야당을 억류한 상태에서 이뤄진 자유당 주도의 개헌으로 국민 직선 선거제도를 도입했다. 전쟁 중에 열린 대통령 선거에서 4명의 후보 중 이승만은 74.6%의 지지로 2대 대통령에 선출되었다. 선거 결과가 말해 주고 있듯이 그의 정치적 책략이 적중한 것이다.

이승만은 자신의 두 번째 취임의례를 4년 전과 마찬가지로 중앙청에서 거행했다. 1952년 8월 15일이었다. 2대 대통령 선거의 공식 명칭은 '대통령 취임 및 광복절 기념식'이었다. 여기서 중앙청이 폭격으로 폐허가 된 모습임에도 이승만이 그곳에서 취임의례를 개최한 것과 관련해 상징정치적 해석이 필요하다. 그곳은 반공주의를 가장 극적인 방식으로 재현해 낼 무대이자 애국주의 드라마의 중대한 무대로 기능할 수 있었다.[6] 2대 대통령 연설문이 반공주의와 전쟁에서의 승리를 강조하려 했다는 사실에 비추어 볼 때 중앙청은 그와 같은 메시지의 색깔에 충실히 부응하는 무대가 될 만했다.

---

6 강난형·송인호, "1960년대 광화문 중건과 광화문 앞길의 변화," 2015, http://dx.doi.org/10.7738/JAH, p.10.

이승만은 1954년 11월 반민주적·반의회주의적 의결 절차의 역사적 사례 중의 하나인 '사사오입 개헌'으로 3선 제한 규정을 폐지함으로써 1956년 5월의 대통령 선거에 출마할 수 있었다. 그는 70%의 득표율로 제3대 대통령에 당선되었고 중앙청은 취임식의 무대로 한 번 더 동원되었다. 그 뒤 이승만은 1960년 3월 15일에 열린 대통령 선거에서도 승리했지만, 부정선거에 대한 국민적 저항, 4·19혁명에 굴복해 대통령직을 내려놓게 된다.

1960년 7월의 총선에서 압승함으로써 4·19혁명의 제도적 수혜자가 된 민주당은 대통령중심제에 대한 깊은 반성 위에서 권력구조를 의원내각제로 교체했다. 그해 8월, 의회는 윤보선을 대통령으로 선출했다. 제2공화국 민주당 정권은 권력구조만이 아니라 이승만 정권이 지속해온 대통령 취임식의 영토적 전통에도 균열을 냈다. 윤보선은 중앙청이 아니라 국회의사당(지금의 서울시 의회 건물)에서 취임식을 개최하는 방식으로 새로운 권력의 의미를 표상했다. 당연한 논리이지만, 신임 대통령으로서 중앙청을 취임식의 무대로 사용할 수는 없는 것이었다. 그곳은 이승만의 정치적 독재와 권위주의의 표상 그 자체였기 때문이다. 역사적·정치적 상징성의 차원에서 그에 날카롭게 대비되는 장소, 의사당에서의 취임의례는 제2공화국의 의원내각제 권력구조를 충실히 시각화하는 일이면서 권위주의에 맞서는 민주주의 권력의 존재론적 정당성을 공간적으로 형태화하는 일이었다.

하지만 1961년 5월 16일의 쿠데타로 민주당 정권은 갑작스레 몰락했다. 그리고 중앙청은 정권을 잡은 박정희 군부세력에 의해 대통령 취임식의 무대로 화려하게 복귀했다. 헌정체제로 신속하게 이행해야 한다는 대내외의 요구와 압력에 부딪힌 군부는 새 헌법을 마련해 1962년 12월 17일 국민투표에 부친다. 통과된 제3공화국 헌법에 따라 이듬해 10월에 열린 대통령 선거에서 박정희 후보가 윤보선 후보를 누르고 당선되었다. 제2공화국과는 달리 새로운 공화국의 대통령은 직선제를 통해 선출되었는데, 박정희는, 정국이 안정되는 대로 군부가 정치 무대에서 물러나겠다는 약속을 지키지 않았음에도, 46.6%의 득표율로 당선되었다. 취임식은 중앙청에서 거행되었다. 그렇게 중앙청은 잠깐 동안의 단절기를 지나 대통령 취임식 장소로 부활하는데 이는 1972년 유신체제가 등장하기 이전까지 지속된다.

이 지점에서 우리는 제3공화국 집권세력이 중앙청을 대통령 취임의례의 장소로 선택한 정치적 이유를 물을 수 있다. 이승만의 정치적 기억이 넓고 깊게 각인된 장소라는 점을 생각해 본다면, 오랜 권위주의 통치로 말미암아 국민들에 의해 권좌에서 내려온 권력자를 떠올릴 무대를 선택하기는 쉽지 않다. 특히 이승만에 대한 박정희의 평가가 그렇게 긍정적이지 않았다는 점에 비추어 볼 때 중앙청에 새겨질 박정희의 권력미학을 이승만과 연결 짓기는 무리가 있어 보인다.

군부는 정권을 장악한 뒤 이승만의 기억으로 채워진 장소가 아니라 자신들의 정치적 의지를 표상하는 건물로 중앙청을 재탄생시키는 노력을 기울였다. 1961년 5월 16일, 군사정변 직후 박정희는 중앙청 앞에서 자신의 존재감을 드러냈고 그로부터 4일 뒤인 5월 20일, 장도영과 함께 중앙청 앞에서 군사포고령을 내리면서 쿠데타세력의 정치적 실체를 공개했다. 그처럼 쿠데타의 정당성을 알리는 무대로 활용된 중앙청은 그해 후반부터 군부세력의 정치적 의지를 시각화하는 상징화 과정으로 진입한다. 1961년 9월 6일, 국가재건최고회의는 전쟁의 폐허로 전락해 버린 중앙청을 복구하기로 결정했다. 복구와 철거 사이에서 어떠한 결정도 하지 못한 채로 남아 있던 중앙청을 재건해야 한다는 당시의 판단에는 몇 가지 복합적인 이유가 있었다. 당시 한 언론 보도에 따르면, 국가재건최고회의는 중앙청을 동양 굴지의 근대식 건물로 이해했으며, 침수로 붕괴될 경우 그 경제적 피해가 상당 수준에 이를 것이라고 판단하면서, 그 건물의 수용 능력에 걸맞은 새로운 건물을 짓는 것보다 수리해 사용하는 것이 비용 면에서 경제적이라고 생각했다. 결국 최고회의는 중앙청을 수리해 분산되어 있는 중앙부처를 한 곳으로 집중 수용하기로 결정했다. 결정에 맞추어 13명으로 구성된 '구 중앙청사 복구 기술위원회'가 조직되었고 1961년 9월 27일에 돔 수리를 시작으로 공사에 착수한 지 1년여 만인 1962년 11월 22일, 중앙청의 문을 다시 열었다.[7] 그 무대의 주인공은 국가재건최고회의 의장 박정희였는데,[8] 그 점에서 개청식은 중앙청에 박정희라는 정치적 인격을 새기는 결정적인 계기였다고 말할 수 있다.

전쟁 이후 이승만 정권이 의도적으로 방치해 두었지만 군부정권에 의해 미국의 원조자금을 포함한 재원 조달로 신속하게 재건되고 정상화된 중앙청은 분명 경제적 계산법으로 파악되지 않는 정치적 효과를 생산해 낼 만한 건물이었다. 그것은 이승만 정권의 무능력, 무책임과

---

7   "구 중앙청 청사 복구 사용," 「경향신문」, 1961.09.06; "중앙청 영욕 56년, 건립에서 '박물관 계획'까지. (하) 관의 상징서 문화전당으로," 「동아일보」, 1982.03.19.
8   김정동, 『남아 있는 역사, 사라지는 건축물』, 대원사, 2000.

대비되어 군부정권의 빠른 판단력과 결정력의 가시적 표상체로 등장한다. 공공건축물의 복구와 재건 혹은 신설을 통해 군부정권의 힘과 권위를 감각적으로 드러내는 상징적 동원의 과정은 중앙청에서만 관찰되지 않는다. 현재의 세종문화회관 건물도 그러한 사례의 하나다. 이처럼 박정희 군부정권이 지향한 건축물의 상징적 이용은 그 이후에도 지속적으로 시도되고 실천되었다.

1963년 12월 17일, 박정희는 중앙청 광장에서 제5대 대통령 취임의 례를 열었다. 군부정권의 속도전에 힘입어 공적 의례의 무대로 재탄생한 중앙청은 그 정권의 지도자 박정희를 탁월한 능력을 지닌 존재, 성장과 발전으로 공동체를 견인할 정치가로 채색하는 데 매우 적절한 상징적 장소가 될 법했다.

그런데 여기서 우리는 중앙청에 대한 이승만의 역설적이고 일관되지 못한 태도를 박정희에게서도 만날 수 있다. 박정희는 중앙청을 재건함으로써 군부정권의 비범함을 보여 주었고, 건물의 대중적 이미지를 대통령 취임식으로까지 연장하는 등 그 복잡한 역사적 내력을 지닌 건물을 적극적으로 활용했지만, 중앙청에 새겨진 일본 제국주의의 기억은 부정적으로 평가하면서 1968년 광화문 재건이라는 민족주의 이념의 동원을 통해 그 건물의 외양을 가리려 했던 모순적 정서를 드러내기도 했다. 박정희는 그처럼 민족주의적 치욕의 역사로 채워진 중앙청에서 제6대, 제7대 대통령 취임식을 거행하면서도 민족주의의 강렬한 전파자가 되었다.

2
취임식의 또 하나의 장소, 체육관
—비정치성의 정치성

1972년 10월 17일, 박정희는 "나는 평화 통일이라는 민족의 염원을 구현하기 위하여 우리 민족진영의 대동단결을 촉구하면서, 오늘의 이 역사적 과업을 강력히 뒷받침해 주는 일대 민족 주체 세력의 형성을 촉성하는 대전기를 마련하기 위해 다음과 같은 약 2개월간의 헌법 일부 조항의 효력을 중지시키는 비상조치를 국민 앞에 선포하는 바입니다"[9]라고 말했다. 헌정중단을 알리는 대국민연설이었다. 1972년 12월 17일에 공포된 유신헌법, 즉 제4공화국 헌법은 수사학적 명분상으로는 '평화 통일이라는 민족적 염원을 구현하기 위해' 제정된 것이었지만 그 정치적 본질에서는 박정희가 자신의 대통령권력을 안정적으로 재생산하기 위해 의회권력을 효과적으로 통제하고 시민들의 정치적 저항을 원

---

9 박정희, 『한국 국민에게 고함』, 동서문화사, 2005, p.262.

천적으로 봉쇄하기 위한 법률적 조치였다. 유신헌법은 대통령의 임기 제한을 삭제함으로써 종신권력의 길을 열어 주었으며, 국회의원 정수 1/3에 대한 대통령 추천권 행사로 국회를 장악할 수 있도록 했고, 긴급 조치권을 통해 반정부운동의 전면적 통제를 가능하게 했다. 마지막으 로 유신헌법은 국민직선제를 폐지하고 통일주체국민회의라는 선거인 단에 의한 대통령 선거제도를 도입했다. 1972년 12월 23일에 열린 대통 령 선거에서 단독 입후보한 박정희는 전체 대의원 2,359명이 참석한 가 운데 2,357표(무효 2표)의 절대적 찬성으로 제8대 대통령에 당선되었다.

유신체제는 대통령 취임식을 위해 기존 장소의 관행을 벗어나 체 육관이라는 새로운 공간을 동원했다. 박정희가 자신의 집권이 시작된 1963년부터 1971년까지 지속적으로 이용한 중앙청을 떠나 장충체육관 을 취임 장소로 선택한 직접적인 이유는 그곳에서 통일주체국민회의의 대통령 선거가 열렸다는 사실과 무관하지 않아 보인다.

그런데 생각해 보면 대통령 선거가 개최된 곳이 반드시 취임식의 장 소이어야 할 필연성은 없어 보인다. 전통적인 무대인 중앙청에서 취임 식을 한다고 해도 큰 문제가 생기지는 않을 것이기 때문이다. 한국의 대통령 취임의례는 1960년 4대 대통령 윤보선을 제외하고는 중앙청을 떠나 본 적이 없다는 사실을 고려하면 중앙청에서 체육관으로의 공간 이동에는 그래야만 하는 이유가 있었을 듯하다. 이러한 맥락에서 우리 는 유신체제의 등장과 체육관이라는 새로운 공간의 동원을 정치적으로 해석해 봐야 한다.

중앙청과 체육관은 근본적으로 다르다. 역사적 모순을 간직한 곳이 지만 대통령 취임의례의 장소로서 중앙청은 공공적이고 정치적인 공간이었다. 일제 식민주의 기억이 짙게 깔린 장소였지만 입법부와 행정부가 동거하기도 했고 중앙행정관청으로 기능해 왔다. 하지만 체육관은 정치적 공공성과는 무관한 공간이다. 그러니까 유신체제의 초대 대통령 박정희는 역사적 전통의 흐름 속에서 자연스럽게 정치적 무게를 간직해 온 중앙청이 아니라 정치와 무관한 공간을 선택함으로써 절대권력의 존재를 알린 것이다.

이와 같은 단절에 내재된 정치적 의지를 상상하기 위해서는 다른 나라의 역사적 사례를 살펴볼 필요가 있다. 1804년 12월 프랑스 제1제정의 황제에 등극한 나폴레옹은 대관식 장소의 선택에서 역사적 전통을 수용하지 않았다. 나폴레옹은 프랑스 군주 대관식의 역사가 면면히 흐르고 있는 랭스의 노트르담 성당을 버리고 파리의 노트르담 성당을 택했다. 나폴레옹의 화가 다비드Jacques-Louis David가 그린 『황제의 대관식』이 그 사실을 증언하고 있다. 나폴레옹의 그와 같은 정치적 연출이 내포한 전략적 스탠스는 명백하다. 그는 자신의 권력을 프랑스 군주권력의 연속으로 자리매김 하려 하지 않았다. 그는 군주권력을 초월하는 절대성, 과거의 어느 누구와도 비견될 수 없는 예외성으로서의 황제권력을 열망했고 그 열망은 영토적 전통의 파괴를 통해 구체적인 모습을 드러냈다.

'황제 나폴레옹'의 탄생과 '유신 대통령 박정희'의 탄생 사이에 놓인 상징정치학적 열정은 크게 달라 보이지 않는다. 유신체제 수립의 정당성에 대한 대국민 연설이 말해 주고 있듯이 박정희는 제3공화국과는 근본적으로 다른 새로운 공화국 탄생의 의지를 표명했다. 실제로 유신공화국은 정치적 과거로부터의 근본적인 단절과 불연속으로 탄생했다. 유신헌법의 권력구조와 기본권 인식이 보여 주고 있듯이, 박정희는 제3공화국 헌법에서 법률적 원칙과 절차로나마 유지되어 온 민주주의의 모든 가능성을 인정하지 않았다. 그가 변경한 대통령 선거제도는 국민주권의 민주적 반영이라는 철학적 원칙과는 무관한, 최고 권력의 안정적 장악이라는 정치적 욕망의 산물이었다. 그 점에서 통일주체국민회의 선거인단 선거는 민주적 정당성에 대한 어떠한 관심이나 고민과도 연결될 수 없는데, 유신공화국의 초대 대통령으로서는 새로운 체제와 새로운 권력의 존재를 과거의 정치적 기억이 남아 있는 곳에서 드러낼 수는 없었을 것이다. 그래서 중앙청을 떠나는 일이 필요했고, 새로운 무대로는 자신의 절대권력을 탄생시켜 주고 승인해 준 선거인단 선거가 열린 체육관이야말로 그 정치적 대안이 될 만한 곳이었다. 이는 체육관이 정치적 단절과 새로움을 연출해 주기에 가장 적합한 무대였다는 말이다.

하지만 장충체육관에 대한 우리의 상징정치적 해석은 한 발 더 나아갈 필요가 있다. 당시 그곳은 박정희에게 특별한 의미를 지닌 장소였다는 사실에 주목해 보자. 장충체육관은 세종문화회관의 전신인 시민회관과 더불어 박정희 군정세력이 권력을 장악하고 나서 속도전식 공사를 통해 완공한 기념비적 건축물이다. 그 두 공적 건물은 군부정권의 비범한 능력을 보여 주는 스펙터클이었다.

제1공화국 정권은 대통령 이승만의 업적과 80회 생일을 기념하기 위한 건축적 이벤트를 구상했는데 현재의 세종문화회관 자리에 이승만의 호를 딴 '우남회관'을 건립한다는 계획이었다. 1955년 우남회관 건립위원회가 발족하고 그해 12월 21일에 기공식이 열렸다.[10] 그리고 이듬해

6월 20일 착공됐지만 1960년 4·19혁명으로 그 명칭의 변경(시민회관, 세종회관, 충무회관 등이 후보로 제시되었다)을 포함해 건물의 용도에 대한 비판들이 제기되기 시작했다. 혁명 이후 권력을 장악한 제2공화국 정권이 당시 남산 광장에 건립된 이승만 동상을 철거하기로 결정한 사실[11]에 비추어 보면 우남회관의 건립이 그렇게 매끄럽게 진행되지 못했으리란 것은 상상하기 어렵지 않다. 1960년 6월 말 현재 우남회관은 그해 8월 말경 준공을 예정으로 공사가 진행되었던 것으로 알려졌지만 그로부터 2개월 뒤에는 사정이 달라지게 된다. "우남회관도 금년 내 완성되기 어려운 상황"이라는 당시 언론 보도[12]가 그 점을 잘 보여 주고 있다. 그처럼 지지부진한 채로 머물러 있던 회관 공사의 준공을 이끈 주체가 바로 5·16쿠데타로 권력을 잡은 박정희 군정이었다. 군사정권은 1961년 11월 1일 준공을 목표로 철야공사를 진행하면서까지 속도를 냈다. 그리고 11월 7일, 우남회관이 아니라 시민회관이라는 이름으로 개관식이 거행되었다. 5년 만에 완공된 건물 개관식의 후광은 국가재건최고회의, 특히 당시 의장이었던 박정희에게 투사될 구도였다. 개관식의 주재자는 박정희였고, 그는 연설을 통해 민족문화창조의 의욕을 촉구하면서 시민회관이 민족문화 전당의 역할을 수행할 것을 강조했다.[13]

군사정권에게서 시민회관 건축 공사는 매우 중요한 상징정치 효과

---

10 "파란 많은 우남회관공사," 「동아일보」, 1958.06.19.

11 "권세와 아부로 남산에 세운 이 박사 동상도 하야하기로," 「동아일보」, 1960.07.24.

12 "합동회의장 없어 야단," 「경향신문」, 1960.06.28.

13 "활짝 열린 '문화의 전당', 어제 시민회관 개관식 성대," 「동아일보」, 1961.11.08.

를 산출할 만한 것이었다. 군사정권이 완공하기 이전까지 우남회관은 두 가지 부정적인 정치적 이미지로 남아 있었다. 그것은 권위주의 정권의 개인숭배를 위한 기묘한 건축물이면서 제2공화국 정권의 정책적 무능력의 상징물이었다. 그 점에서 빠른 속도로 회관을 완공하고 공식적으로 시민회관으로 명명하면서 그곳을 민족문화의 전당이라는 공적인 가치로 규정한 것은 박정희 정권이 권력의 개인숭배를 시도하던 전임정권의 전근대성과 거리를 둘 수 있게 하고, 실제적인 정책적 성과를 내지 못한 무능력에 빠진 제2공화국 정권과도 차별적 위치에 설 수 있게 했다.

　시민회관 완공에 이어 군사정권은 육군체육관의 개보수를 진행했다. 그렇게 해서 탄생한 것이 최초의 실내 체육관인 장충체육관이었다. 1955년에 설립된 육군체육관은 노천으로 지어졌기 때문에 선수들의 불편함이 적지 않았다. 1960년에 개보수 공사가 시작되었지만 일시 중단되었고, 1962년 5월, 그러니까 군부세력의 집권이 안정적 국면에 이른 시기에 속행되었다. 공사 9개월 만인 1963년 2월에 준공된 장충체육관은 몇 가지 점에서 중요한 위상을 차지하고 있다. 먼저 한국 최초의 실내 체육관으로서 철골 돔 양식의 원형 경기장으로 탄생했는데, 직경 80미터의 대형 철골 돔은 당시의 건축기술로는 구현되기 매우 어려운 구조로 알려져 있다.[14] 장충체육관은 무엇보다 체육 인프라의 부족을 해결하기 위한 기능적 필요로 만들어진 것이지만 그 건축학적 독창성

---

14 이종민, "우리나라 최초 철골 돔 구조 시설물 장충 체육관의 추억," http://www.posri. re.kr/ko/mobile/view/R13008.

과 모험성은 근대화를 향한 국가적 의지의 공간적 표상으로 독해하는 것이 가능해 보인다. 장충체육관에는 또 다른 정치적·이데올로기적 의지가 투영되고 있었는데, 평양에 체육관이 건립된 이후 청와대의 지시로 장충체육관 건립이 신속하게 진행되었다는 증언은 장충체육관이 반공주의와 국가주의적 경쟁의 산물이었음을 말해 준다. 또한, 개관 이후 열린 최초의 경기가 '박정희 장군 배 동남아시아 여자농구대회'였다는 사실은[15] 권력과 권력자의 미화를 위해 체육관을 동원하고자 했던 군부정권의 정치적 욕망을 숨김없이 드러내 준다.

　장충체육관은 그 물리적 기능에서는 체육시설이었지만 그 내면적 본질에서 정치적인 성격을 떼어 놓는 것이 불가능해 보인다. 그러한 점에서 우리는 장충체육관을 '비정치성의 정치성'이란 말로 설명할 수 있을 것이다. 철골을 주요 재료로, 그것도 당시 기술로는 구현되기 어려운 돔을 세우는 방식으로 군사체육관을 새롭게 건립한 것은 박정희 정권의 궁극적 존재조건인 군사주의와 경제 근대화라는 통치 이데올로기를 표상하는 일이었다. 또한 1년이 채 못 되어 건립된 속도전의 장충체육관은 박정희 정권이 탄생 때부터 주창해 온 북한과의 체제 경쟁에서의 승리를 향한 의지의 구현이었고, 개장 이후 최초의 경기인 농구대회는 극단화된 정치적 열망의 체현이었다. 이러한 배경에서 장충체육관과 유신정권의 탄생 그리고 재탄생을 단일의 의미의 고리로 연결하는 것은 무리가 없어 보인다.

15　김종석, "1955년 지붕 없는 육군체육관이 모태," http://news.donga.com/3/all/20150113/69052068/1.

장충체육관은 1978년 12월의 9대 대통령 취임식에서도 동원되었다. 1978년 5월 18일에는 제2대 통일주체국민회의 대의원 선거가, 7월 6일에는 대통령 선거가 장충체육관에서 열렸다. 단독후보 박정희는 재적 대의원 2,583명 중 2,578명이 출석한 가운데 2,577표(기권 5표)를 얻어 제9대 대통령으로 당선되었고, 역시 장충체육관에서 취임식을 거행했다. 이렇게 유신체제 아래서 대통령권력 탄생의 무대로 기능해 온 장충체육관은 유신체제의 몰락과 함께 정치적 연출의 영역에서 사라져 버린다. 그 마지막 무대는 1979년 12월 21일에 열린 최규하의 대통령 취임식이었다.

비록 장충체육관은 대통령 취임의례의 장소적 범주에서 벗어났지만, 유신체제가 발명한 체육관의 정치적 동원이라는 상징적 기제는 여전히 작동하고 있었다. 1980년 군사쿠데타로 권력을 잡은 전두환과 신군부세력은 유신체제의 '체육관 정치'를 모방했다. 하지만 그들은 장충체육관이 아니라 잠실체육관이라는 새로운 무대에 주목했다.

1979년 10월 26일, 박정희 암살이 가져온 유신체제의 붕괴는 1960년 4·19 이후 한국 사회에 민주주의를 향한 또 한번의 가능성을 부여했지만 '서울의 봄'으로 불린 1980년의 정치적 기회는 새로운 군부세력의 권력욕망에 의해 철저히 소멸되어 버렸다. 전두환 등이 이끄는 정치군부는 군권을 접수한 1979년 12·12쿠데타를 시작으로 1980년 5월 17일의 전국계엄과 5·18광주민주화운동 진압으로 이어지는 일련의 정치군사적 행위를 통해 국가권력을 완전히 장악했다. 1980년 7월, 최규하의 사임으로 대통령 보궐선거가 열렸고 전두환은 단독후보로 출마해 통일주체국민회의의 압도적 지지를 받아 제11대 대통령에 당선되었다.

1980년 9월 1일의 취임식 장소는 잠실체육관이었다. 장충체육관에서 잠실체육관으로 바꾼 외견상의 이유는 취임식 초청 인원이 늘어났기 때문이다. 전임 대통령 취임식에는 3,027명을 초청했던 반면에 11대 대통령 취임식은 8,723명을 초청했고 잠실체육관은 8,000명을 수용하는 장충체육관에 비해 훨씬 더 많은 13,595석의 좌석을 보유하고 있었다.

전두환의 대통령 당선은 그야말로 모호한 정체성 자체라고 할 수 있다. 전임 대통령의 사임에 따른 보궐선거로 탄생한 정권이었고 유신헌법의 규정으로 태동한 정권이었다. 유신대통령 선출의 무대가 아닌 곳을 이용했지만 체육관 동원이라는 점에서는 과거와 달라지지 않았다. 그 점에서 1981년의 제12대 대통령 선출과 취임의례는 그와 같은 모호한 위상으로부터의 벗어나고자 하는 전두환의 의지가 드러난다. 신군부세력은 유신헌법을 폐기하고 새로운 헌법을 제정해 제5공화국을 성립시켰다. 새로운 헌법은 통일주체국민회의가 아닌 새로운 선거인단에 의한 대통령 선거를 규정했다. 4명이 입후보했고 전두환이 선출되었다. 1981년 3월 3일 11시에 열린 취임식의 무대는 역시 잠실체육관이었다.

잠실체육관은 1976년 12월 1일에 착공해 1979년 4월 18일 준공되었다. 그러니까 잠실체육관은 유신체제 후반기에 스포츠 융성을 통한 국가발전의 목표를 달성하기 위하여 기획된 프로젝트였다. 그러나 완공된 뒤 잠실체육관은 장충체육관에 비해 활용도가 크지 않았다. 당시 언론 보도에 따르면 잠실체육관은 동양 최대의 규모와 최신 시설임에도 제대로 이용되지 못하고 있었는데, 도심에서 먼 거리에 있으면서 장충체육관에 비해 사용료가 두 배라는 점이 그 원인으로 지목되었다.[16] 공식명칭이 서울종합운동장 실내 체육관인 잠실체육관의 그와 같은 주변적인 위상은 1980년대 들어 변화하기 시작하는데 그 변화의 주체는 전두환 군사정권이었다. 국가권력을 장악한 신군부집단은 잠실체육관을 스포츠 경기장이라는 본래의 기능을 넘어 자신들의 정치적 목적을 표상하는 이데올로기 공간으로 만들어 나갔다. 먼저 전두환 정권은, 보궐선거로 대통령권력을 장악한 뒤인 1980년 12월 10일, 잠실체육관에서 '80년 새마을 지도자 대회'를 개최했다. 이는 대통령, 국무위원 전원, 그리고 새마을 지도자들이 모인 대규모 정치행사였다.[17] 새마을운동을 국가주도에서 민간주도로 방향전환 해야 한다는 입장이 공표된 곳이었다는 점에서 잠실체육관은 박정희 군부정권과 구별되는, 전두환 군부정권의 정체성이 드러나는 중대한 장소였다.

유신정권의 정치적 모태가 장충체육관이었다면 전두환 정권의 그것은 잠실체육관이었다. 그렇게 보면 전두환 군부세력은 모름지기 정치적 표상화의 전략과 관련해 박정희 정권의 아류라는 경계 안에서 변주를 시도한 존재로 인식될 수 있겠다. 전두환 군부집단의 정체성이 잠실체육관에 본격적으로 각인되는 계기는 1981년 1월 15일에 열린 민주정의당 창당대회에서 마련되었다. 쿠데타 정권은 새로운 헌정체제로 진입하면서 자신들의 헌법적 정당성을 확보할 정당을 창당하고 다가올 대통령 선거를 준비했다. 그 무대가 잠실체육관이었다. 이후 10년간 정치적 헤게모니를 장악하게 될 민주정의당이 그곳에서 공식적인 모습을

16 "잠실체육관 개점 휴업 … 동양 최대 시설," 「경향신문」, 1979.07.26.
17 "80년 새마을지도자대회, 잠실체육관서 유공자 등 표창," 「동아일보」, 1980.12.10.

12대 대통령 취임식 전경(출처: 국가기록원)

드러내었고, 당 총재이자 12대 대통령 선거 후보로 전두환이 지명되고 선출된 곳도 그곳이었다. 전두환은 수락연설을 통해 제5공화국의 정치적 지향을 밝혔다. 그는 "새 정치 속에서 창조되어 새 정치를 영원무궁토록 발전시켜 나가는 시대"로서 제5공화국을 말하고 "장기집권, 부정부패, 선동 정치의 바람직스럽지 못한 지난날의 현실"을 "전근대적인 대결의 정치"로 규정하면서 "정치의 근대화"를 주창했다.[18]

제5공화국의 문을 연 신군부에게 잠실체육관은 스포츠 경기장이 아니었다. 그곳은 1979년 10월 유신체제의 붕괴 이후 정국을 주도하고 패권 장악을 시도해 간 일련의 정치적 과정이 독트린의 형식을 갖추면서 제도적 기틀을 확보한 궁극적 장소였다는 점에서 그들의 권력 매트릭

18 "민정당 전당대회, 전 대통령을 후보·총재로," 「동아일보」, 1981.01.15.

스라고 말해야 한다. 신군부정권은 유신체제의 연속선 위에서 권력을 행사하려 하지 않았다. 군부정권이라는 면에서 유신체제와 본질적으로 동일하지만, 바로 그렇기 때문에 신군부세력은 지난 군부세력과의 정치적 다름을 보여 주어야 할 필요가 있었다. 그 점에서 전두환이 두 번의 대통령 취임식을 모두 잠실체육관에서 개최한 것은 결코 우연이 아닐 것이다. 나아가 1987년 6월, 제13대 대통령 선거 후보를 선출하는 민주정의당 전당대회의 잠실체육관 개최도 그러한 시각으로 독해하는 것이 타당해 보인다.

한국 군부의 억압적 권력은 모두 체육관이라는 공간에서 스스로를 탄생시켰다. 체육관은 군부정권의 능력과 패권을 보여 주는 장소였을지 몰라도 민주주의의 관점에서는 어떠한 정당성도 창출해 내지 못할 자리였다. 체육관은 근본적으로 민주주의와는 어울리지 않는다. 물리적인 차원에서 체육관은 공간 내부와 외부를 강고한 벽으로 분리해 냄으로써 내부 구성원들을 정치적 공격과 비판으로부터 안전하게 보호하는 역할을 수행한다. 그것은 곧 정치적 정체성의 적대적 이분법으로 이어진다. 정치적 우리와 타자를 명확하게 구분해 내면서 공간적으로 '우리'에 속한 존재들에게는 강력한 결속력을 제공하지만 그 바깥에 자리하는 '타자'에게는 절대적 이질감과 소외를 불러일으킨다. 타자는 체육관 안에서 진행되는 정치적 과정에 주변인의 자격을 포함해 어떠한 형식으로도 참여하기 힘들어 보인다. 그 점에서 거대한 요새의 형식으로 서 있는 체육관은 민주주의 절차의 중대한 요소인 개방적인 의사소통과 어울리지 않는다. 체육관은 열린 공간, 광장의 이념적·공간적 안티테제다. 공간적으로도 닫혀 있고 이념적으로도 소통과 민주주의적 화합을 거부하는 곳이라는 말이다. 우리가 민주주의를 닫힌 장소가 아니라 열린 장소에서 상상하는 것은 그와 같은 이유이고 민주주의의 은유가 체육관이 아니라 광장인 것도 그 때문이다.

정치적 개방과 소통을 보장하지 않는 권위주의 정권에게 열린 공간 혹은 광장에서의 정치적 실천을 상상하기는 어려워 보인다. 역사적으로 볼 때 열린 공간은 민주주의적 정치체의 발명품이었다. 고대 그리스 도시 광장에 대한 아래의 묘사가 그 점을 말해 주고 있다.

격자구성의 중심에 아고라가 있었다. 아고라는 그리스 도시국가에서 여러 사회활동들이 영위되던 일종의 광장이었다. 아고라에서는 상거래나 메달주조와 같은 경제 행위, 공예작업과 같은 생산 행위, 참여민주주의를 위한 정치집회, 무기보관과 같은 군사 행위, 제식이나 장례나 매장과 같은 종교집회, 재판이나 형 집행과 같은 법률 행위, 공연이나 토론과 같은 학문 예술 활동, 문서보관과 도서와 같은 학술 활동, 경주나 운동 같은 스포츠 활동 등이 이루어졌다.[19]

위에서 언급하고 있는 아고라agora는 민주주의가 작동하는 열린 공간 혹은 광장의 상징이다. 그곳은 사람들이 아무런 제한 없이 들어오고 나갈 수 있는 장소다. 또 자유로움과 평등함을 바탕으로 집단성이 구현되는 공간이다. 그러한 본질적 특성으로 말미암아 광장은 정치공동체 구성원들의 민주적 회합의 도구로 활용된다. 달리 말하자면, 열린 공간

19 임석재, 『서양건축사 1 ─땅과 인간』, 북하우스, 2003, pp. 166-167.

으로서 광장은 민주적 커뮤니케이션을 위해 매우 중요한 기능을 수행한다.

따라서 우리는 체육관을 버리고 광장이라는 취임의례의 새로운 공간, 즉 열린 무대를 선택함으로써 민주적 커뮤니케이션의 의미 있는 계기를 창출하는 과정으로서 한국의 민주화를 이해할 수 있다.

3
국회의사당,
한국 대통령 취임의례의 영토적 전통 확립

1987년 12월의 대통령 선거에서 승리한 민주정의당의 노태우 후보는 이듬해 2월 25일 국회의사당 앞 광장에서 취임했다. 여의도에 국회의사당이 건립된 이후 국회를 배경으로 한 최초의 대통령 취임식이었는데 그것은 당선자의 정치적 결정이었다.

앞에서 추적했듯이 1948년 초대 대통령 취임식 이후 한국에서 대통령 취임식 장소는 정치적 격변에 정확히 대응하는 방식으로 변모해 왔다. 중앙청에서 의사당으로, 다시 중앙청으로, 그리고 장충체육관에서 잠실체육관으로의 변화를 한국 사회는 목격했다. 1988년의 대통령 취임식은 그런 맥락에서 중대한 의의를 지닌다. 1988년 이후 6차례의 대통령 취임식은 모두 같은 무대에서 열렸고 앞으로 열릴 한국 대통령의 취임식 장소와 관련해 국회의사당이 아닌 다른 장소를 상상하기는 어려워 보인다. 그 사실은 곧 국회의사당이 대통령 취임식의 영토적 전통으로 확립되었음을 의미한다.

제1공화국 이후 대통령 취임식 장소는 수차례 변경되어 왔고 그 점에서 영토적 전통이라고 부를 만한 곳은 없었다. 하지만 노태우가 선택한 국회의사당은 현재까지도 대통령권력 탄생의 공식 무대라는 위상을 잃지 않고 있다. 형식적으로는 신임 대통령에게 장소를 선택할 권한이 부여되어 있지만, 대의민주주의의 상징적 공간이라는 위상은 지속적으로 존중되고 있다. 한국 사회의 핵심적인 가치가 민주주의로 확립되었다는 사실로 그와 같은 전통의 구축을 이해할 수 있다고 보인다.

1988년, 국회의사당 광장의 등장은 광장이 정치적으로 왜곡되어 온 한국 현대정치사에 비추어 대단히 중대한 의미를 지닌다. 그 왜곡의 시작은 박정희 정권이었다. 박정희 정권은 1960년대 근대화 과정과 맞물려 광장의 개념을 만들어 냈다. 하지만 그 광장은 처음부터 대단히 권력적인 성격에 지배되고 있었다. 그것은 '5·16 광장'으로 수도권 인구 분산과 도시 구조 개편을 위한 사업으로 여의도 개발이 이루어지고 그 사업의 일환으로 너비 280m, 길이 1350m, 면적 11만 1천 평의 거대한 광장이 조성되었다.[20] 그 명칭이 말해 주듯이 광장은 철저히 정치적이고 이데올로기적인 공간이 되어 왔다. 군부쿠데타의 정당성을 웅변하기 위한 장소로 조성되었고 이후에는 반공시위와 같은 대규모의 친정부적 정치 동원이 빈번하게 일어난 곳이었다. 그래서 시민들이 자발적으로 결집해 자신들의 정치적 요구를 표출하는 민주주의 공간 또는 자

---

20 안창모, "건축," 한국예술종합학교 한국예술연구소 엮음, 『한국현대예술사대계: 1960년 대』, 시공사, 2005, pp.426-428.

유로운 분위기 속에서 함께 어우러지는 참된 시민적 결속과 통합의 공간은 될 수 없었다. 한마디로 말하면 권위주의 정치체제 속에서 광장은 정권의 독점물이었다. 정권에 의한 광장의 왜곡은 1981년 봄, 전두환 정권이 시도한 '국풍81'에서도 만날 수 있다. 박정희 정권이 만든 여의도 광장은 전두환 정권에 의해 문화 동원의 방식으로 또 다시 왜곡되었다. 권력 탄생 과정에 있어 어떠한 민주적 정당성도 가지지 못한 신군부정권은 당시 청년들을 위한 대규모 문화행사를 통해 문화정부의 이미지를 구축하고 궁극적으로, 결여된 정치적 정당성의 기반을 확보하려 했던 것이다.[21]

여의도 국회의사당은 1975년 6월에 준공되었다. 국회의사당은 본래 여의도가 아니라 남산에 지어질 계획이었다. 한국전쟁 종전 이후 의회는 파괴되어 버린 중앙청을 떠나 서울 태평로의 시민회관에 들어섰는데, 공간의 협소함으로 인해 새로운 국회의사당의 필요성이 강하게 대두되어 왔다. 1958년 11월, 제4대 국회운영위원회에서 의사당 건립문제가 처음으로 본격적으로 논의되었고 남산이 선정되었다. 서울의 중심에 자리하고 있고 광활하며 전망이 좋고 주변 환경이 아름답다는 것이 선정 이유로 알려져 있다.[22] 하지만 우리는 남산에 이승만 대통령 동상이 건립되었다는 사실을 떠올리지 않을 수 없다. 대통령의 80회 생일을 기념하기 위한 우남회관 건립 결정이 우리의 생각에 힘을 실어 준

---

21 "이제는 말할 수 있다. 국풍 81," Youtube 영상.
22 송기형, 『여의도 국회의사당의 건립배경과 건설과정에 관한 연구』, 한양대학교 공학대학원 석사학위논문, 2007, p.13.

다. 이승만의 80회 생일은 1955년이었는데, 그해 10월 3일, 그러니까 개천절에 이승만 동상 건립 기공식이 열렸다. 우남회관 건립과 동상 건립으로 구체화된, 권력을 향한 상징 동원의 열망은 남산에 속도전식으로 국회의사당을 세우려는 의지로도 구현되었다. 1959년 5월 설계공모로 시작된 남산 의사당 프로젝트는 그곳에 거주하고 있던 주민들의 불편 해소와 새로운 주거대책을 포함, 합리적이고 거시적인 청사진을 결여한 상태에서 육군공병대 동원을 통한 밀어붙이기식으로 전개되었다. 그 때문에 주민들의 거센 저항을 받을 수밖에 없었고 공사는 몇 차례나 중단되어야 했다.[23]

갈등 속의 남산 의사당 건립 공사는 5·16 군사쿠데타로 중단되는 운명을 맞는다. 계획은 1966년 2월에 다시 수면 위로 떠오른다. 국회의사당 건립위원회를 구성하고 건립 후보지 선정에 착수했다. 위원회는 먼저 기존 후보지인 남산을 검토했는데, 평가는 부정적이었다. 의사당 공간으로서 너무 협소할 뿐만 아니라 야외음악당이 건립되어 적절한 장소라고 볼 수 없다는 의견이었다.[24] 따라서 새로운 후보지로 사직공원, 종묘, 용산, 말죽거리, 김포 등의 지역이 물망에 올랐는데, 사직공원이 가장 적합한 곳으로 평가되었다. 중앙청과 가까이 있고 넓은 대지를 확보할 수 있다는 점이 고려되었지만, 행정기능이 집중된다는 반론도 있어서 부지 결정이 쉽게 이루어지지 않고 있었다. 그러던 와중에 1967년 12월 27일, 당시 민주공화당의 김종필 의장이 여의도에 국회의사당을

23 박태균, "서민들 애환 맺힌 '정치의 광장'," 『한겨레21』, 2009년 11월 5일(784호).
24 윤장섭, "국회의사당 건립계획에 관하여," 『대한건축학회지』, 14권 37호, 1970, p.16.

짓는다는 발표를 하면서 상황은 새로운 국면으로 접어들었다.[25] 충분히 상상할 수 있는 것처럼, 그와 같은 결정은, 서울시 종합 발전 계획에 포함되어 1967년부터 시작된 여의도 개발 계획의 일환이었다. 여의도를 국회의사당 건립지로 최종확정한 때가 1968년 2월이었는데, 그때는 여의도 개발을 위한 기초 공사인 윤중제 조성 공사를 마무리하면서 본격적인 개발을 앞두고 있던 시기였다. 새로운 의사당은 대지 총 20만 평, 건평 32,300평, 지하 2층, 지상 5층 규모의 건물로 계획되었다. 1969년 7월 17일에 그 기공식이 열렸고 그 후 6년 만인 1975년 8월 15일에 준공식이 거행되었다.

여의도 개발이 한국 경제 근대화의 상징적 프로젝트였던 만큼 그 중심에 선 국회의사당 건립은 분명 박정희 정권의 궁극적 이념인 근대화와 민족중흥의 대표적 표상이 될 만한 것이었다. 그렇게 볼 때 국회의사당은 정권의 주요한 정치의례, 특히 취임의례의 특별한 무대가 될 법했다. 하지만 1970년대의 박정희는 자신의 유신정권을 드러내는 데 의사당을 동원하지 않았고 체육관이 그 자리를 대신했다. 그것은 전두환에게서도 동일한 양상을 보였다. 그와 같은 장소의 양상은 1988년 2월, 국회의사당이 13대 대통령 취임식의 무대로 화려하게 등장하면서 극적인 대비를 연출한다.

박정희 유신정권과 전두환 신군부정권은 그 탄생이 본질적으로 민주주의와 대립적이었고, 민주주의 절차의 핵심이라고 할 수 있는 의회

---

25 "기록으로 만나는 대한민국 70년," http://theme.archives.go.kr/next/koreaOfRecord/parliamentBldg.do (2017.02.02).

주의와 거리가 멀었다. 의회는 대통령이 국회의원 추천권을 통해 자신의 의지대로 개입하고 통제할 수 있는 종속적 기관이거나 대통령의 정치적 의지를 관철하기 위해서라면 마음대로 동원할 수 있는 하부조직에 불과한 제도로 인식되었다. 의회란 민주주의 실천을 위해 가장 궁극적으로 작동해야 하는 제도적 요체라는 인식이 결여된, 좀 더 정확히 말하자면 대통령의 절대권력을 위해 존재하고 봉사하는 하위 제도의 하나라는 전근대적인 정치 인식을 지닌 권력자들이 의사당을 권력탄생의 장소로 이용하는 것은 가능할 법하지 않다. 그런 면에서 노태우 당선자가 과거의 정치적 관행을 버리고 의사당이라는 전혀 새로운 공간을 선택한 것은 대단히 중대한 의미로 다가온다.

물론 한국에서 국회의사당이 대통령 취임식의 공식 무대로 사용된 것은 1960년 8월, 제2공화국 윤보선 대통령 때로, 1988년이 처음은 아니다. 제2공화국 헌법은 양원의 의회제와 의회의 간접선거로 선출되는 대통령 선거를 규정하고 있었다. 신임 대통령의 취임식은 역사성과 정치성에서 모순과 역설을 비껴가기 어려운 중앙청이 아니라 국회의사당에서 양원 합동회의 형식으로 열렸다. 윤보선 대통령의 취임식은 두 가지 역사적 의의를 부여받을 수 있다. 첫째, 제2공화국의 등장이 한국 민주화의 역사를 구성하는 최초의 계기라고 볼 때 그 민주공화국의 상징적 존재가 기존의 관례를 벗어나 새로운 공간인 의사당에서 탄생한 것은 권위주의로부터 민주화로의 정치이행을 시각적으로 보여 주는 연출이었고, 둘째, 대통령권력의 정치적 정당성이 근거하는 궁극적 토대로서 의회민주주의의 가시화였다.

노태우 대통령의 경우도 이러한 역사적 사실에 비추어 해석할 수 있다. 1960년 4월, 혁명으로 탄생한 제2공화국의 권력이 국회의사당이라는 근대 민주주의의 핵심적 장소에서 탄생한 것처럼, 1987년 6월, 민주화로 태동한 제6공화국의 초대 정권은 권위주의와 반민주주의의 상징적 요새인 체육관을 벗어나 국회의사당에서 정치적 정당성을 획득했다. 그러나 우리는 윤보선과 노태우의 권력을 동일한 원리로 이해할 수는 없는데, 윤보선이 국회에서 선출된 경우라면, 노태우는 국민의 직접투표로 선출된 권력이기 때문이다. 국민직선제로 정당성의 토대를 확보했음에도 그가 권력의 탄생과 행사의 출발을 의사당에서 가시화한 것은 새롭게 출범하게 될 이른바 '87체제' 이후 한국 민주주의의 이념적 정향과 정체성을 제시해 주는 정치적 스펙터클로 해석해도 가능할 법하다. 이와 관련해 우리는 제6공화국 헌법의 정치적 새로움을 음미해 볼 필요가 있다.

제1공화국 이래 대통령의 임기규정은 최고 권력자의 정치적 의지와 이해관계에 따라 자의적으로 바뀌어 왔는데, 1972년 유신헌법의 제정으로 가장 강력한 권한을 지닌 대통령권력이 태동하게 된다. 대통령 중임제한 규정 철폐로 말미암아 종신 대통령의 제도적 가능성이 만들어졌고 대통령은 국회해산권, 긴급조치권, 국회의원 1/3 추천권을 행사함으로써 의회권력과의 관계에서 압도적 우위를 점했다. 그에 더해 유신헌법은 행정부 견제와 통제를 위해 제헌헌법 시기부터 의회에 부여되어 왔던 국정감사권을 폐지했다. 한편, 유신체제 붕괴로 인한 정치적 혼란을 이용해 쿠데타로 집권한 신군부세력의 헌법인 제5공화국 헌법은, 유신헌법보다는 상대적으로 완화되었지만 대통령권력의 반민주주의적 성격은 여전히 온존하고 있었다. 예컨대, 대통령 임기를 6년에서 7년으로 늘리는 대신 중임제한 철폐를 없애고 단임제를 규정한 것과 대통령의 의원 추천권을 폐지한 것 등은 유신체제의 반민주성으로부터 일정 정도 벗어난 것으로 평가할 수 있다. 하지만 제5공화국 헌법은 대통령 선거와 관련해 유신체제의 정치적 발명품인 통일주체국민회의와 크게 다르지 않은 선거인단 방식을 규정함으로써 민주적 책임성의 원칙에서 벗어나 있었고, 국회해산권, 제4공화국의 긴급조치권과 유사한 비상조치권을 대통령에게 부여하면서도 행정부 통제를 위해 의회가 행사해야 할 국정감사권은 여전히 제도화하지 않았다.

이러한 헌법적 과거에 비추어 볼 때 제6공화국 헌법의 권력관계는 정치적 민주주의 쪽으로 상당 부분 이동해 왔다고 볼 수 있다. 새로운 헌법은 무엇보다 대통령 직선제로 압축되는 국민적 민주화 요구에 부응해 여야 정당들이 합의 과정을 거쳐 탄생한 것이라는 점에서 ―여러 가지 법제적 한계를 인정하지 않을 수 없지만― 과거의 공화국 헌법들, 특히 제4공화국이나 제5공화국 헌법과 대비해 실제적인 민주적 정당성을 갖춘 헌법이었다. 1987년 민주화의 산물인 제6공화국 헌법의 민주주의 지향은 기본권 조항의 강화와 그것을 헌법적으로 보장하기 위한 헌법재판소 제도 신설 등에서 명확히 그 모습을 볼 수 있지만 대통령권력과 의회권력의 관계규정에서도 뚜렷이 인지할 수 있다. 제6공화국 헌법은 의회에 대해 대통령의 정치적 우위를 보장해 주었던 헌법적 권한, 그러니까 국회해산권과 비상조치권 등을 폐지하는 반면, 유신헌법 이래 15년간 폐지되었던 국정감사권을 부활시켰다.[26] 그처럼 새로운 헌법이

26 양건, 『헌법강의』, 법문사, 2009-2016, pp.81-98.

확립해 준 대통령-행정부 대 의회의 권력구도 변화는 1988년 4월 총선 이후 실시된 국정감사와 그 이후의 정치적 과정들에서 여실히 증명되었다.

국회의사당은 무대의 중앙에 선 권력자를 민주주의 가치의 구현자로 이미지화하는 토대가 될 수 있다. 우리는 무엇보다, 국회의사당을 무대로 열린 취임식은 공간적 개방성을 특징으로 하기 때문에 닫힌 공간인 체육관과는 본질적으로 다르다는 점에서 그 정치적 새로움을 인지한다. 그 개방성은 물리적인 차원뿐 아니라 의미의 차원에서도 관찰할 수 있다. 유신체제로부터 13대 대통령 취임 이전까지 권력 탄생의 무대였던 체육관은 물리적 특성상 초청된 사람 이외에는 어느 누구도 들어갈 수 없다는 점에서 폐쇄적이다. 하지만 국회의사당은 비록 공식적으로 초청되지 않은 국민이라고 하더라도 개방된 공간성에 힘입어 취임의례에 간접적으로 참여할 수 있다. 한편, 의미의 차원에서도 국회의사당은 민주주의 의사소통의 핵심적 장소라는 면에서 개방성을 지향한다. 그것은 국회의사당 건축에 잘 구현되어 있다. 의사당의 건축 상징성에 관한 소개를 보면, 돔은 국민들의 논쟁으로 의사가 결정되는 민주주의의 원리를, 의사당 정면의 8개 열주는 전국을, 전체 24개의 열주는 의견의 다양성을 의미한다.[27]

1988년 2월의 대통령 취임식이 국회의사당에서 열린 것은 과거와의 정치적 단절과 불연속이었지만 2013년 2월의 대통령 취임식까지(더 넓게는 2017년 5월의 취임식까지) 모두 그곳에서 개최되면서 의사당은 한국

---

27 "국회 건축/예술," 국회의사당 홈페이지(www.assembly.go.kr).

대통령 취임식의 영토적 전통으로 자리 잡게 된다. 제6공화국 대통령권력의 원초적 정당성을 연출하는 공간으로 지속돼 왔다고 이야기할 수 있는 것이다. 하지만 우리는 제6공화국 각각의 정권들이 대통령권력의 탄생을 알리는 정치의례를 '변주'의 원리로 수행해왔음을 관찰해야 한다. 그러니까 의사당의 공간은 각각 다르게 연출되어 왔고 다양한 대상물들로 상이하게 상징화되어 왔다는 말이다.

제8장

대통령 취임식의
연출정치

THE BIRTH
OF POWER

1

권위주의 권력의 취임의례
―근대성과 전근대성의 뒤섞임

　권력의 취임식이 공동체의 상징적 소멸과 재탄생을 향한 신성한 의례라고 할 때 그 시공간에 서 있는 권력자야말로 가장 중대한 정치적 존재라 하지 않을 수 없다. 공동체의 생존과 성장을 이끌 신성한 임무를 맡았기 때문이다. 우리는 권력자의 즉위식이 왜 엄격한 의례 절차의 매듭으로 구성되어야 하는지에 대한 인류학자 포티스Meyer Fortes의 설명을 그 점에서 잘 이해할 수 있다. 포티스는 공동체를 책임지는 일을 도덕의 차원으로 이해하고 있고 그렇기 때문에 그 일은 일종의 책무라고 본다. 이렇게 도덕적 책임이라는 무게를 지닌 정치적 의무가 부여되는 과정이라는 면에서 그 취임의례의 형식과 내용은 결코 가벼울 수 없고 모순될 수도 없다. 취임식은 새로운 권력자에게 공동체를 위한 도덕적 책무를 부과하고 그것의 수행을 위한 공적 권위를 부여하여 정당성을 보증해 준다.[1] 모든 권력자는 그 취임의례라는 절차를 거친 후에만 자신의 권력 행위를 시작할 수 있는 것이다.

취임식이라는 통과의례를 지난 정치적 존재는 사적인 인간의 허물을 벗고 공적인 인간의 옷을 입는다. 이제 그의 어깨에는 공동체라는 짐이 걸려 있고, 그 공동체의 운명을 책임질 도덕적 임무가 부여된다. 그리하여 그는 공적 권력체이자 권위체로 거듭난다. 취임식에 구현되는 정치적 통과의례는 새로운 권력자를 그와 같은 존재, 그러니까 공적 의무체, 공적 권위체로 연출하는 데 초점을 맞춘다.[2] 취임의례를 구성하는 공간적 상징의 코드와 시간적 순서의 배열화가 구체적으로 그러한 기능을 수행한다.

이러한 점에서 한국 대통령 취임식을 관찰하면, 취임식 공간 구성과 진행순서에서 의미론적·상징론적 연속, 단절, 변주의 양상을 보인다. 초대 대통령 취임식에서 18대 대통령 취임식까지 공식적인 취임식 순서를 도표로 정리하는 데서 논의를 시작해 보자.

앞서 언급한 것처럼, 초대부터 3대에 이르는 이승만의 취임식 무대

역대 대통령 취임식 진행순서

	대통령	무대	취임식 순서
초대 (1948)	이승만	중앙청	개식, 주악, 애국가 제창, 국기에 대한 경례, 순국선열에 대한 묵념, 개회사, 선서, 대통령 취임사, 부통령 취임사, 꽃다발 증정, 대통령 취임 찬가, 축사, 축전 낭독, 주악, 만세삼창.
2대 (1952)	이승만	중앙청	개식, 주악, 국기에 대한 경례, 애국가 제창, 묵념, 식사, 선서, 취임 및 기념사, 대통령기 증정, 꽃다발 증정, 광복절 노래, 만세삼창.

---

1   웨슬러, 『비단같고 주옥같은 정치』, p.189.
2   Kertzer, *Ritual, Politics & Power*, p.107.

	대통령	무대	취임식 순서
3대 (1956)	이승만	중앙청	개식, 주악, 국기에 대한 경례, 애국가 제창, 묵념, 국회 개회선언, 선서, 국회 폐회선언, 대통령 찬가, 꽃다발 증정, 광복절 노래, 만세삼창, 주악, 폐식.
4대 (1960)	윤보선	국회 의사당	개회선언(국회 양원 합동회의), 국기에 대한 경례, 애국가 제창, 선서, 무궁화대훈장 수여, 대통령 인사, 만세삼창, 폐회(국회 양원 합동회의).
5대 (1963)	박정희	중앙청	개회선언, 국기에 대한 경례, 묵념, 식사, 취임선서, 무궁화대훈장 수여, 취임사, 꽃다발 증정, 축가, 폐식.
6대 (1967)	박정희	중앙청	개식, 국기에 대한 경례, 애국가 제창, 묵념, 식사, 선서, 무궁화대훈장 수여, 취임사, 꽃다발 증정, 대통령 찬가, 폐식.
7대 (1971)	박정희	중앙청	개식, 국기에 대한 경례, 애국가 제창, 묵념, 식사, 선서, 무궁화대훈장 수여, 취임사, 꽃다발 증정, 합창, 폐식.
8대 (1972)	박정희	장충 체육관	개식, 국기에 대한 경례, 애국가 제창, 묵념, 식사, 선서, 무궁화대훈장 수여, 취임사, 꽃다발 증정, 합창, 폐식.
9대 (1978)	박정희	장충 체육관	개식, 국기에 대한 경례, 애국가 제창, 묵념, 식사, 선서, 무궁화대훈장 수여, 취임사, 꽃다발 증정, 합창, 폐식.
10대 (1979)	최규하	장충 체육관	개식(주악), 국기에 대한 경례, 애국가 제창, 묵념, 식사, 선서, 무궁화대훈장 수여, 취임사, 꽃다발 증정, 폐식.
11대 (1980)	전두환	잠실 체육관	개식(주악), 국기에 대한 경례, 애국가 제창, 순국선열 및 전몰호국용사에 대한 묵념, 식사, 선서, 무궁화대훈장 수여, 취임사, 꽃다발 증정, 대통령 찬가, 폐식.
12대 (1981)	전두환	잠실 체육관	개식(주악), 국기에 대한 경례, 애국가 제창, 순국선열 및 전몰호국용사에 대한 묵념, 식사, 선서, 무궁화대훈장 수여, 취임사, 꽃다발 증정, 대통령 찬가, 폐식.
13대 (1988)	노태우	국회 의사당	개식(주악), 개식 선언, 국가에 대한 경례, 애국가 제창, 순국선열 및 전몰호국용사에 대한 묵념, 취임선서, 조국찬가 합창, 축포, 취임사, 희망의 나라로 합창, 폐식.
14대 (1993)	김영삼	국회 의사당	개식(주악), 국민의례, 애국가 제창, 순국선열 및 전몰호국용사에 대한 묵념, 식사, 취임선서, 축포, 취임사, 합창, 폐식.
제15대 (1998)	김대중	국회 의사당	개식(주악), 국기에 대한 경례, 애국가 제창, 순국선열 및 호국영령에 대한 묵념, 식사, 선서, 축포, 축가 I, 취임사, 축가 II, 국민화합 대행진, 폐식.
16대 (2003)	노무현	국회 의사당	개식 선언, 국민의례, 식사, 취임선서, 예포 발사, 취임사, 축하 연주, 이임 대통령 환송, 대통령 행진, 폐식 선언.
17대 (2008)	이명박	국회 의사당	개식, 국민의례, 식사, 취임선서, 국방부 군악대·의장대 행진 및 예포 발사, 취임사, 축하 연주, 이임 대통령 환송, 대통령 행진, 폐식.
18대 (2013)	박근혜	국회 의사당	개식, 국민의례, 식사, 취임선서, 군악대·의장대 행진 및 예포 발사, 취임사, 취임 축하 공연, 이임 대통령 환송, 대통령 행진.

출처: 대통령기록관(필자의 재구성)

는 중앙청이었다. 외견상 동일한 무대를 배경으로 진행되었다고 말할 수 있지만, 실제로 중앙청의 정치적 의미는 매 취임식마다 일정한 변화를 드러내고 있었음을 다시 한번 상기한다. 우리는 취임식의 연출미학에서도 유사한 상황을 관찰할 수 있다.

초대와 3대에 이르는 대통령 취임식은 모두 광복절 기념식을 겸해 열렸다. 2대와 3대 취임식의 경우 8월 15일에 열렸다는 점에서 그와 같은 결합을 잘 볼 수 있으며, 초대 취임식은 7월 25일에 개최되었지만 공식 명칭에 광복절 기념식이 포함되어 있었다. 아마도 그해 8월 15일에는 정부 수립 기념식을 거행해야 했기 때문이었던 것으로 생각된다. 그렇게 보면 이승만은 연속적으로 두 개의 공적 시간, 그러니까 권력의 창출에 관여하는 '정치적 시간'과 기억을 환기하는 '역사적 시간'의 교차점에 자리한 것이다. 그와 같은 연결구도는 이승만의 대통령권력을 민족주의적 가치와 연결하는 인식 프레임을 구축한다. 긴 식민지배에서 벗어난 지 3년밖에 지나지 않은 시간적 국면에서 제국주의로부터의 해방을 의미하는 광복이라는 낱말이 취임식과 결합하는 것은 권력에 정통성과 정당성이라는 강력한 토대를 구축하는 구도다. 독립운동 지도자로서 넓은 대중적 인지도를 지니고 있던 이승만으로서는 자신의 정치적 아우라를 산출하기에 매우 적절한 언어상징과 결합된 취임식을 만난 것이다. 초대 대통령 취임식을 전하고 있는 한 언론은 그를 "평생을 조국광복을 위하여 혈투하여 온 노 혁명투사"[3]로 묘사했다. 취임식의 주요 절차에 포함된 '순국선열에 대한 묵념'과 '만세삼창'은 초대 취

---

3 "명일 대통령·부통령 취임식, 국기 달고 경축하자,"「동아일보」, 1948.07.23.

임식으로부터 3대까지 지속되어 왔는데, 이승만 대통령의 민족주의적 덕성을 부각하는 데 중요한 요소로 기능한다. 순국선열에 대한 묵념에 관해서는 굳이 설명할 필요가 없고 만세삼창은 1919년 3·1운동에서 거국적·거족적으로 불린 민족주의 구호였다는 점을 생각할 필요가 있다. 2대와 3대 취임식에서 불린 광복절 노래도 같은 맥락에 자리한다.[4]

흙 다시 만져 보자 바닷물도 춤을 춘다
기어이 보시려던 어른님 벗님 어찌하리
이날이 사십 년 뜨거운 피 엉긴 자취니
길이길이 지키세 길이길이 지키세

꿈엔들 잊을 건가 지난 일을 잊을 건가
다 같이 복을 심어 잘 가꿔 길러 하늘 닿게
세계의 보람될 거룩한 빛 에서 나리니
힘써 힘써 나가세 힘써 힘써 나가세[5]

권력의 주체로 탄생하기 위해 이승만은 공화국 헌법 제54조 규정에 따라 국회에서 "나는 국헌을 준수하며 국민의 복리를 증진하며 국가를 보위하여 대통령의 직무를 성실히 수행할 것을 국민에게 엄숙히 선서한다"는 내용의 취임선서 절차를 통과해야 했다. 이와 같이 헌법 규정

4　초대 취임식에 포함되지 않은 이유는 그 노래가 1950년에 만들어졌기 때문으로 추정된다.
5　"광복절," 〈위키백과〉.

에 따라 초대로부터 3대 취임식에서는 모두 국회 개회 선포가 필수적으로 요청되었다. 그런데 2대 대통령 취임식이 열린 1952년 8월 당시, 국회는 내전 상태 속에서 경남도청 무덕전에 임시의사당으로 자리를 잡고 있었다. 따라서 취임식 당시 국회는 "중앙청 광장에서 형식적이나마 임시의회를 개최하는 절차를"[6] 진행해야 했다. 대통령 취임식을 위한 헌법적 준비 절차로서 국회 개회를 선포하는 제도적 구도는 이승만 대통령의 정치적 이미지와 관련해 주목할 만한 효과를 산출할 수 있었다. 그는 민족주의 지도자로서의 정통성만이 아니라 근대 민주주의의 핵심적 원리인 의회주의를 존중하는 정치가로서의 이미지도 구축한 것이다.

민족주의와 민주주의라는 이념적 가치로 미화된 이승만의 얼굴은 또 다른 정치적 가치로 화장한다. 취임식 초청리스트와 관련해 초대 취임식의 참가 범위는 각 정당과 사회단체 대표 20명, 각 학교 직원과 학생 대표 20명, 관공서 대표 20명, 각 지방 관공서 대표 20명으로 제한했다.[7] 하지만 2대 취임식과 3대 취임식에는 그러한 제한이 적용되지 않았던 것으로 보인다. 당시의 언론 보도를 통해 그 점을 간접적으로 알 수 있는데, 2대 취임식은 "중앙청 광장에서 수만 군중의 환호를 받으며", 그리고 3대 취임식은 "중앙청 광장으로부터 세종로까지 입추의 여지없이 운집한 군중 앞에서"[8] 진행되었다. 초대로부터 3대까지 전부 같

6 "정·부통령 취임식 성대." 「동아일보」, 1952.08.16.
7 "대통령 취임식, 국기 올리고 경의 표하자," 「경향신문」, 1948.07.23.
8 "정·부통령 취임식 성료," 「경향신문」, 1956.08.16.

은 장소에서 취임식이 거행되었다는 점을 고려하면 참가자를 제한하거나 제한하지 않은 이유를 물리적 차원으로 해석하기는 어려워 보인다. 오히려 대통령 선거 방식이 국회선출제로부터 국민직선제로 바뀐 것에서 그 단초를 찾을 수 있을 것으로 생각한다. 의회가 아니라 국민 대중들의 지지를 받아 대통령에 재선된 이승만으로서는 참가 인원을 엄격히 제한하지 않는 것이 타당해 보이기 때문이다. 이승만은 그렇게 민족주의와 의회민주주의를 수호하고 존중하는 지도자의 이미지를 넘어 전 국민의 전폭적인 지지를 받는 존재를 향해 나아간다. 대통령 찬가와 꽃다발 증정식과 같은 행사는 그와 같은 정치심리적 효과를 배가하는 요인이다.

그 어느 곳에 슬기였던가
원한의 거슬린 피 뛰어 솟는 곳
온 땅에 믿음이 피어나라고
정의의 불가마 밝게 안기인
우리의 대통령 이승만 각하

그 어느 곳에 약속이던가
온 하늘 사람이 높이 솟으라
그리움에 물이 여인 내를 쌓고
평화의 너럭바위 굳이 간직한
우리의 대통령 이승만 각하

그 어느 곳에 결의였던가

삼천리 맑은 물결 길이 이끌어

백두의 정수리 높이 보살피는데

행복의 넓은 바다 인자로운

우리의 대통령 이승만 각하[9]

여중생 혹은 여고생들이 합창으로 부른 이 노래의 앞 또는 뒤에 이어진 꽃다발 증정식에 대한 한 언론의 묘사를 보자.

대통령 찬가가 끝나자 이 대통령 부처와 제4대 부통령 장면 박사 부처는 행정, 입법, 사법 3부와 애국단체연합회로부터 보내오는 꽃다발을 받으며 국민의 경하와 축복을 받았다.[10]

3대 대통령 취임식에서의 장면이다. 이러한 맥락에서 우리는 3대 대통령 취임식 무대 중앙의 문양에 주목할 필요가 있다.

무대 중앙은 태극기와 함께 '봉황 문장'을 새긴 휘장으로 연출되어 있다. 사진이 보여 주고 있듯이 봉황은 무대 안쪽 대통령 연단의 배경으로도 사용되고 있다. 초대와 2대 대통령 취임식에서는 볼 수 없었던 문장이 들어온 것인데, 이것이 대통령 취임식의 오랜 전통으로 남게 될 봉황 문장의 시작이다. 봉황은 근대적 상징물이라기보다는 전근대적 군

9 "대통령찬가," 「경향신문」, 1953.08.15.

10 "정·부통령 취임식 성료," 「경향신문」, 1956.08.16.

제3대 대통령 취임식 및 광복절 기념식(출처: 경향신문사)

주제의 표상이다. 온갖 상서로운 새와 짐승의 특징을 부위별로 결합해 만든 상상의 암수 두 마리의 새 봉황은 동아시아에서 면면히 이어 내려 온 정치적 문장으로 용과 함께 성군과 현인을 의미하는 상징으로 사용 되어 왔다.[11] 그렇기에 봉황은 근대 권력의 표장으로는 자연스러워 보 이지 않는다.

　이러한 점들을 살펴봤을 때, 대통령으로서 이승만의 영웅성은 정치 적으로 근대성과 전근대성이 뒤섞이고 있는 양상이라는 것을 알 수 있 다. '자애로움', '인자함', '정의감', '평화를 향한 의지'를 지닌 '영웅 이승

11　김수진, "한국 봉황 표장의 기원과 정치학," 고연희·김동준·정민 외, 『한국학, 그림을 그 리다』, 태학사, 2013, p.365.

만'은 불운했던 민족적 과거를 희망찬 미래로 이끌어 가는 구세주로 묘사되고 있다. 한마디로 그는 민족을 지도할 전지전능한 절대적 능력의 존재로 그려지고 있는 것이다. '이승만 각하'라는 가사는 그가 근대 민주주의의 주권 원리를 초월한 존재로 찬양되고 있음을 보여 준다. 그와 같은 전근대적 이미지는 행정부, 입법부, 사법부의 꽃다발을 받는 모습에서 한층 더 드라마틱하게 재현되고 있다. 제도적 외형으로서는 근대 민주주의적 정당성의 외피를 간직하고 있으면서도 실제로는 전근대적인 군주권력체로 사고하고 행동하려 한 이승만의 정치적 모순성은 그의 취임사를 분석할 때 한층 더 명확하게 드러난다. 남산에 이승만 동상을 세우게 하고, 야당의 반대를 무릅쓰고 광화문에 우남회관을 짓게 하고, '이승만 대통령 찬가'[12]를 부르게 한 것 등은 대통령 취임식 연출이 만들어낸 문화적 우상화와 신격화가 얼마나 광범위하고 강력한 대중적 토대 위에서 작동하고 있었던가를 보여 준다.

1963년 12월 17일에 열린 제3공화국 초대 대통령 박정희의 취임식 무대는 국회의사당에서 중앙청으로 바뀐다.[13] 외형상으로는 이승만 취임식의 장소로 복귀한 것이지만, 앞서 살펴본 것처럼, 그 공간은 정치

---

12 우리나라 대한나라 독립을 위해 / 어든 평생 한결같이 몸 바처 오신 / 고마우신 리 대통령 우리 대통령 / 그 이름 길이길이 빛나오리다. 오-늘은 리 대통령 탄생하신 날 / 꽃-피고 새 노래하는 좋은 시절 / 우리들의 리 대통령 만수무강을 / 온 겨레가 다 같이 비옵나이다. 우리들은 리 대통령 뜻을 받들어 / 자유평화 올 때까지 / 멸공전선에 몸과 맘을 다 바치어 / 용진할 것을 다시 한번 굳세게 맹세합니다. "우리 대통령—대통령 찬가(1960년)," 「대한늬우스」 제255호.

13 시간적 순서에서 보면, 윤보선 대통령 취임식에 대한 논의와 해석이 이어져야 하지만, 취임식 무대란 장소의 관점에서 노태우 대통령 취임식과의 비교를 위해 뒤에서 다루고자 한다.

적 연속성보다는 불연속의 상징물이었다. 이승만과 달리 박정희에게 서 중앙청은 반공주의와 함께 경제 근대화를 주도한 5·16 군부세력의 능력을 표상하는 대표적 건물이었다. 3년간의 군부통치가 이룩한 물질적 성과에 힘입어 권력을 장악한 박정희는 과거와는 근본적으로 다른 정치적 연출을 기획했다. 정치적 그리고 정책적 자신감으로 충만해 있던, 군부세력의 최고지도자는 권위와 엄격성으로 대통령권력을 시각화 하려 했다. 예컨대 취임식을 위한 공식 조직으로 대통령취임준비위원회를 구성한 것은 과거에는 없었던 절차인데, 그럼으로써 대통령 취임 의례는 제도적 공식성의 무게를 확보할 수 있게 되었다. 취임준비위원 장 이름으로 3,373명의 초청인을 선정하는 공식적 절차를 진행한 것도 같은 맥락에서 읽을 수 있다. 마찬가지로 취임식과 그 이후 진행된 일련의 공식 행사들의 주관 부서를 명확히 한 것, 그러니까 가령, 취임식과 경축 연회는 총무처, 경축예술행사는 공보부, 만찬회는 외무부가 주관하도록 한 것 등도 권위와 엄격성을 보여 주기 위한 제도적 전략으로 해석된다.[14]

하지만 박정희 대통령 취임식의 그와 같은 성격은 거기서 그치지 않는다. 취임식 연단의 뒤는 이승만의 3대 대통령 취임식에서 장식된 봉황 표장으로 채워져 있었다. 윤보선 대통령 취임식에서 사라졌던 전근대적 군주제의 권위를 상징하는 문장이 다시 등장한 것이다. 성군의 의미를 드러내 주는 봉황을 중심으로 초청된 사람들은 세 등급의 엄격

---

14 대통령기록관-박정희 대통령-취임식, http://www.pa.go.kr/online_contents/inauguration/president05.jsp.

박정희 대통령 5대 취임식(출처: 국가기록원)

한 공간적 위계로 구분되어 배치되었다. 당시 언론 보도를 인용하면, "이날 중앙 단상의 오른쪽에는 수많은 외국 경축 사절이, 왼쪽에는 새 각료와 군 장성들 그리고 단 아래는 3부 대표와 국민 대표들이 엄숙한 이 순간을 주목했다."[15] 민주주의의 이념적, 제도적 원리라고 할 수 있는 '3부 대표와 국민 대표'가 '새 각료와 군 장성'보다 낮은 자리를 차지

15 "축전 속에 민정 제3의 출발," 「경향신문」, 1963.12.17.

프록코트를 입은 박정희 대통령(출처: 국가기록원)

하고 있다는 이야기인데, 근대 민주주의에 맞서는 정치적 권위주의와 3년간의 군부통치에 대한 절대적 자신감의 표상이라고 해석할 부분이다. 특히 군 장성이 3부 대표 그리고 국민 대표보다 위에 서 있는 정치적 구도야말로 군부통치에 대한 자기정당화의 극적 연출이라고 말하지 않을 수 없다.

여기서 주목하게 되는 또 하나의 권력미학은 박정희의 의상이다. 신임 대통령은 이승만이 초대 대통령 취임식에서 착용한 한복 또는 일반적인 양복이 아니라 테일코트tail coat를 입고 무대에 섰다. 프록코트frock coat와 함께 근대 서양에서 가장 높은 격식의 의상으로 간주되어 온 테일코트는 국가적 권위와 위엄이 요구되는 자리에 필요한 무대복이었다. 이는 과거 정권과의 근본적인 차이를 드러내려는 기호의 동원으로 해석할 수 있다. 테일코트를 입은 박정희는 무궁화대훈장을 수여받았고 미스코리아 출신의 여성으로부터 꽃다발을 받았다. 이승만 취임식의 전통으로 확립되었다가 1960년 민주화 이후 사라졌던 꽃다발 증정식도 마찬가지로 부활한 것이다.

박정희의 재선을 알리는 1967년 7월 1일의 6대 취임식은 중앙청에서 열렸다는 점에서 5대와 동일한 양상을 띠는 것 같지만 세 가지 변화된 측면들을 고려하면 4년 전과 단절된 모습을 보인다. 첫째, 이승만 취임식의 발명품이었던 대통령 찬가가 부활했다.

어질고 성실한 우리 겨레의
찬란한 아침과 편안한 밤의
자유와 평화의 복지 낙원을 이루려는 높은 뜻을 펴게 하소서
아아아, 대한- 대한 우리 대통령
길이길이 빛나리라

가난과 시련의 멍에를 벗고
풍성한 결실과 힘찬 건설의
민주와 부강의 푸른 터전을 이루려는 그 정성을 축복하소서
아아아, 대한- 대한 우리 대통령
길이 빛나리라 길이길이 빛나리라

이승만 찬가에서처럼 박정희는 주권자의 정치적 대리인이라는 민주주의적 얼굴이 아니라 역사적 공동체를 유토피아로 이끌고 가는 절대권력자의 얼굴로 찬미되고 있다. 우리는 이 찬가가 1981년 전두환 대통

령 취임식에서까지 불리는 비극적 아이러니를 만나게 된다.

둘째, 6대 취임식에서 대통령을 상징하는 봉황 문장이 공식적 위상으로 등장했다는 점이다. 앞서 살펴본 것처럼, 중앙청에 마련된 취임식 무대를 장식하고 있는 봉황은 이미 3대와 5대 취임식에서 발견할 수 있지만 6대 취임식에 등장한 봉황은 기존의 것들과는 본질적으로 다른 위상을 지닌다. 6대 대통령 취임식의 봉황 문장은 그해 1월 31일에 대통령 공고 제7호로 제정된 '대통령표장에 관한 건'에 근거를 두고 있기 때문이다(부록 참조).

마지막으로, 앞의 두 특성과 의미론적으로 연결되어 있다고 해석할 수 있는 부분인데, 4년 전과는 달리 취임식의 공식 명칭이 대통령 취임이 아니라 대통령 각하 취임으로 표기되었다. 초대로부터 5대 취임식에 이르기까지 취임식 무대에 대통령 각하라는 명칭이 포함된 적은 없었다는 점에서 그것은 명백히 정치적으로 새로운 현상이었다. 하지만 그 새로움이란 근대적 정치공동체의 권력 취임식이라는 사실에 비추어 볼 때 대단히 부정적이다. '각하閣下'는 전근대적 정치사회의 특수한 단어로, 상대방에 대한 존중 어법에서 유래하는 것이기 때문이다. 황제 또는 왕을 높여 부르는 폐하와 전하가, 권력자가 자리하는 공간 아래에 위치하는 신하의 눈높이를 반영하는 용어인 것처럼, 각하는 정승으로 불리는 중앙관료의 집무 공간 아래에 위치하는 자들이 정승에 대한 존경을 표하는 정치어법이었다. 그 점에서 각하는 전근대적 의미는 물론이거니와 정치적 위계와 권위주의가 응축되어 있는 용어다. 해방 이후 한국에서 각하는 대통령을 포함해 고위 공직자들을 가리키는 정치언어였지만 박정희 정권이 들어서면서 대통령에게만 적용되는 배타적 존칭어로 축소되었다.[16] 각하는 김영삼 문민정부가 공식적으로 사용을 금지하면서 정치언어의 무대에서 사라지기 전까지 오랜 기간 최고 권력자에 대한 극존칭어로 사용되어 왔다.

이러한 분석지점들로부터 우리는 6대 대통령 취임식의 무대 연출이 4년 전과는 근본적으로 달라지면서 정치적 근대성보다는 전통성의 원리를 기초로 권력자의 신성화를 재현하는 방향으로 전개되고 있었다고 말할 수 있다.

그러한 정치적 지향은 1971년 7월 1일에 열린 7대 취임식에서도 큰 차이 없이 반복되었다. 그로부터 1년 뒤에 개최된 8대 대통령과 1978년의 9대 취임식은 취임식 무대 연출과 절차에서는 과거와 크게 다르지 않다. 취임식의 공식 명칭이 대통령 각하 취임이었고, 대통령은 테일코트를 입고 등장했으며, 꽃다발 증정과 대통령 찬가 또한 동일하게 재현되었다. 여전히 각하로 호명된 신임 대통령은 정치적 권위주의의 인격을 벗어나지 못했고, 그의 의상 또한 정치적 예외성을 표출해 주고 있었다. 대학 합창단은 권력자의 존엄과 영웅성을 찬미하는 노래를 장엄하게 불렀다. 하지만 그 모든 연출과 절차는 중앙청이라는 열린 정치적 공간이 아니라, 체육관이라는 철저하게 닫힌 탈정치적 공간에서 이루어졌다는 점에서 근본적인 변화와 불연속을 느낄 수 있다. 그곳은 공식적으로 초청된 사람들이 아니라면 어느 누구도 취임식에 간접적으로 참여하거나 관람할 수 없는 구조였다. 또 당시 공식 초청된 사람들의

---

16 김종민, "각하 호칭 논란, 어원을 살펴보니," http://daily.hankooki.com/lpage/politics/201412/dh20141208225553137450.htm.

수가 3,244명으로 알려져 있는데, 통일주체국민회의라는 대통령 선거 인단 수가 2,357명이었다는 점과 박정희가 100% 투표율에 100%에 가까운 득표율로 당선되었다는 점을 고려하면 취임식은 사실상 절대적인 지지에 기반을 두는 정치적 균질성의 의례였다고 말해야 한다. 이러한 정치적 양상은 체육관이라는 폐쇄적 공간 구조와 정확하게 의미의 조응을 만들어 내는 것으로 해석된다.

1979년 10월 26일의 박정희 암살로 유신체제는 실질적인 종말을 고하게 되지만 유신헌법은 여전히 작동하고 있었고, 그 위에서 두 번이나 더 대통령 취임식이 열렸다. 하나는 1979년 12월 21일의 제10대 최규하 대통령 취임식이고, 다른 하나는 1980년 9월 1일의 제11대 전두환 대통령 취임식이다. 최규하의 경우는 무대 연출과 절차가 8대와 9대 취임식과 거의 동일했다는 점에서 유신체제의 정치적 연장으로 이해할 수 있다. 이러한 맥락에서 우리는 취임식을 마친 신임 대통령이 퇴장할 때 '나의 조국'이 울려 퍼졌다는 점에 주목한다. 이 노래는 유신체제가 한창일 때인 1975년에 박정희가 직접 쓰고 곡을 붙인 것이다.

> 백두산의 푸른 정기 이 땅을 수호하고
> 한라산에 높은 기상 이 겨레 지켜왔네
> 무궁화꽃 피고 져도 유구한 우리 역사
> 굳세게도 살아 왔네 슬기로운 우리 겨레
>
> 영롱한 아침 해가 동해에 떠오르면
> 우람할손 금수강산 여기는 나의 조국

조상들의 피땀 어린 빛나는 문화유산
우리 모두 정성 다해 길이길이 보전하세

남북통일 이룩한 화랑의 옛 정신을
오늘에 이어받아 새마을 정신으로
영광된 새 조국에 새 역사 창조하여
영원토록 후손에게 유산으로 물려주세

박정희의 국가주의 이념이 체현된 노래가 취임식의 대미를 장식했다는 사실 속에서 우리는 10대 대통령 취임식이 여전히 유신체제의 기억을 벗어나지 못하는 정치적 왜곡 상태였음을, 그 점에서 신임 대통령의 정권은, 그 '전근대적 인격'이 사라졌음에도, 유신정권의 정치미학을 고스란히 답습하는 방식으로 자신의 탄생을 알리는 정치학적 병리를 드러내고 있었음을 발견한다. 대통령 취임식 연출에서 가시화된 그 같은 이념적 퇴행성은 대통령권력을 자기의 주체적 능력으로 확보하기보다는 여러 상황의 전개에 의해 수동적으로, 그것도 잠시 동안만, 부여받았다고 볼 수 있는 최규하의 정치적 한계를 말해 주고 있다.

최규하에 의해 마지막으로 유지되고 있던 유신체제는 그의 조기 퇴임(1980년 8월 16일)으로 종말 단계에 다다른다. 1979년 겨울부터 군권을 시작으로 정치적 헤게모니를 장악하고 있던 신군부세력은 국가권력 접수를 향한 제도적 단계들을 빠른 속도로 밟아 나갔는데 최규하가 퇴임한 지 보름 만인 9월 1일에 열린 전두환의 11대 대통령 취임식은 국가권력 장악의 최종적 국면 중 하나였다. 그리고 새로운 공화국 헌법 위에서 이듬해 3월에 개최된 12대 대통령 취임식은 또 하나의 마무리 국면이었다. 그 점에서 우리는 두 취임식을 동일한 정치적 맥락으로 읽어 낼 수 있다. 1961년에 이어 두 번째로 발발한 군사쿠데타는 몇 가지 점에서 전두환을 위시한 신군부에게 상당한 정치적 어려움을 가져다주었다. 폭압적 군부독재로부터 해방되고 나서 민주사회라는 오랜 꿈을 실현할 수 있다고 믿은 한국 사회의 파국적 절망과 그에 따른 분노가 하나였고, 무력으로 국가권력을 장악하면서 초래한 대규모의 민간인 학살이 또 하나의 어려움이었다.

두 번의 취임식에서 보인 연출전략은 그러한 문제에 대한 정치적 대응으로 읽힌다. 신군부는 대통령 취임식에서 '정치적 새로움'을 보여 주려 했다. 그렇기에 전두환은 새로운 시대를 여는 정치인으로 거듭나야만 했다. 11대 취임식은 전임자의 조기 퇴임으로 인해 불가피하게 구헌법 아래에서 이루어져야 했지만 그렇기 때문에 과거와의 단절과 새로움의 가치를 더욱더 극적으로 제시해야 했다. 두 번의 취임식 무대가 장충체육관이 아니라 잠실체육관이었던 것은 그러한 맥락에서 중요한 변화로 읽힌다. 취임식의 무대는 정치적 의미화와 상징화에서 가장 중요한 요인이라는 점을 되새겨 볼 수 있다. 같은 맥락에서 11대 취임식의 단상 배치도로 눈을 돌려 보면, 연단 중앙에는 신임 대통령 부부의 자리가 놓여 있고 그 뒤로는 전임 대통령 부부의 자리가 있다. 전임 대통령 옆에는 취임준비위원장의 자리가 배치되어 있다. 그 뒤로는 왼편에서 오른편으로 통일주체국민회의 운영위원장, 국회의장, 대법원장, 외교단장의 자리가, 그 뒤편으로는 역시 왼편에서 오른편으로 의전수석비서관, 총무처장관, 비서실장, 경호실장의 자리가 놓여 있다.[17] 비교의 관점에서 9대와 10대 취임식의 단상 배치도(부록 참조)를 보면, 9대의 경우 단상의 중앙에는 신임 대통령 부부의 좌석이, 그 뒤편에는 왼쪽에서 오른쪽으로 의전수석비서관, 총무처장관, 경호실장, 비서실장의 순으로 배치되어 있다. 그리고 단상의 외곽 왼쪽에는 대법원장과 국회의장이, 오른쪽에는 국무총리와 통일주체국민회의 운영위원장이 배치되어 있다. 10대 취임식 연단의 중앙에는 신임 대통령 부처의 좌석이, 그 뒤편에는 의전수석비서관, 총무처장관, 비서실장, 경호실장이 앉는다. 그리고 연단 외곽의 왼쪽에는 대법원장, 국회의장, 오른쪽에는 국무총리, 통일주체국민회의 운영위원장, 주한 외교단장의 좌석이 배치되어 있다.[18]

여기서 우리는 특별히 전임 대통령이 신임 대통령의 뒷자리에 앉는 배치에 초점을 맞춰야 한다. 그 이전까지 대통령 취임식에서 전임 대통령의 좌석이 놓인 적은 없었기 때문이다. 그것은 곧 평화적으로 정권교체가 이루어진 역사가 없었거나 한 사람이 권력을 장기간 장악해 왔음을 의미한다. 그 점에서 11대 대통령 취임식의 단상 배치에서 전임 대통령과 신임 대통령의 자리가 공존하고 있다는 사실은 평화적 정권교체의 가능성을 보여 주는 정치적 이미지 전략으로 독해할 수 있다. 그와 같은 단상배치가 드러내 주는 평화적 정권교체는 권력의 정당화를 위해 전두환 정권이 지속적으로 동원한 정치언어였다. 그것은 쿠데타와 자의적인 헌법 개정을 통한 장기집권의 비극으로 얼룩진 한국정치사가

17 『정부의전편람』, 1990, p. 236.
18 『정부의전편람』, 1990, pp. 234-235.

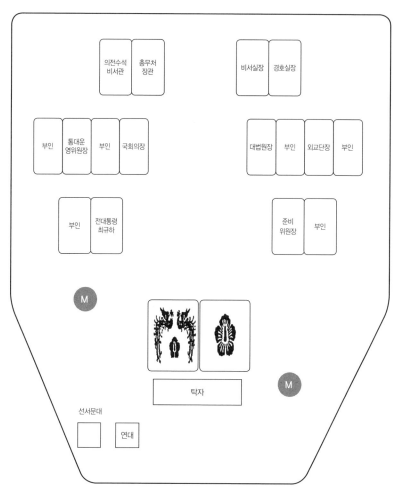

자료출처: 정부의전편람(1990)

만들어 낸, 민주주의 실현의 키워드가 될 언어였다. 취임식장의 배치는 민주주의 구현자로 비춰져야 한다는, 전두환의 정치적 열망을 반영하고 있었다고 해석 가능하다.

두 번의 취임식에서 눈에 띄는 부분은 초청 인원의 규모다. 11대 취임식에서는 8,723명을 그리고 12대에서는 9천 명을 초청했다. 장충체육관에서 열린 세 번의 대통령 취임식이 대체로 3천여 명을 초청한 것과 비교하면 상당한 수준으로 확대된 규모다. 그와 같은 규모에 더해 전두환의 취임식은 초청 인원의 다양성과 사회적 대표성을 고려하고 있었다. 12대 취임식을 보자.

옆의 배치도가 말해 주고 있듯이 취임식장은 단상을 기준으로 좌우로 초청인이 배치되어 있는데, 그 범주가 매우 다양했다. 국무위원, 대장급 장성, 전직 요인, 국정자문입법회의 의장, 대장급 장군, 대법원 판사, 정당 대표, 차관, 중장과 소장급 장군, 재향군인회, 독립유공자, 제헌의회 의원, 외국 대사, 외교사절단 등이다. 특징적인 것은 사회 각 분야의 대표들과 각 지역 대표들이 포함되어 있다는 점이다. 그 분야는 언론계, 노인회, 과학기술계, 경제계, 금융계, 교육계, 체육계, 종교계, 법조계, 문화예술계 등이며, 서울을 필두로 전 지역 대표들이 포함되었다. 참석인의 양적 규모는 물론이거니와 직능별, 지역별로 거의 전 분야를 망라한 대표들을 초청 인사에 포함한 것인데, 그럼으로써 신임 권력자가 적어도 공간 구성의 표층적 의미에서, 유혈쿠데타와 좌절된 민주화라는 사회적 외상에 맞서 정당성의 외피를 두를 수 있도록 했다.

하지만 신군부의 대통령 취임식은 몇 가지 점에서 정치학적 모순과 병리를 벗어나지 못했다. 먼저 취임식은 유신의 정치적 기억을 지워 내

12대 취임식 배치도

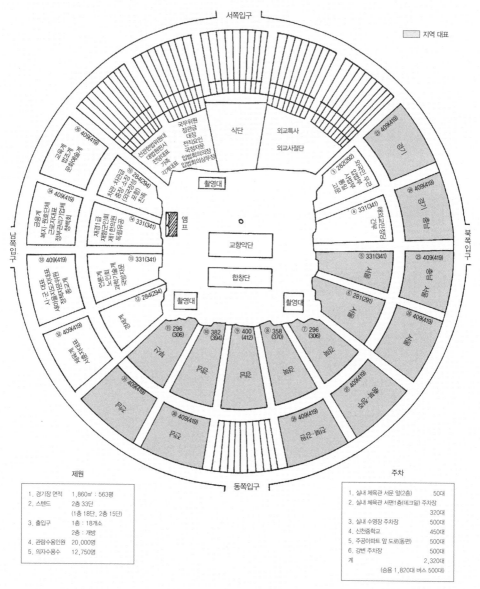

서쪽입구

지역 대표

식단

외교특사

외교사절단

국무위원
장관급
대장
전직요인
국정자문
전직대표
가족
각부대표

선관위법관원대
대법원판사
전임원사

경기

36 409(419)

34 409(419)

교육계
법조계(예술)

33 409(419)

금융계
복지·영농단체
근로자대표
정부관리기업체
청백회

14 284(294)

재정·금융
중소기업대표
전업인 밑
중앙회

14 331(341)

재경1금
재향군인회
재민민의
독립유공

13 331(341)

촬영대

앰프

교향악단

합창단

37 409(419)

37 284(294)

촬영대

3 282(292)

4 331(341)

해외진출영웅
근무

5 331(341)

6 281(291)

경기

35 409(419)

경기 충북

25 409(419)

충남 서울

26 409(419)

서울

남쪽입구

북쪽입구

시·군 대표
새마을지도자연합
회연합
종교계

어르신
군경기족계
국방사주
전병자자

촬영대

32 409(419)

전국기능대표

11 296
(306)

운수

10 382
(394)

운수

9 400
(412)

운수

8 358
(370)

농수

7 296
(306)

농수

31 409(419)

운수

30 409(419)

운수

39 409(419)

27 409(419)

농수·상공

28 409(419)

농수·상공

동쪽입구

제원

1. 경기장 면적 1,860㎡ : 563평
2. 스텐드 2층 33단
   (1층 18단, 2층 15단)
3. 출입구 1층 : 18개소
   2층 : 개방
4. 관람수용인원 20,000명
5. 의자수용수 12,750명

주차

1. 실내 체육관 서문 앞(2층) 50대
2. 실내 체육관 서편1층(데크밑) 주차장 320대
3. 실내 수영장 주차장 500대
4. 신천중학교 450대
5. 주공아파트 앞 도로(동편) 500대
6. 강변 주차장 500대
   계 2,320대
   (승용 1,820대 버스 500대)

자료출처: 정부의전편람(1990)

지 못했다. 대표적인 것이 유신체제의 정치적 모태인 체육관이 취임의
례의 무대였다는 것인데, 초청 인원이 크게 늘어났고 사회적 다양성과
대표성을 물리적이고 감각적으로 드러냈지만 사실상 유신의 권위주의
정치미학을 크게 벗어나지는 못했다. 이는 무대의 배치에서도 어김없
이 드러난다. 체육관 중앙에 거대한 단이 세워졌고 그 위에 대통령 부
부의 탁자와 의자가 놓였으며 그 주변으로 저명인사의 좌석이 배치되
었다. 또 체육관의 객석은 사회적 대표들의 자리로 질서정연하게 구성
되어 있었다. 이런 면에서 우리는 새로운 정권의 탄생 절차가 유신과
한 치의 오차도 없이 진행되었다고 해석할 수 있다. 박정희 정권을 찬
양하기 위해 만들어지고 불린 대통령 찬가가 울려퍼지는 가운데 전두
환은 취임식장으로 들어왔고, 대통령 찬가를 노래하면서 신임 대통령
을 축하하는 의례가 진행되었다. 이 역시 유신의 기억이다. 12대 취임
식에서 전두환이 테일코트를 입고 등장한 것도 박정희 권력미학의 모
방이 아닐 수 없어 보인다. 이러한 점에 비추어볼 때 제5공화국은 정치
적 새로움에 대한 열망을 드러내려 하면서도 정치적 과거로부터 온전
히 벗어나지 못하는 자기모순과 분열의 한계를 시각적으로 드러내고
있었다.

2

탈권위주의 민주화와 취임의례
―민족주의와 민주주의 연출의 연속성과 변주

　국회의사당이 한국 대통령 취임식의 영토적 전통으로 확립되는 역사의 기원은 1960년 4·19혁명의 정치적 수혜를 입은 민주당 정권의 윤보선 대통령 취임식에 있었음을 우리는 이미 살펴보았다. 그렇게 볼 때 취임식 장소의 변화는 중대한 정치적 변동과 매우 밀접한 관련을 맺는다고 할 수 있다. 1988년 노태우 대통령이 국회의사당에서 취임식을 거행한 것 또한 민주화라는 국면에 연결되어 있었다는 점에서 1960년과 1988년의 두 사례는 ―적어도 취임 공간의 측면에서라면― 정치적 데칼코마니에 비유될 수 있다. 하지만 그 둘은 취임의례 연출의 문법에서 상당 부분 차이를 드러냈다.

　제4대 윤보선 대통령 취임식은 국회의사당 바깥이 아니라 안에서 진행되었다. 의회제를 권력구조로 하는 제2공화국의 문을 여는 정치적 장소로서 국회의사당은 마땅히 의회민주주의의 이름과 가치로 신성화

대통령 취임식에서 윤보선 대통령이 훈장을 수여받는 장면(출처: 국가기록원)

를 부여받은 곳이었다. 그런데, 그 실제적 권력 면에서 의회제의 대통령은 대통령중심제와는 근본적으로 다르다. 의회제의 대통령은 행정수반이 아니라 국가원수로서의 자격만을 부여받는다. 그 점에서 취임행사가 열리는 국회의사당 내부가 대통령의 정치적 존재성을 강조하는 방향으로의 공간 구성과 시각효과로 연출되지 않은 것은 충분히 이해할 만하다. 4대 취임식에는 무대 중앙의 태극기를 제외하면 취임식 관련 현수막 등 특별한 장식이 전혀 없었다. 그리고 대통령이 서게 될 무대 또한 의장석 아래에 놓여 있었다. 명칭이 대통령 취임식이 아니라 민·참의원 합동회의에서 열린 대통령 취임선서식으로 불린 것은 행사장의 그러한 공간적·시각적 양상과 무관해 보이지 않는다. 나아가 "국무위원이나 외교사절 등의 초청 없이"[19] 개최되었기 때문에 행사장은 대통령의 정치적 권위도 만들어 내지 못한 것으로 보인다. 당시에는 대통령 찬가, 꽃다발 증정 등, 기왕의 주요한 절차들을 생략했고, 대통령 취임사 또한 '대통령 인사'로 그 의미가 축소되었다.

이렇게 행사 장소, 행사장의 공간 구성, 취임식 절차 등에서 윤보선의 취임식은 과거와는 사뭇 달라 보이는데, 그것은 본질적으로 민주화라는 정치적 변화와 그에 따른 새로운 권력구조의 형성을 반영한다.

하지만 우리는 윤보선의 취임식에서 매우 흥미로운, 어떻게 보면 역설적인 절차를 만나는데, 훈장 수여식이 그때 최초로 도입되었다는 점이다. 그것은 대단히 아이러니하다. 두 가지 의미에서 그렇다. 첫째, 윤보선이 수여받은 '무궁화대훈장'은 1949년 8월 13일 대통령령 164호로 공포된 '무궁화대훈장령'에 근거하는 것으로서 대통령에게 수여되는 국가 최고 훈장이었다.[20] 그러니까 이승만 대통령의 정치적 발명품이었다는 말이다. 둘째, 그 최초 수여자는 윤보선이 아니라 이승만이었다는 사실이다. 이승만은 1949년 8월 15일 중앙청에서 거행된 건국공로자 표창식에서 무궁화대훈장을 수여받았다. 무궁화대훈장 수여식이 초대 대통령 취임식에 포함되지 않았던 것은 그러한 연유로 보인다.

윤보선의 취임식에서 시작한 훈장 수여식은 1980년 전두환의 취임식에 이르기까지 20년간 공식적 식순에 포함되어왔다. 그렇게 보면, 윤보선의 취임식이 무궁화대훈장 수여의 역사적 기원이라고 말해야 한다. 그와 같은 공식 절차에서 일정 정도 변화가 온 때는 1988년 노태우 대통령 취임식에서다. 당시 언론은 "노 대통령은 전직 대통령들이 착용했던 무궁화대훈장도 착용치 않았으며"[21]라고 보도하고 있다. 신임 대

19 "경제안정제일주의를 지향," 「동아일보」, 1960.08.14.
20 "무궁화대훈장령, 대통령령으로 공포," 「동아일보」, 1949.08.14.

통령은 전임 정부로부터 무궁화대훈장을 수여받았지만 취임식장에서 패용하지는 않았다는 의미다. 여기서 우리는 일종의 패러독스를 관찰한다. 1960년 민주화로 탄생한 정치적 주체가 대통령 취임식에서 권위주의 권력체가 만들어 낸 훈장제도를 정치적 전통으로 탄생시켰다면, 1988년 민주화로 태어난 또 하나의 정치적 주체는 그 전통을 없애려 했다는 말이다.

국회의사당에서의 대통령 취임식 역사는 박정희와 전두환 군부의 폭압적 집권기를 지나 한국 민주화의 중대한 계기인 1987년을 통과하면서 다시 그 문을 열었다. 민주화로 탄생한 신임 대통령 노태우의 취임식은 한국 대통령 취임의례의 역사에서 또 하나의 중대한 전환점으로 기록될 만하다. 가장 중요한 지점은, 앞서 살펴보았듯이, 1988년 13대 대통령 취임식이 이후 한국 대통령 취임식의 장소적·시간적 전통이 되었다는 데 있다.

노태우는 여러 후보 장소들 중에서 국회의사당을 선택했다. 그가 27년 전, 민주화로 탄생한 윤보선의 취임식이 국회의사당에서 개최되었다는 점을 인식하고 있었는지는 알려져 있지 않지만, 결과적으로 민주화의 결실로 태어난 두 대통령권력은 모두 의회민주주의의 표상 무대에서 자신의 정치적 얼굴을 드러내었다. 아마도 그는 국민적 염원인 민주화를 통해 대통령 직선제로 당선된 만큼 자신의 권력이 강력한 정치적 정당성 위에 서 있다고 스스로 생각했을 것이다. 그러므로 근대 민주주의의 핵심 공간인 국회의사당에서 취임식을 개최한 것은 그에 대

---

21 "축포, 비둘기 날리며 희망의 나라로," 「경향신문」, 1988.02.25.

제13대 취임식 국회의사당 앞 광장 배치도

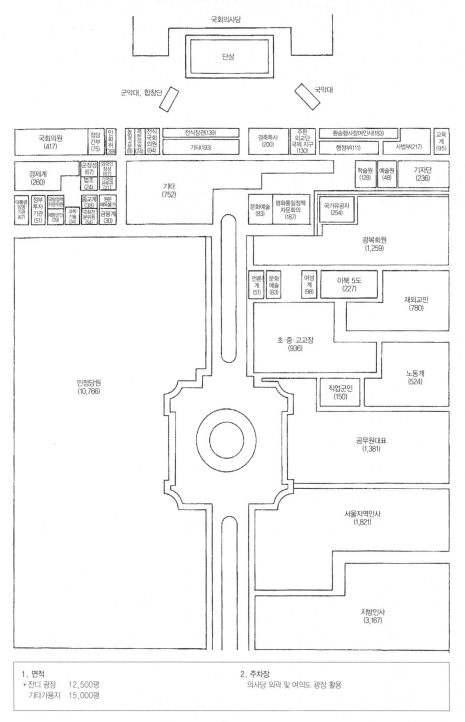

국회의사당

단상

군악대, 합창단 / **국악대**

국회의원 (417)	정당간부 (75) 민회위 (39)

| 농협회원(8) 제헌의원(24) 전식국회의원(94) | 전식장관(139) 기타(193) | 경축특사 (200) | 주한외교단 국제 지구 (130) | 환송행사참여인사(183) 행정부(111) 사법부(217) | 교육계 (95) |

경제계 (260) — 군장성(67) 법조(24) 외국인장성(67) 기타정관료(21)

기타 (752)

학술원 (128) 예술원 (48) 기자단 (236)

대통령임명기관(67) 정부투자기관(51) 국방정책자문위원(2) 재향군인(29) 과학기술(34) 종교계(38) 국회전보위원(54) 원문행독불기 금융계(30)

문화예술 (83) 평화통일정책자문회의 (187) 국가유공자 (254)

광복회원 (1,259)

언론계 (51) 문화예술 (83) 여성계 (98) 이북 5도 (227)

재외교민 (780)

초·중·고교장 (936)

노동계 (524)

민정당원 (10,766)

직업군인 (150)

공무원대표 (1,381)

서울지역인사 (1,821)

지방인사 (3,167)

---

1. 면적
- 잔디 광장   12,500평
  기타가용지   15,000평

2. 주차장
의사당 외곽 및 여의도 광장 활용

자료출처: 정부의전편람(1990)

한 정치적 자신감의 표현으로 해석해 볼 만하다.

신임 대통령의 취임식을 위해 의사당 앞의 공간은 정치적 성스러움의 효과를 산출하는 방식으로 재구성되었다. 그 원리는 오랜 시간 반민주주의 정치가 지배해 온 남미와 아시아 국가들의 민주화 모토인 '권위주의 통치에서 벗어나기transition from authoritarian rule'[22]였다. 제3세계에서 탈권위주의는 민주화를 향한 최초의 중대한 계기로 간주되어 왔다. 그리고 당시 언론의 설명이 그 점을 잘 보여 주고 있는 것처럼 신임 대통령의 취임식 무대는 탈권위주의 구현을 시각화하고 있었다.

> 단상에는 권위주의적 색채를 없앤다는 배려가 뚜렷했다. 우선 신구 대통령을 비롯한 모든 참석인사들의 의자가 똑같았으며 신구 대통령 좌석도 과거와는 달리 앞으로 돌출되어 있지 않았다. 대통령 휘장도 배면에는 설치하지 않았으며 연설대 앞면에만 조그맣게 넣었다. … 국회의사당 입구 계단 앞에 만들어진 취임식장은 규모가 작고 화려한 색깔을 피했으며 장식도 소박한 편이다.[23]

이러한 구성의 새로움은 과거 취임식 무대 구성을 보면 잘 드러난다. 대통령의 자리는 언제나 권위주의적 의지의 표상처럼 두드러지게 강조되어 왔고, 대통령 권위의 상징인 봉황 휘장 또한 취임식장 후면에

---

22 G. O'Donnell, G.P. Schmitter and L. Whitehead (eds.), *Transition from Authoritarian Rule: perspective for democracy*, vol. 3, The Johns Hopkins University Press, 1986.
23 "검소한 식장 가득한 향기와 기대,"「동아일보」, 1988.02.25.

대단히 크고 화려하게 장식되는 경향이 지배적이었다.

이러한 관점의 연장선에서 취임식 단상의 배치(부록 참조)를 볼 수 있다. 제1열에는 신임 대통령과 전임 대통령 부부가, 신임 대통령 옆으로는 전직 대통령 둘(전두환, 최규하)과 신임 총리가 자리하고 있다. 그리고 전임 대통령 옆으로는 국회의장, 대법원장, 취임준비위원장이 배석하고 있다. 여기서 우리는 기존의 체육관에서 이루어진 취임식과 중요한 차이를 발견할 수 있는데, 국회의장과 대법원장, 즉 입법부 수장과 사법부 수장이 대통령과 같은 열을 차지하고 있다는 점이다. 이전 취임식에서 그들은 결코 신임 대통령과 같은 열에 위치할 수 없었다. 이렇게 민주화라는 시대적 패러다임이 시각적으로, 공간적으로 재현되고 있다. 그 뒤로 제2열은 각 정당 대표, 신임 비서실장, 신임 경호실장, 국회부의장, 국정자문위원, 선관위원장, 일본 수상, 피지 수상 등이, 제3열에는 경호실장, 비서실장, 부총리, 감사원장, 특사 등이, 그리고 제4열에는 총무처장관, 신임 부총리, 각계 종교 대표, 신임 의전수석, 국정자문위원 등이 배석하고 있다.[24] 이 또한 기존의 체육관 취임식과는 상당히 다른 모습으로 해석된다. 기존에는 단상 배석자들의 숫자가 상대적으로 소수에 불과했지만, 13대 취임식에서는 눈에 띄게 늘어난 것인데, 단상 배석자들의 수와 다양성의 증가는 변화된 정치사회적 현실의 반영으로 해석할 수 있다.

취임준비위원회는 25,000명의 공식 초청명단을 만들었다. 여기서 민정당원 초청 인원 10,766명을 제외하면 사실상 초청 규모는 12대 대

---

24 『정부의전편람』, 1990, p.191.

통령 취임식에 비해 크게 늘어난 것이 아니다. 직능 대표성과 지역 대표성에서도 외견상 12대 대통령 취임식이 더 다양하고 포괄적으로 보인다. 하지만 그와 같은 초청 인사들이 —취임위원회가 언급하고 있듯이 '전국의 보통 시민들'로 호명되면서— 체육관이라는 폐쇄된 공간이 아니라 민주주의의 열린 공간에서 새로운 권력의 탄생을 목격했다는 점에서 과거와 다른 의미를 부여해야 한다.

13대 취임식의 또 다른 탈권위주의적 새로움으로, 취임식의 공식 명칭을 언급할 수 있다. 앞에서 살펴본 것처럼, 기존의 취임식들에서는 각하라는 호칭이 공식적으로 사용되었다. 하지만 노태우의 취임식에서는 그러한 명칭을 볼 수 없게 되었다. 취임식은 '제13대 대통령 취임'이었으며, 대통령 취임과 관련해 공공 거리에 붙은 10개의 축하 표어에서도 각하라는 호칭을 찾아볼 수 없다.[25] 표어는 오히려 '국민', '민주', '화합', '신뢰' 등 전체적으로 취임식의 핵심적 가치였던 탈권위주의 민주화에 호응하는 용어들로 구성되어 있었다. '내가 뽑은 대통령'이라는 표어가 말해 주듯이 대통령의 취임은 직선제로 응축되는 민주주의 가치에 직접 연결되고 있었다.

노태우 신임 대통령은 자신을 성스러운 정치적 존재로 탈바꿈시킬 취임식 공간으로 진입하는 절차에서도 과거와는 완전히 다른 형식을

---

25 노태우 대통령 취임을 온 국민이 축하합니다. / 국민에게 웃음을 민족에게 번영을. / 민주 향한 큰 걸음 마음 모아 경축하자. / 화합 속에 민주발전 안정 속에 나라발전. / 너와 내가 손잡으면 2000년은 우리시대. / 안정과 신뢰 속에 꽃피우자 민주한국. / 민주화합 정치안정 밝고 맑은 우리 사회. / 화합의 터전 위에 피어나는 민주의 꽃. / 내가 뽑은 대통령 마음 모아 경축하자. / 너와 나의 화합 속에 민주발전 나라발전.『정부의전편람』, 1990, p. 250.

선택했다. 정치적 존재론의 변화를 가져올 절차, 그러니까 우리가 앞서 언급한 개념인 통과의례의 차원에서 신임 대통령은 주목할 만한 정치적 새로움을 연출했다. 청와대를 방문해 전임 대통령과 인사를 하고 이야기를 나눈 뒤 차량에 동승해 취임식장으로 들어왔다. 전·현직 대통령이 나란히 취임식 무대에 오르는데. 이러한 통과 절차는 노태우에게 두 개의 의미 효과를 만들어 낸다. 첫째, 지난 정권과 새로운 정권의 시각적 보색 대비를 만듦으로서 새로운 정권의 존재성이 부각되는 효과이며, 둘째, 두 정권이 평화롭게 공존하고 있다는 시각적 연출을 통해 민주적 권력교체의 상징성을 보여 주는 효과다.

과거 정권, 그러니까 전두환 군부정권은 권력자의 특별함을 드러내 주는 의상인 연미복을 입고 식장에 올랐지만, 신임 대통령은 그와는 달리 일반 양복을 입고 입장했다. 그 또한 스스로가 '보통사람의 시대'라고 부른 탈권위주의 민주화의 의미를 드러내 주는 연출로 해석할 수 있다. 평범한 의상을 통해 스스로를 민주주의 권력으로 표상한 신임 대통령이 등장할 때의 음악도 과거와의 단절을 보여 주었다. 이전까지는 대통령이 취임식장에 들어서고 퇴장할 때 배경이 되는 음악이 박정희의 기억이 각인된 '대통령 찬가'였다면, 노태우 취임식부터는 전통음악인 표정만방지곡表正萬方之曲과 취타로 바뀌었다. 이 두 음악은 권력의 위엄과 장대함과 웅장함을 드러내 주는 조선의 궁중 음악인 정악正樂이다. 근대적 권력의 취임식과 전근대적 권력의 음악이 공존하는 것에 대해서는 비판의 여지가 적지 않겠지만 여기서 우리가 생각해 볼 점은 한국에서 대통령 취임식에 관한 제도와 절차가 확립된 제3공화국 이래 국악이 도입된 적은 한 번도 없었다는 점이다. 그때까지는 서양의 교향악이 주로 연주되었다.

이렇게 지난 시절 절차적 관행으로 지속되어 온 취임식 구성의 텍스트들이 눈에 띌 정도로 바뀌었는데, 그와 관련한 또 하나의 변화가 있다. 1960년 윤보선 대통령의 경우를 제외하면 초대 대통령 취임식 이래 언제나 식순에 포함되어 왔던 꽃다발 증정식과 대통령 찬가가 사라졌다. 대신에 참석자 모두가 '조국찬가'와 '희망의 나라로'를 불렀다. 여기서 '모두'라는 사실에 주목할 필요가 있다. 통제된(제한된) 인원이 꽃다발을 바치고 대통령을 위해 노래 부르는 일은 다분히 엄격한 위계와 권위주의의 감각적 재현으로 이해된다. 그 점에서 13대 대통령 취임식은 사뭇 달라 보인다. 행사에 참여한 '모든 사람'이 함께 같은 노래를 부름으로써 동질감과 평등감을 느끼는 계기를 마련했기 때문이다.

1980년대 후반, 불완전했지만 절차적 민주주의의 매듭을 풀면서 시작된 한국의 정치민주화는 1990년대 초반에 이르러 새로운 국면으로 접어들었다. 1992년의 대통령 선거에서 김영삼 후보가 당선됨으로써 문민정부가 수립된 것이다. 한국은 1961년 군사쿠데타 이후 32년간 군부가 정치적 패권을 장악해 왔으며, 그 과정에서 의회와 시민사회의 정치적 자율성은 극도로 억압되었다. 그와 같은 정치사는 한국인들에게 '민주화=군부정치의 해체'라는 등식을 심어 주었다. 그 점에서 김영삼 문민정부의 탄생은 한국 민주화의 중대한 분수령이라고 평가할 만하다. 물론 그 기초가 1990년 3당 합당의 정치공학에서 만들어졌다는 점에서 문민정부의 탄생을 한국 민주주의의 도약으로 해석하는 데 반대하는 시각도 적지 않다. 하지만 김영삼 문민정부는 한국 민주주의의 위대한 역사를 썼다고 스스로를 평가했고 그 평가는 제14대 대통령 취임식에서 시각적으로 재현되었다.

취임식 장소 선정과 관련해 신임 대통령은 국회의사당 광장, 청와대 대 정원, 올림픽 주경기장, 잠실 실내 체육관, 올림픽 체조경기장, 세종 문화회관을 후보지로 받았고, 그중 국회의사당 광장을 택했다. 국회의 사당이야말로 스스로의 정치적 존재성을 민주주의와 동일시하는 김영 삼의 의지를 가장 극적으로 드러내 줄 최적의 공간이라는 점에서 그 결 정은 대단히 자연스러워 보인다.

결과적으로 노태우의 취임식은 국회의사당이 대통령 취임식의 전통 으로 확립되는 최초의 계기가 된 것이지만 군부정권의 퇴진을 문민정 부의 시작으로 선언해 온 김영삼이 국회의사당을 취임식 무대로 선택 한 것을 탈권위주의 민주화의 의지를 보여 주기 위한 노태우의 선택과 연속선상에서 이해하기는 어려워 보인다. 그러한 맥락에서 국회의사 당은 새로운 권력 주체의 정치적 이념과 가치에 맞추어 채색됐다. 문민 정권의 탄생을 공표해 줄 국회의사당은 강력한 정치적 상징성으로 채 워졌다. 우선, 취임식은 '신한국 창조 —다 함께 앞으로'라는 테마로 구 성되었고 그 테마는 다양한 상징물로 구현되었다. 그중 하나가 상징로 고인데, 그것은,

제14대 대통령 취임과 관련된 여러 가지 이미지를 시각화한 형태로서, 세계를 의미하는 원형 속에 태극의 형상과 색상을 도입하여 세계 속의 한 국을 부각시키면서 원의 중심 태양에서 퍼져 나가는 14개의 새아침 햇살 은 한국의 번영과 발전, 한국인의 화합과 도약의지를 표현한 것으로 "신한 국 창조를 통한 한국의 미래비전"을 상징하고 있다.[26]

취임식 기념품 및 출입비표로 사용된 한마음 매듭 또한 정치적 상징성을 지닌다. 이는 우리나라 전통 매듭 '동심결'로서 "한번 매듭지어지면 절단하기 전에는 풀어지지 않는 화합과 단결을 상징하며 본래 동심결은 동등, 동반, 동력, 동인, 동존의 뜻을 담고 있다."[27] 취임식장의 공간 구성 또한 상징성 강한 연출을 특징으로 하고 있다. 다음과 같은 설명을 보자.

초대석 30,000석은 십자로로 크게 4등분 되어 있고 그것은 다시 4등분으로 분열하며 통로를 내고 있다. 4등분은 동서남북을 뜻하며 동서남북에서 각계각층의 사람들이 신한국 창조를 다짐하며 모여들었음을 상징했다. 이 마당은 신한국을 여는 중심마당인 것이다. 식단은 처마가 살짝 들어 올린 전통 기와지붕 모습으로 날아갈 듯 경쾌하여 서기마저 서려 있다. 지붕은 제14대 대통령을 상징하는 14개의 한국 전통 배흘림기둥이 떠받치고 있고 기둥의 정상부는 7출목으로 마무리되어 있다. 단상배면은 대통령 휘장이 가운데 자리 잡고, 좌우로는 각각 7개씩 14개의 한마음 매듭과 취임식 상징로고가 어울려진 채 아로새겨져 있다. 한마음 매듭은 한번 매듭지어지면 칼로 끊기 전에는 풀어지지 않는 화합과 단결의 상징이다.[28]

이는 취임식장이 '신한국'으로 명명된 새로운 정치공동체의 탄생과

26 총무처, 『제14대 대통령 취임행사』, 발행연도 미상, p.11.
27 『제14대 대통령 취임행사』, p.12.
28 『제14대 대통령 취임행사』, pp.14-15.

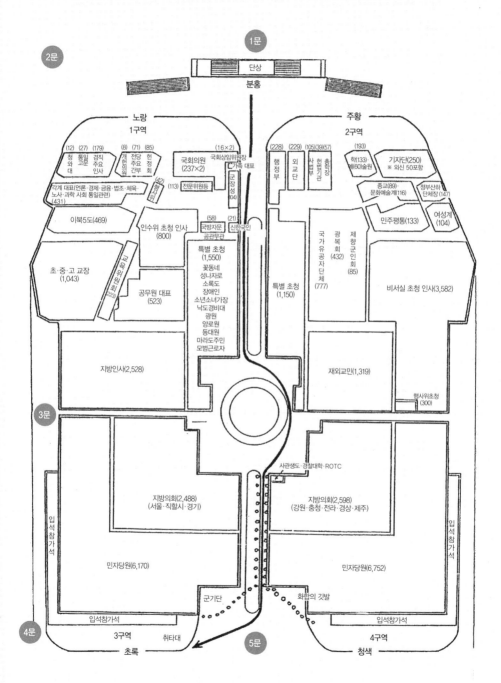

김영삼 대통령 취임식장 배치도

자료출처: 제14대 대통령 취임행사

국민적 통합을 향한 의지의 감각적 재현으로 조형되었음을 뜻한다. 더불어 우리는 소외계층으로 불린 초청인들의 좌석배치에 주목한다. 취임식에는 '국민적 대표가 소외됨이 없이 고루 참여하는 기회 부여', '각계각층의 직능별로 대표성 있는 인사 포함', '세대 간 화합을 고려, 노, 장, 청년층의 조화 있는 배려'[29] 등의 원리에 따라 38,000여 명이 초청되었다. 여기서 중요한 범주는 대통령이 '특별 초청'한 국민들, 그러니까 사회적으로 소외되고 주변화된 국민들이다. 중앙에 이들을 위한 자리를 마련함으로써 취임식 무대는 통합을 지향하는 민주적 권력의 존재를 드러내려 하고 있다.

김영삼의 취임식은 식전 행사, 본 행사, 식후 행사의 세 단계로 나누어 진행되었는데, 그것은 지난 시절에는 시도되지 않은 구성이었다. 식전 행사 주제는 '기쁜 아침'이었다. 행사는 동요와 민요(봄이 와요, 그리운 언덕, 불어라 봄바람, 봄맞이, 파란 마음, 하얀 마음, 푸른 바람, 거제뱃노래 등)로 시작해 터 씻음 행진으로 이어졌다. 터 씻음 행진은 취타대 행진, 화합의 깃발단 행진, 팡파르단 행진, 군기단 행진, 군악대 행진, 전통 의장대 행진, 북의 합주단 행진으로 진행되었고 각 행진은 동서남북에서 진입함으로써 전국에서 모여 하나로 화합해 신한국 창조의 에너지를 뿜어내는 모양을 연출하는 것으로 기획했다.[30] 이어 '영원하라 겨레여'라는 합창이 울려 퍼졌다. 아리랑을 도입곡으로 경복궁타령(경기), 신고산타령(함경), 배따라기(서도), 한오백년(강원), 천안삼거리(충청), 울산아가

---

29 『제14대 대통령 취임행사』, p.79.
30 『제14대 대통령 취임행사』, p.17.

씨(경상), 해녀뱃노래(제주), 농부가(전라)로 이어졌는데, 그것은 앞의 행진처럼, 전국의 모든 에너지가 모여 새로운 나라를 창조하는 데 화합한다는 의미를 보여 주는 구도다. 신임 대통령은 식전 행사가 끝난 뒤 국가와 민족의 번영을 송축하는 의미의 정악 만파정식지곡萬波停息之曲이 연주되는 가운데 취임 무대로 입장했고, 표정만방지곡의 연주에 맞추어 퇴장했다. 이는 전임 대통령의 절차를 따른 것으로 보인다. 이어진 식후 행사는 '다 함께 앞으로'라는 테마로 열렸다. 전임 대통령을 환송하고, 군 장성이 대통령에 대한 충성을 맹세하며, 특별 초청된 국민들과 인사하는 행사다.

이러한 행사 구성을 상징기제의 관점에서 해석해 보면, 사전 행사, 본 행사, 사후 행사라는 절차적 구성을 통해 취임의 시공간은 서로 밀접한 연결을 이루고 있는 세 개의 하위 의미체로 나뉜다. 각 의미의 시공간은 의심할 바 없이 취임식의 시공간을 신성화하는 효과에 부속되어 있다. 사전 행사, 특히 전통적 세계관의 상상력을 따르고 있는 '터 씻음 행진'으로 말미암아, 대통령 취임식이 치러질 시간과 마당은 액운이 없는 신성한 자리로 전환된다. 그 신성함을 만들어 내는 힘은 전국의 모든 기운이 합쳐진 민족적 통합력이다. 그리고 신임 대통령은 사전 행사가 창조해 낸 새로운 터전 위에 구축된 취임 무대에 서서 자신의 존재를 드러낸다.

앞서 우리는 노태우 취임식에서 새로운 권력이 취임식 공간으로 입장하는 방식의 정치적 의미를 살펴보았다. 그러나 김영삼은 이임 대통령과 함께 입장하는 형식을 따르지 않았다. 그는 새로운 의미체계를 가지고 입장했다. 그는 사저를 나와 청와대를 방문해 이임 대통령과 만나기 이전, 동작동 국립현충원에서 참배행사를 진행했다. 노태우 대통령 취임 기록을 살펴보면, 이임 대통령은 신임 대통령의 취임식 전날 국립묘지 현충탑을 참배하고 신임 대통령은 취임식을 끝낸 후 국립묘지 참배를 진행했다.[31] 그러니까 노태우는 취임식을 마친 뒤 청와대에서 경축사절과의 환담을 마친 뒤에 국립현충원을 방문했다. 그와 달리 김영삼은 현충원 참배의례를 취임식 이전으로 옮겨 놓은 것인데, 이로써 취임식과 참배의례가 공식적으로 연결되었고 그것은 이후 취임식들로 이어지면서 한국 대통령 취임식의 전통으로 유지되고 있다.

신임 대통령은 취임 무대로의 입장을 통해 자신의 정치적 신성함을 생산해 내기 이전에, 국민적 사자들이 잠들어 있는 공간으로 들어가 애국주의의 세례를 통해 자신을 새로운 정치적 몸으로 전환해 내는 상징적 절차를 밟은 것이다. 역사적으로 전례가 없던 이러한 새로운 절차 속에서 취임식의 시공간은 넓어지고 깊어진다. 그 결과 정치적 성화의 기제도 복합적 양상을 보인다. 사전, 본, 사후 행사로 삼분되면서 시공간적 의미 분할을 만들어 낸 국회의사당은 국립묘지라는 상징적 장소와 결합한다. 신임 대통령의 입장은 근대적인 정치공동체를 떠받치고 있는 그 두 장소를 잇는 과정이고, 그 매개를 통해 정치적 신성성을 배가하는 효과를 산출한다.

앞서 언급한 것처럼, 사후 행사 또한 대단히 상징성 짙은 절차인 장성 100명의 거수경례가 포함되어 있었는데, 오랜 군사 권위주의 지배로 인해 현대 한국 사회에서 민주화의 주요 의제가 군부의 탈정치화

31 『정부의전편람』, 1990, p.241.

또는 문민통제로 설정되어야 했던 역사적 특수성을 반영하는 것이다. 1987년 대통령 선거를 비롯해 주요 정치적 무대에서 그 의제를 강조해 온 김영삼 대통령을 향한 군의 거수경례를 통한 충성맹세는 궁극적으로 한국 민주화의 주요 의제 중의 하나가 분명하게 실천되고 있음을 보여 주는 상징적 스펙터클이 아닐 수 없다.

1997년 후반에서 1998년 초반의 한국은 대단히 이중적인, 어떻게 말하면 절망과 희망이 혼재하는 정치사회적 상황에 놓여 있었다. 외환위기와 구제금융이 초래한 국가경제의 총체적 난국 속에서 출발했지만, 정치적인 차원에서는 경쟁 선거를 통한 정당 간 정권교체가 최초로 이루어진 해였기 때문이다. 김대중 국민의 정부는 그와 같은 기대와 우려를 동시에 안고 2월 25일에 출범했다. 대통령 취임식은 그러한 모순적인 상황을 반영하고 있었다.

취임식 장소와 관련해 신임 대통령은 청와대 대정원, 올림픽 주경기장, 국회 본회의장, 세종문화회관 대강당, 올림픽 체조경기장, 국회의사당 광장 등의 후보지들을 제안받았고 역시 국회의사당 앞 광장을 선택했다. 노태우 정권의 탄생으로 취임식 무대가 되기 시작한 국회의사당은 김영삼 정권의 등장을 따라 또 한번 그 특별한 장소의 위상을 보여 주었다. 그리고 김대중 정권이 출발하면서 그곳은 새롭게 탄생하는 최고 국가권력을 위한 정당성의 궁극의 장소로 거듭난다.

취임식 무대인 국회의사당의 정면은 '국난극복과 재도약의 새 시대를 엽시다'라는 펼침막으로 장식되고 새로운 대통령권력의 정치적 신성함에 부응하는 공간 연출이 시도되었다. 그 기본적인 테마는 민주주의의 가시화였다. 취임식 단상 구성에서도 그 사실은 감지된다. 새로운 대통령 연단을 중심으로 구축된 단상은 과거에는 상상하지 못한 공간 양식을 보여 주었다. 당시의 취임식 의전 보고서에 따르면 단상은 "민주주의 상징인 고대 그리스의 아크로폴리스를 모형으로 한 원형식단"을 모델로 하고 있었다. 그러한 맥락에서 단상은 "지붕을 설치하지 않도록 함으로써 단하의 일반 초청 인사들과 호흡을 같이하는 이미지를 표출"[32]하려 했다. 다음으로 취임식 초청인의 구성에서 그 점이 드러나는데, 약 45,000명을 초청했다. 초청 대상과 관련해서는 3부 및 헌법기관의 차관급 이상(1,200명), 각계 대표(교육, 경제, 언론, 종교, 여성계 등)(6,170명), 광역 및 기초단체장(250명), 지방의회 의원(5,141명), 지역 대표(소방대원, 모범 통반장 등 8,500명), 해외동포(2,000명), 당 초청(10,000명), 신임 대통령 특별 초청(소년소녀가장, 장애인, 환경미화원 등 3,000명)[33]이다.

여기서 우리는 특별 초청인에 주목해야 한다. 대통령은 소년소녀가장, 장애인, 환경미화원만이 아니라 꽃동네 주민, 독도경비대원, 마라도 주민, 대학생, 전방 소대장, 청년 노동자를 초청했다. 특별 초청인을 제외하면 나머지 범주들은, 규모의 차이는 있지만, 대체로 전례를 따른 것이다. 하지만 특별 초청은 대통령의 의지가 반영된 것으로서 취임식의 상징성을 보여 주는 중요 요소다. 대통령은 사회적으로 소외되고 주변적인 국민들을 초청함으로써 대통령의 민주주의 의지를 상징적으로 전달해 주려 한 것으로 보인다. 여기서 우리는 김영삼의 취임식에서도

---

32 대한민국정부, 『정부의전편람』, 1999, p.105.
33 『정부의전편람』, 1999, p.87.

민주주의 권력의 연출이라는 차원에서 그와 같은 범주의 국민들을 초청했다는 사실을 환기할 수 있다. 그러나 김대중 취임식의 특별 초청인은 전례와는 상당히 다른 모습이었다. 김영삼의 경우에는 취임식 무대의 중앙을 차지하는 방식으로 주목받았지만, 김대중의 취임식에서는 그보다 한 단계 더 격상된 대우를 받았다. 단상으로 올라가는 파격을 경험한 것이다.[34] 단상 위에 자리한 특별 초청인들의 모습은 그야말로 민주주의의 드라마틱한 연출이 아닐 수 없다. '국민의 정부'의 수장은 자신의 존재성을 그렇게 민주적 가치로 드러내려 했다.

국민의 정부를 이끌 새로운 대통령권력의 탄생을 알리는 취임식은 2월 25일 오전 국회의사당의 식전행사에서 시작했지만, 2월 25일 0시를 기해 '봉화제'와 '타종식'으로 개최된 전야제도 우리의 상상력을 자극하는 흥미로운 행사다. 그것은 24일 오전 10시 이임 대통령의 국립묘지 참배가 있고 나서 25일 0시를 기해 열린, 신임 대통령의 임기 개시를 알리는 상징적 행사였다. 봉화제는 광화문에서 쏘아 올린 레이저 신호를 받아 남산 봉수대에 '희망의 불꽃'을 점화하는 의례이고, 타종식은 여당인 새정치국민회의와 자유민주연합의 대표들, 인수위원장, 국민 대표 12명 등 총 15명이 보신각을 타종하는 의례다.[35] 이 두 행사는 같은 시각에 진행되었다. 보신각에서 33번의 종소리가 울리는 동안 그리고 큰 북이 울리면서 봉수대에 불꽃이 점화되는 순간 고은 시인이 축시, '새벽

---

34 "시대의 거울이자 국민 향한 다짐. … 10명의 대통령 초심 지켰을까," 「서울신문」, 2013.02.23.
35 "국민의 정부 출범," 「경향신문」, 1998.02.25.

의 노래'를 낭송했고 '새날이 오면'이라는 합창이 울려 퍼졌다.[36]

전야제를 떠받치고 있는 두 프로그램이 만들어 내는, 새로운 정권의 상징화를 향한 의미의 고리를 이해하기 위해서는 그 역사적 맥락을 살펴봐야 한다. 봉수와 타종의 국가적 중요성에 대한 기록은 『조선왕조실록』에서 볼 수 있다. 정조 7년 8월, 대사헌이 차자箚子를 올렸다. 대사헌은 아무도 모르게 종각의 종을 울린 한 남자를 고발하면서 "대저 종가의 종을 두었음은 저녁과 새벽의 동작과 휴식을 알리고 도성 문의 여닫음을 정해 주기 위한 것으로서, 국가에서 중히 여기는 바가 봉수 다음 가는 것입니다"라고 보고했다. 대사헌은 "그러기에 일정한 시각에 치게 되고 새벽과 밤에 일정하게 치는 횟수가 있게 되어, 비록 감수하는 나졸이라 하더라도 시각 전에 치거나 시각 뒤에 치게 되면 죄를 용서할 수 없게 되어 있습니다"[37]라고 말하면서 타종의 엄격함을 강조했다. 앞의 차자가 말해 주고 있듯이, 종각의 타종은 일종의 통금 시작과 해제를 알리는 절차다. 통금이 시작될 때는 28번, 해제할 때는 33번의 타종을 했다. 28차례는 우주와 별자리의 원리에 따른 것이고, 33번은 관세음보살이 중생을 구하기 위해 33천天으로 분신한다는 불교적 세계관의 반영이다. 백성들의 평안과 안위를 소망하는, 세속과 종교성이 깊이 결합된 세계관의 제도적 구현으로 알려져 있다.[38]

---

36 『정부의전편람』, 1999, p.85; "국민의 정부 출범," 「경향신문」, 1998.02.25.

37 『조선왕조실록』, 정조 7년 8월 2일 신유조, http://sillok.history.go.kr.

38 김보미, "매년 보신각 새해 알리는 제야의 종, 33번 타종 유래는?," 「경향신문」, 2015. 12.28, http://news.khan.co.kr/kh_news/khan_art_view.html?artid=201512280610401#csidx5083eeb611861cb92b3367382cbb8dd.

봉수와 관련해서는 비변사가 지역 방어제도에 관한 보고를 올리면서 "멀리 척후斥堠하고 봉화에 관한 일을 근실하게 행하는 것이야말로 병가의 요법입니다"[39]라고 한 기록에서 단적으로 드러난다. 국토방위의 주요 전략으로서, 고대로 거슬러 올라가는 봉수대 설치에 대해 조선도 그러한 전통을 이어받았다. 개항 이전 조선 후기 봉수제도에 대한 연구에 따르면 전국이 5개 선로의 봉수대로 편성되었고 그 모든 선로의 최종 집결지는 남산의 봉수대였다.[40] 이러한 역사적 기록에 비추어볼 때 보신각의 33회 타종과 남산 봉수대 나아가 봉화의 불꽃이 최초 점화되는 광화문은 깊은 역사적 상징성을 지닌다.

공식 취임식 행사에 앞서 진행되는 전야제가 새로운 기획이었던 것은 결코 아니었다. 노태우 대통령과 김영삼 대통령의 경우에도 취임식 전날 전야제 형식의 축제를 거행했기 때문이다. 하지만 국민의 정부 출범을 알리는 전야제는 그것들과는 근본적으로 달라 보인다. 특히 주목해야 할 부분이 바로 '0시'를 전야제의 출발점으로 삼았다는 사실인데, 그 행사는 엄밀히 말하자면 전야제라고 부를 수는 없다. 국민의 정부의 탄생을 알리는, 봉화제와 타종식으로 구성된 전야제는 새로운 시간 위에서 진행되었다는 점에서 이미 '전야제'라고 할 수는 없는 것이다. 그렇다면 왜 전야제를 새로운 시간 위에서 진행했을까? 그 정치적 의미를 찾기 위해서는 다른 상상력이 요구된다.

---

39 『조선왕조실록』, 정조 22년 10월 19일 기유조, http://sillok.history.go.kr.

40 김용욱, "조선조 후기의 봉수제도 ─해안 봉수대를 중심으로," 『법학연구』(부산대학교 법학연구소), 44(1), 2003, pp.145-146.

국민의 정부를 이끌 새로운 정권은 과거와는 전혀 다른 정치적 시공간 속에서 스스로의 존재를 자리매김하고자 했다. 새로운 정권의 시간이 출발하는 기점인 '0시'를 기점으로 보신각에서 울린 33회의 타종과 조선왕조의 민본주의 사상이 깊이 새겨진 광화문에서 불붙어 남산 봉수대에서 피어오르는 봉화는 새로운 공동체의 상징적 재탄생을 알리는 스펙터클이다. IMF 구제금융과 그에 따른 대규모 구조조정은 대한민국이라는 공동체의 근본적 위기를 가져왔다. 그러한 국가적 환란은 공동체가 미증유의 난국을 돌파하면서 새로운 희망의 출발점 위에 서 있다는 대국민 메시지 전달의 감각적 장치를 필요로 했을 법하다. 과거의 정치공동체가 사라지고 새로운 정치공동체가 탄생했음을 알리는 상징적 연출인 봉화제와 타종식은 그러한 맥락에서 중대한 정치적 의미를 만들어 낸다.

인류학적 설명에 기댈 때 전야제는 통과의례에 잇닿아 있는 개념으로 읽힌다. 한 상태에서 다른 한 상태로, 한 세계에서 다른 한 세계로 넘어갈 국면에 처한 존재는 모호함을 본질로 한다. 그는 "이쪽에도 없고 저쪽에도 없"으며, "법이나 전통이나 관습이나 의례에 따라 지정되고 배열된 지위 사이의 어느 쪽도 아닌 애매한 위치에 있다."[41] 한 존재가 그와 같은 불명확성을 넘어 새로운 상태와 새로운 세계로 이행하는 것을 이끌기 위해 인류는 통과의례를 발명했다. 그 의례는 초월을 준비하는 존재의 모호함과 불명료함을 여러 상징의 조합으로 드러내려 한다. 원리적 차원에서 전야제는 그러한 통과의례의 맥락에 위치한다. 과

---

41 V. 터너, 박근원 옮김, 『의례의 과정』, 한국심리치료연구소, 2005, pp.145-146.

거로 불리는 정치적 세계가 사라지고 미래로 이야기될 정치적 세계가 탄생을 준비하는 국면은 그야말로 뒤섞임과 무정체성으로 특징지어진다. 과거를 넘어 미래로 향하는 지점에 자리하고 있는 정치공동체의 구성원들에게 전야제는 정치적 전이와 이행을 가능하게 해 줄 통과의례로 해석될 수 있다.

대통령권력은 그처럼 새롭게 태어난, 순결하고 성스러운 정치공동체 위에 자신의 날개를 내린다. 그리고 완전히 새로운 정치공동체의 존재성이 정치권력의 정당성을 길어 올린다. 역사와 문화가 정치적 연출과 깊이 결합하는 민족주의 정치미학은 김영삼 정부에서 본격적으로 그 모습을 드러냈고 국민의 정부의 취임식에서도 강력한 정치적 열정으로 실천되었다. 남산 봉수대 점화식과 타종식이 창조해 낸 새로운 공동체의 출발과 희망의 유토피아는 곧 김대중이라는 정치적 인격의 지도력과 연결되어 새로운 정권의 정당성을 창출할 근거로 작용하게 된다.

신임 대통령의 취임식은 5년 전의 취임식에서 모습을 보인 식전 행사, 본 행사, 식후 행사의 틀을 수용했다. 식전 행사는 '다시 희망으로'라는 입장 음악에서 시작해 '한국인의 노래'(합창), '겨레의 박동'(북과 국악관현악단의 협연), '화합의 소리'(교향악단 연주 및 대중 연예인 협연), '대화합 합토제'(국악관현악단, 무용단 연합공연)로 이어지는 공연으로 진행되었다. 이러한 음악과 공연들은 민족주의적 의지와 열정을 바탕으로 국민적 화합을 노래했는데, 여기서 합토제는 그와 같은 상징성에서 단연 돋보이는 행사다. 합토제는 여러 곳의 흙을 모아 합친 것을 기념하는 제사로 남녀대표가 단상에 올라 16개 시도와 이북 5도를 상징하는 합

화합의 나무를 심고 있는 김대중 대통령(출처: 국가기록원)

토함合土函과 합수병合水甁을 들어 보여 주고 국립무용단과 함께 화합의
축원무를 춘 뒤 신임 대통령이 취임식 후 '화합의 나무'를 심을 중앙화
단에 합토함과 합수병을 놓았다.

　김영삼의 취임식이 기획한 사전 행사와 김대중 취임식에 포함된 사
전 행사는 그 형식에서는 동일하지만 의미와 상징성에서는 차이를 보
인다. 앞의 것이 나쁜 기운을 내쫓는 터 씻음의 의미를 보여 주는 것이
라면, 뒤의 것은, 화합의 나무가 자라날 수 있게 하는 새로운 땅의 창조
라는 의미를 만들어 낸다. 전임 대통령 취임식이 발명한 절차 중의 하
나인 국립현충원 참배를 마친 신임 대통령은 부부 동반의 형식으로, 통
합의 터전 위에 선 취임식 무대로 들어왔다. 그 역시 사자의 공간에서
의 애국주의 세례를 받아 정치적 신성화의 절차를 통과한 몸으로 입장
한 것이다.

김영삼의 취임식에서 특별한 주목을 필요로 하는 부분이 장성들의 충성맹세였다면, 김대중의 취임식은 '국민화합대행진'이라는 행사가 눈길을 끈다. 16개 시·도 및 이북 5도가 풍물 및 가두행렬 팀과 함께 취임식 단상 앞을 지나 마포대교 남단까지 행진하는 행사인데, 앞의 사전 행사에서 명백히 관찰할 수 있는 것처럼, 김대중의 취임식은 화합과 통합의 메시지 전달에 관여하는 시각적 코드들이 곳곳에 배치되어 있었다. 그리고 그것은 식후 행사에서도 동일한 무게로 나타났다. 식후 행사에서 신임 대통령은 전임 대통령을 환송한 뒤에 '화합의 나무'라는 이름의 나무를 심는 행사에 참여했다. 16개 시도지사, 국회사무총장, 산림청장이 참여한 자리에서 새로운 권력은 합수함과 합수병에 담긴 흙과 물을 화합의 나무에 뿌린다.[42] 국민적 통합과 화합의 상징으로 나무가 동원되었다는 점은 우리의 특별한 관심을 불러 모은다. 왜냐면 나무는 대단히 중대한 인류학적, 정치학적 상징성을 지닌 대상물이기 때문이다. 인류학적 관점에 서면 나무는 하나의 거대한 상징이고 성물이다. 전통적으로 나무는 식물로서의 물질성을 넘어 생명, 불사, 지혜, 젊음, 갱생 등을 알려 주는 우주적 기호이자 세계의 신비를 품고 있는 신성한 존재로 간주되어 신화적 이야기와 종교적 이야기 등에서 우주의 나무, 생명의 나무, 청춘의 나무, 불사의 나무, 지혜의 나무 등으로 상징화되고 신성화되어 왔다.[43] 땅에 뿌리를 박고 규칙적으로 새로운 열매를 맺는 나무의 형상이 죽음과 무로부터 생명을 만들어내는 놀라움을 보여

---

42 『정부의전편람』, 1999, pp.88-89.
43 엘리아데, 『성과 속』, pp.144-145.

주기 때문에 성스러운 존재가 될 만한 것이다. 탈종교세계인 근대 정치 또한 나무를 정치적 상징으로 활용하는 열정을 보여 주었다. 프랑스 대혁명이 그 대표적인 사례를 제시해 준다. 대혁명 발발 1주년을 기념해 열린 연맹제Fédération는 혁명의 이념과 국민적 통합을 감각적으로 보여 주기 위해 다양한 상징들을 발명했는데, '자유의 나무'는 그중의 하나다.[44]

이와 같이 김대중의 취임식이 민주주의와 함께 국민 통합의 코드로 조형되어야 했던 이유는 앞서 살펴본 것처럼 미증유의 국가적 위기 돌파를 위해 필요한 것이기도 하지만, 박정희 정권에서부터 견고하게 구축된 '빨갱이' 낙인을 넘어서야 했기 때문이라고 우리는 상상한다. 그는 통합과 화합을 강조하는 연출을 통해, 자신을 그려 온 여러 부정적 이미지들, 그러니까 빨갱이라는 언어에 부착된 이적, 대결, 분열의 이미지들을 걷어 내고자 한 것으로 보인다.

2002년 겨울의 16대 대통령 선거는 김대중 국민의 정부가 문을 연 ―한국적 맥락에서― '진보정권'의 재창출과 보수정권으로의 회귀 사이의 정치적 갈림길에 선 중대 선거였다. 치열한 대결에서 새천년민주당 노무현 후보가 승리하면서 한국의 진보는 국가권력을 다시 장악했다. 그리고 노무현 정부는 국민의 정부가 지향한 정책과 가치들을 많은 부분에서 계승하려 했다. 특히 그것은 한반도 평화정착과 통일정책에서 두드러졌다. 그러나 새 정부는 그 민주주의적 지향에서 전임 정부보다 한층 더 진보적인 의지를 보였다. 그것은 '참여정부'라는 명칭에서

---

44 Erik. Fechner, "Arbre de liberté: objet, symbole, signe linguistique," *Mots*, 15, 1987.

명확히 드러났고 취임식은 그러한 독트린의 최초 구현 무대였다.

2003년 2월 25일에 열린 제16대 대통령 취임식은 예외 없이 국회의사당 앞 광장에서 거행되었다. 참여정부는 국회의사당을 선택함으로써 취임식의 영토적 전통을 유지하면서도 정치적 새로움을 드러내 줄 주목할 만한 변화들을 시도했다. 우선적으로 이야기해야 할 부분은 대통령권력의 상징화에 관여하는 전통적 장치들이 사라졌다는 점이다. 대통령 취임식의 상징화에서 빠질 수 없던 요소는 봉황 문장이었음을 우리는 앞서 살펴보았다. 권력의 예외성과 신성함을 상징화하는, 전근대적 상징화의 코드에서 길어 올린 봉황 문양에 대한 정치적 애착은 이승만의 취임식으로 거슬러 올라가고 박정희가 국가권력을 장악하면서 공식적인 대통령표장으로서의 위상을 확보했다. 이후 김대중에 이르기까지 봉황 문양은 형태와 크기를 달리하면서 예외 없이 취임식의 주요 상징물로 활용되어 왔다. 그러나 그 전통은 16대 대통령 취임식에서부터 사라졌다.[45] 대통령 연단과 그 뒤의 배경에는 봉황 문양이 사라지고 새로운 의미의 표장이 등장했다.

이 공식 문양에 관한 설명은 다음과 같다.

제 16대 대통령 취임식의 공식휘장은 사람과 태극 그리고 둥근 원을 활용해 '신문고' 문양으로 만들었다. 이는 '국민의 소리'를 귀담아듣겠다는

---

45 박록삼, "대통령 취임식에 담긴 정치학 … 취임사 키워드," 「서울신문」, 2013.02.23,
   http://www.seoul.co.kr/news/newsView.php?id=20130223001010#csidx1eae1ba884404f0
   bdc3af815a377443.

제16대 대통령 취임식 휘장(출처: 대통령기록관 홈페이지)

새 정부의 의지를 형상화한 것으로서 누구나 말할 수 있고 또 들을 수 있는 '열린 사회'를 지향하여 '투명한 사회'를 구현하겠다는 의미를 내포하고 있다. 또 세 사람이 손을 잡고 큰 원을 이루는 형상은 완전함을 의미하는 것으로서, 각각 '변화', '안정', '화합'을 상징한다. 색상은 전통적인 오방색과 바르고 투명함을 표현하기 위하여 녹색을 사용하였다.[46]

신임 대통령이 자신의 정치적 존재성과 의미를 가시화할 가장 중대한 장소인 취임 무대 구성의 근본적 원리 또한 그러한 변화에 조응했다. '새로운 대한민국'의 원리에 따라, 국회의사당 중앙 면에는 새로운

---

46 대통령기록관-노무현대통령-취임식. http://www.pa.go.kr/online_contents/inauguration/president16.jsp.

노무현 대통령 취임식(출처: 국가기록원)

표장과 함께 "새로운 대한민국 하나 된 국민이 만듭니다"라는 표어가
쓰인 공식휘장이 걸렸다. 그러한 표어의 의미는 취임 무대에서 시각적
으로 구현되고 있다. 취임 무대는 '지구에 날개를 다는 대한민국'이라는
주제 아래 지구와 대한민국을 형상화하는 형태로 구성되었다. 단상은
크게 세 개의 원형으로 이루어져 있는데, 먼저 중앙 원형 단상이 지구
를 형상화하고 있으며, 녹색이 그 상징이다. 그리고 대통령 연단이 서
있는 가운데 흰색은 백의민족의 상징이다. 중앙 단상의 양옆으로는 청
색과 적색의 연주단석이 설치되었는데, 태극 문양과 색의 상징이다. 이
와 같은 공간 구성은 대한민국이 지구의 날개가 되어 우주로 부상한다
는 의미로 해석된다. 그리고 취임식 표어인 '새로운 대한민국'의 형상은
그러한 방식으로 시각화되었다. 취임식 표어의 메시지인 '하나된 국민'
은 취임식에 초청된 사람들의 구성과 배치에서 명확히 드러난다. 일반

국민의 아이디어를 반영해 이루어진 취임식은 49,000여 명을 초정했는데 그중 절반에 가까운 2만여 명이 인터넷을 통해 신청해 선정된 일반 국민들이었다. 국회의원과 주요 외빈뿐만 아니라 각계각층의 국민 대표 50인을 단상 인사에 포함했다는 점도 같은 의지로 읽힌다. 여기에 더해 우리는 단상과 단 아래의 의자를 모두 동일한 종류로 배치하는 파격을 시도했다는 사실도 만난다.[47]

노무현의 취임식 또한 전임 대통령의 경우처럼 전야제에서 시작되었다. 2월 25일 0시 전야제가 열렸다. 대통령직인수위원회 위원장을 포함, 16명의 국민 대표들이 보신각에서 타종하는 행사가 개최되어 첫 타종과 동시에 도종환 시인과 초등학교 학생이 '대한민국이여, 우리는 당신이 자랑스럽습니다'라는 제목의 축시를 번갈아 낭송했다. 이어서 '희망의 나라로'와 '그리운 금강산' 합창이 울려 퍼졌다.[48] 새로운 정권 탄생을 알리는 취임식에 앞서 새로운 공동체의 태동을 상징화하는, 국민의 정부가 발명한 정치적 연출의 코드가 재연된 것이다.

전통 음악인 창('새로운 대한민국을 위하여')과 타악 공연, 클래식 합창 등으로 구성된 사전 행사가 열린 뒤, 국립현충원 참배를 마친 신임 대통령이 취임식장으로 입장했다. 그런데 그는 앞의 두 전임 대통령이 보인, 부부동반의 관례적 형식을 따르지 않았다. 그는 '내 나라 내 겨레'라는 연주가 울려 퍼지는 가운데 국민 대표 8인과 함께 단상으로 들어섰

47 이강래, 『대통령을 완성하는 사람』, 형설라이프, 2016, pp.171-172.
48 "반칙·특권 용납되는 시대 끝내야. 21세기 동북아 중심국가 웅비하자," 「오마이뉴스」, 2003.02.25.

다. 그와 같은 전례 없는 연출이 의미하는 바는 명백하다. 그것은 새로운 정부의 명칭인 참여정부의 정치적 지향에 정확히 일치하는 연출이었다. 새로운 권력과 국민이 함께 취임식 단상에 오르는 모습이야말로 참여정부의 이념과 가치인 참여민주주의의 시각적 구현인 것이다. 이 점에서 우리는 취임식 무대 입장의 상징정치를 이야기할 만하다.

취임식 절차에서 우리가 주목해야 할 또 하나는 무궁화대훈장 수여에 관한 것이다. 윤보선의 취임식으로 거슬러 올라가는 무궁화대훈장 수여의 역사는 큰 변화 없이 지속되어 오다가 1988년 노태우 취임식에서 주목할 만한 변화를 경험했다. 이미 살펴보았듯이, 취임식 당일 무궁화대훈장을 수여받지만 취임식에서는 패용하지 않는 방식으로의 변화다. 김대중 또한 취임식장에 도착하기 전에 청와대를 방문해 총무처 장관으로부터 무궁화대훈장을 수여받았다.[49] 그와 같은, 신임 대통령을 위한 무궁화대훈장 수여 의식은 노무현의 취임식에서부터 사라졌다. 노무현 대통령은 취임과 동시에 이루어지는 무궁화대훈장 수여식의 전통을 받아들이지 않았다. 훈장 수여를 대통령 직무에 대한 국민적 평가의 의미로 해석하면서 퇴임 이후에 받는 것이 타당하다는 의견을 냈기 때문이다.[50]

취임식장을 봉황 문양으로 장식해 온 전통이 사라진 것과 더불어 무궁화대훈장 수여식 전통과의 단절은 한국 대통령 취임식의 역사에서

---

49 "김대중 정부 출범, 임명동의한 꼼꼼한 서명, 첫 직무수행," 「한겨레」, 1998.02.25.
50 "노 대통령이 노 대통령에 주는 훈장," 「동아일보」, 2008.01.29. 그러나 퇴임 이후 수여라는 약속은 지켜지지 못했다. 2008년 1월 28일에 국무회의에서 훈장 수여가 결정되었기 때문이다.

대단히 중요한 변화가 아닐 수 없다. 그것은 신임 대통령권력의 예외적 위엄 혹은 위계적 위상을 드러내 주는 기능을 수행해 온 정치적 기표의 생명력이 상실될 것을 알리는 계기가 구축되었음을 의미하기 때문이다. 이러한 맥락에서 우리는 노무현 대통령 취임식의 중심 아이디어가 "우리나라 대통령 취임행사의 전통과 전형을 확립하는 계기를 마련"[51] 하는 것이었다는 사실에 주목해야 한다. 취임식을 구성해 온 전통을 해체하고 새로운 코드들로 자신의 권력을 장식한 신임 대통령은 과거 그어떤 대통령들보다 정치적 새로움의 가치를 표상하려 했던 것으로 보인다. 새해 첫날처럼 정치적 원점으로의 회귀를 통해 순수하고 깨끗한 공동체 위에 선 정권, 과거의 정치적 관례와 관행으로부터 완전히 단절된 정권이라는 이미지 구현의 의지를 인지할 수 있다.

2007년 겨울의 대통령 선거에서는 한나라당의 이명박 후보가 대통합민주신당의 정동영 후보를 압도적인 표차로 누르고 당선되면서 1998년부터 10년간 지속된 진보 대통령 시대가 막을 내렸다. 진보정권 10년은, 해방 이후 한국 사회의 주류로 정치적 헤게모니를 장악해 온 보수 세력의 견고한 이념적 가치를 근본적으로 문제제기해 온 정치적 시간들이었다. 대북정책을 둘러싼 첨예하고 근본적인 대립들은 한국 사회를 이른바 '남남갈등'의 소용돌이로 빨아들였다. 진보정권에 저항해온 보수는 이명박을 중심으로 결집했고 보수 후보는 경제적 성공과 물질적 풍요의 유토피아를 제시하면서 정권교체를 이루어 냈다. 2008년

---

51 대통령기록관-노무현 대통령-취임식, http://www.pa.go.kr/online_contents/inauguration/president16.jsp.

2월 25일의 취임식은 새로운 보수정권 탄생의 의미를 체현하고 있는 신임 대통령의 존재를 알리는 장치들로 구성되었다.

국무총리를 위원장으로 하는 제17대 대통령취임행사위원회는 취임 장소 선정과 관련해 '광장'을 핵심 원칙으로 삼았다. 행사위원회는 옥내와 옥외를 구분해 옥내는 국회의사당 중앙홀, 잠실 실내 체육관, 세종 문화회관 대극장을, 옥외는 국회의사당 앞마당, 광화문 광장, 서울 광장을 후보지에 포함했다. 이후 논의를 거쳐 옥내는 제외하고 옥외 세 후보지 중에서 선택할 것을 당선인에게 요청했다. 신임 대통령은 국회 의사당을 선택했다. 이렇게 취임 장소의 정치적 전통은 지속되었고 관례도 존중되었다. 하지만 국회의사당은 새로운 보수정권의 탄생 혹은 보수정권의 새로운 탄생을 구현하고 있는 정치적 인격에 걸맞은 미학의 차원에서 변주되었다.

가장 먼저 우리 눈에 띄는 연출은 취임 무대의 배경을 이루고 있는 공식휘장이다. 그것은 전통 악기 태평소와 북 문양과 "함께 가요, 국민 성공시대"라는 캐치프레이즈의 조합으로 구성된 푸른 바탕의 휘장이었다.[52]

제17대 대통령 취임식의 공식휘장은 국민 모두의 태평성대를 염원하는 희망의 울림소리를 太平, 鼓로 상징화한 것이다. 전통 국악기 중 그 소

---

[52] 이명박 대통령 취임식의 공식 휘장의 태평소 그림은 흡사 넥타이가 휘날리는 느낌을 준다. 대통령 선거전에서 강력한 지지 효과를 만들어 낸, 성공한 샐러리맨의 이미지가 드러나는 것으로 해석해도 가능할 법하다.

이명박 대통령 취임식 휘장(출처: 국가기록원)

리의 음고가 가장 높고 울림이 강한 태평소(太平簫)와 북(鼓)의 울림소리를 모티브로 하여 서로 화합하고 마음을 모아 희망찬 미래로 나아가는 벅찬 울림소리가 세계로 뻗어 가는 역동적인 형상으로 디자인되었다.[53]

17대 대통령 취임식은 총 6만 2천여 명을 초청했다. 한국 대통령 취임식의 역사에서 초청 인원은 지속적으로 늘어났는데, 그것은 정치권력의 과시라는 면에서 자연스러운 것으로 보인다. 문제는 어떠한 사람들을 초청하고 초청된 사람들을 어떻게 배치하는가에 따라 새로운 정

53 대통령기록관-이명박 대통령-취임식, http://www.pa.go.kr/online_contents/inauguration/president17.jsp.

이명박 대통령 취임식(출처: 국가기록원)

권의 가치지향과 이념적 정체성이 드러난다는 데 있다. 새로운 정부는 홈페이지를 통해 신청한 사람들 중에서 2만 5천 명을 초청할 계획이었는데, 그보다 거의 두 배 가까운 신청으로 인해 먼저 '가족 단위' 신청자 9,887명(3,527가족)을 선정하고 나머지를 추첨으로 뽑았다.[54]

이어서 우리는 17대 취임식 무대 구성에서 몇 가지 특징들을 본다. 먼저, 신임 대통령이 자리할 연단을 전통적인 형태와는 달리 'T'자 모양으로 만들어 참석자들이 대통령의 모습을 좀 더 가까이에서 볼 수 있도록 했다. 그와 같은 구성은 물리적인 효과보다는 상징적인 효과를 지향하는 변주라고 할 수 있다. 둘째, 같은 맥락에서 취임식 연단의 높이를

---

54 행정안전부, 『정부의전편람』, 2008, p.144.

기존의 3미터에서 2미터로 낮추었다. 국민들과의 눈높이를 맞춘다는 탈권위주의를 향한 의지의 연출이다. 셋째, 단상에 오를 사람들의 구성에서 주목할 만한 변화를 시도했다. 그러니까, "그동안 관례적으로 단상 위에 앉았던 장관 내정자, 청와대 수석 내정자 등은 모두 단상 아래에 앉게"[55] 하는 대신 국민 대표 50여 명을 단상으로 올리는 방식으로의 변화다. 국민의 대표를 단상에 배치함으로써 민주주의와의 친화 이미지를 만들어 내려 한 것은 국민의 정부의 시도로 거슬러 올라간다. 넷째, 신임 대통령은 국회 정문에서 중앙 통로를 통해 입장했다. 연단까지 차를 타고 입장한 과거와 비교할 때 파격이다.[56]

한국에서 민주화가 궤도에 오른 이후 등장한 정부들은 예외 없이 자신이 지향하는 민주주의 이념과 가치로 정치적 정체성을 가시화하려 했다. 문민정부, 국민의 정부, 참여정부가 그것들이다. 그와 달리 새로운 정부는 그 수장의 이름을 따라 '이명박 정부'로 명명했다. 전임 정부들과의 근본적 차이를 드러내는 호명의 형식이라고 이야기할 수 있다. 정부의 명칭에 관한 논의 과정을 따라가면, 대통령 선거가 열리기 전인 2007년 12월 16일 이명박 후보는 집권할 경우 정부를 '실용정부'로 명명하기로 결정했다.[57] 그러나 선거에서 승리한 뒤 정부 명칭에 관한 논의가 진행하면서 상황이 바뀌기 시작했다. 실용정부 혹은 실천정부라는 명칭은 몇 가지 점에서 비판을 받았다. 첫째, 전임 정부들, 특히 개혁적

55 『정부의전편람』, 2008, p.155; 이강래, 『대통령을 완성하는 사람』, p.173.

56 "MB, 취임식서 논란 끝 양복 입기로," 「중앙일보」, 2008.02.24.

57 "한나라, '새 정부 이름은 실용정부'," 「한겨레」, 2007.12.16.

노선을 표방한 전임 정부들의 관례를 따르는 것이 적절하지 않다는 점이다. 둘째, 실용이라는 용어는 대통령의 철학을 담는 언어라고 할 수 없을 뿐만 아니라, 수사를 선호하지 않는 당선자의 의견을 존중해야 한다는 논리다. 결국 대통령직 인수위원회는 실용정부라는 이름을 사용하지 않는 데에 합의했다.[58] 그러니까 이명박 정부는 전임 정부와의 차이를 만들어 내고 당선자의 이미지에도 호응하는 명칭이라는 것이다.[59] 권력자의 이름으로 정체성을 설정했다는 점에서 이명박의 취임식을 작동시킨 정치미학은 독트린이 아니라 자연인적 인격을 부각하는 데 일차적 지향이 있었다고 말할 수 있다. 이러한 정당성 미학은 예컨대 신임 대통령의 의상 전략에서도 잘 드러난다. 취임식 관련 보도에 따르면, 대통령직 인수위원회는 신임 대통령의 의상, 그러니까 한복과 양복 중에서 어느 것을 선호하는지에 대한 국민의견을 조사했다. 그것은 신임 대통령의 의지가 반영된 것이었다. 2005년 청계천 준공식에서 한복을 입은 이명박은 대통령 취임식에서도 한복 착용을 적극적으로 검토했던 것으로 알려졌다.[60]

신임 대통령의 정치적 시간도 역시 2월 25일 0시를 기해 시작되었다. 대통령직인수위원장과 취임준비위원장을 포함해 전국 16개 시도와 재외국민에서 뽑힌 국민 대표 17인이 참여한, 보신각 타종행사가 열렸다. 취임식은 역시 전임 정부의 취임식과 마찬가지로 본 행사에 앞서

58 "이명박 정부, '실용정부'라는 말 안 쓰기로," 「한겨레」, 2007.12.28.
59 "실용정부냐, 이명박 정부냐," 「한겨레」, 2007.12.21.
60 "MB, 취임식서 논란 끝 양복 입기로," 「중앙일보」, 2008.02.24.

사전 행사로 문을 열었다. 취임식 사전 행사의 테마는 '시화연풍時和年豐' 즉, 나라가 태평하고 풍년이 든다는 뜻으로 공식휘장이 내포하고 있는 의미인 태평성대와 호응하고 있다. 시화연풍은 박범훈 취임준비위원장이 곡으로 만들고, 국립국악관현악단, 서울시립교향악단, 국립국악원이 연주하고, 소리꾼 장사익 씨와 참석자들이 함께 노래하면서 예술적 형식으로 구현되어 취임 무대의 미적 상징화 요소로 작용했다. 공식휘장과 취임식전 행사의 테마에서 구현된 성공과 성장과 풍요의 가치는 궁극적으로 새로운 정부가 취임식을 통해 보여 주고자 했던 비전인 "선진 일류국가를 향한 대한민국의 꿈과 희망"[61]과 결합하고 있다. '성공'과 '일류'와 '선진'은 이명박 정부가 대통령 선거전에서부터 지속적으로 강조해 온 가치였다.

사전 행사가 끝난 뒤 신임 대통령의 입장으로 본 행사가 시작되었다. 앞서 우리가 취임식 무대 입장의 상징정치라는 새로운 개념을 통해 밝혔듯이 이명박의 입장 또한 5년 전 노무현과는 사뭇 다른 내용을 보였다. 동작동 국립현충원 참배를 마치고 국회의사당으로 이동한 신임 대통령은 의사당 정문에서 내렸다. 그리고 그는 부부동반의 형식으로 정문에서부터 천천히 걸어서 취임식 단상으로 올라갔다. 국회의사당에서 대통령 취임식이 거행된 이래 신임 대통령이 정문에서 내려 무대까지 걸어 올라간 적은 없었다. 새로운 권력은 꽤 오랜 시간 동안 초청객들의 손을 잡거나 눈을 맞추는 소통의 과정을 진행하면서 나아갔다. 민주주의의 가장 중요한 가치인 소통의 의지를 드러내려 한 연출이다.

61 『정부의전편람』, 2008, p.135.

이명박은 이임 대통령 환송식을 마친 뒤 중앙 통로를 따라 행진을 시작했다. 그는 자유스런 분위기 속에서 아리랑 노래가 울려 퍼지는 가운데 정문을 향해 나아갔고 정문 앞에서 차량에 탑승했다. 그렇게 그의 취임식은 국회의사당 정문에서 시작해 같은 곳에서 마무리되었다. 결국 국민과의 소통이라는 연출을 고리로 취임식을 구성한 것이다.

2012년 12월의 대통령 선거에서 승리한 박근혜는 역시 국회의사당을 취임식 장소로 선택했다. 하지만 대부분의 신임 대통령들이 그러했듯이 박근혜도 국회의사당에서 새로운 권력의 정치미학을 위한 변주를 시도했다. 취임식 무대 뒤 새로운 공식 휘장과 표어에서 그 차이점이 드러난다.

제18대 대통령 취임식의 공식휘장은 '새 시대 새 희망 새 바람'이며, 새 정부의 출범과 함께 '새 시대를 바라는 국민 모두의 염원이 역동의 힘으로 하나 되어 전 세계인의 가슴에 희망으로 널리 퍼진다'는 의미를 담고 있다. '대한민국과 한민족의 역사와 전통'을 가장

제18대 대통령 휘장(출처: 대통령기록관 홈페이지)

대표적으로 상징하는 '전통 삼태극 문양'과 '역동의 힘, 새로운 힘'을 의미하는 '회오리바람', 그리고 '시작, 울림, 국민의 희망'을 상징하는 '큰북'의 이미지를 디자인의 모티브로 활용하였다.[62]

박근혜 대통령 취임식(출처: 국가기록원)

　이 공식 휘장과 함께 '희망의 새 시대를 열겠습니다'라는 취임식 표
어가 신임 대통령의 정치적 새로움을 보여 주려 하고 있다. 이 새로움
의 시각화를 위해 취임식 공간을 둘로 나누는 방식이 시도되었다. 먼저
의사당 앞의 메인 무대와 함께 광장 잔디밭 중앙 분수대에 원형 무대를
설치했다. 원형 무대는 신임 대통령이 행진을 한 뒤에, 참석한 국민들
과 한 공간에 자리하면서 감사의 인사를 전하는 장소로 기획되었다. 대
통령과 국민들의 거리를 좁히는 의미의 공간 연출은 이명박의 취임식
에서 단상을 T자 형태로 바꾸는 것에서 시도되었지만 박근혜의 경우는
그보다 더 실제적이고 인상적인 공간 재구성을 기획했다. 또한 '희망

---

62 대통령기록관-박근혜 대통령-취임식, http://www.pa.go.kr/online_contents/inaugu
　　ration/president18.jsp.

아리랑'이란 제목의 대형 그림으로 메인 무대를 장식하는 전례 없는 연출을 통해 취임식의 표어와 의미의 조응을 만들어 내는 새로운 방식을 도입했다.

박근혜 정부도 0시의 보신각 타종행사로 취임식의 문을 여는 전통을 따랐다. 각 지역과 계층의 국민 대표로 선발된 18명이 참여해 타종을 진행했다. 국민의 정부에 기원을 두고 있고 그 이후 두 번의 취임식에서 모두 개최되었던 0시의 타종행사는 이렇게 새로운 정치적 시간의 도래를 알리는 스펙터클의 전통을 향해 나아가는 것처럼 보인다. 또 하나의 전통으로 확립된, 취임식 이전 국립묘지 참배를 마친 박근혜는 전통음악과 현대 대중음악으로 흥겨운 축제의 장으로 변한 취임식 무대 국회의사당으로 들어왔다. 그의 입장은 노무현과 이명박의 입장 형식을 절충한 것으로 보인다. 정문에서 내린 신임 대통령은 국민 대표로 호명된 30명과 함께 인사를 나누고 함께 취임식 무대를 향해 걸어갔다. 참여와 소통의 가치를 동시에 보여 준 연출이다.

신임 대통령 박근혜는 카키색 코트를 입고 취임식 단상에 섰다. 취임식을 앞두고 예복과 일반 양복 사이에서, 한복과 양복 사이에서 고민한 전임 대통령들처럼 박근혜 또한 자신의 정치적 신체를 가장 이상적으로 드러내 줄 의상의 전략을 짠 것인데, 한 해석에 따르면 카키색 코트는 군복에서 디자인을 착안한 밀리터리룩으로 안보 의지와 군사전술을 드러내 준다. 박근혜의 코트는, 그러한 남성적 색채에 여성적인 라인을 가미함으로써 '중성적인 이미지' 구축을 시도한 것이라는 주장이다.[63] 이 논점을 수용한다면, 박근혜는 자연인으로서의 여성과 국군통수권자인 대통령 사이에서 만들어질, 의미의 관행적 불일치를 밀리터

카키색 코트를 착용한 박근혜 대통령(출처: 국가기록원)

리룩을 통해 해소하려했다고 볼 수 있다. 박근혜는 국회의사당 취임식을 마친 후 광화문 광장에서 취임식 2부 행사를 진행했는데, 거기서는 카키색 코트를 벗고 매화 무늬의 붉은색 한복을 입고 등장했다. 한복으로 갈아입은 것은 행사의 전환을 보여 주는 자연스런 코드다. 행사를 1, 2부로 나누어 진행하면서 앞의 행사에는 군사적 남성성을 강조하는 의상을, 뒤의 행사에서는 전통적 여성성을 부각하는 의상을 선택했다.

대통령 선거에서 승리한 뒤 박근혜와 측근들은 새로운 정부의 작명과 관련해 개혁정부들의 사례와 이명박 정부의 사례 사이에서 고민을 한 것으로 알려져 있다. 앞을 따른다면 '민생정부'나 '국민행복정부'로, 뒤를 따른다면 당연히 '박근혜 정부'로 명명하는 수순이었다. 논의를 거

---

63 양미경·곽태기, "박근혜 대통령의 패션정치 연구," 『한국패션디자인학회지』, 14권 1호, 2014, p.149.

처 2013년 2월 6일 대통령직 인수위원회는 최종적으로 '박근혜 정부'로 결정했다.[64] 인수위원회는 헌법정신과 해외사례, 특히 미국의 사례를 그 이유로 들었다. 동일한 헌법 아래에서 정부들이 자신만의 이념적 지향을 확정하는 것은 적절하지 않을 뿐만 아니라 미국과 같은 나라들에서도 대통령의 이름으로 정부를 작명한다는 논리였다.[65] 새로운 정부의 이름은, 이명박 정부와 마찬가지로, 최고 권력자의 얼굴을 표상하는 방식으로 설정된 것인데, 인수위의 설명은 충분한 설득력을 제공하지 않는다. 그보다는 '박근혜'라는 이름이 보여 주고 있는, 적어도 두 차원의 의미에 주목할 필요가 있다. 하나는 박정희의 유산을 이어받은 정치적 인격이고, 다른 하나는 최초의 여성 대통령이라는 자연인적 인격의 의미다. 그렇게 볼 때 '박근혜 정부'라는 이름을 두른 신임 대통령은, 이념적 정체성으로 자신을 드러낸 개혁적 대통령들과의 차이는 물론이거니와 보수 세력의 정치적 영웅 박정희의 재탄생과 여성 대통령으로서의 정치적 새로움이라는 후광을 입는다.

박근혜 정부라는 작명 그리고 남성성을 지향하는 1부와 여성성을 강조하는 2부로 나눈 취임식 구성 위에서 '박근혜'라는 이름을 해석해 보면, 그것은 이중의 의미를 지니고 있다. 먼저 그 이름은 아버지 박정희와 어머니 육영수의 기억을 동시에 간직하고 있는 의미체다.[66] 공적 퍼스낼리티에 내재된 그와 같은 독특한 측면은 박근혜가 국회의원 보궐

---

64 "새 정부 명칭, '박근혜 정부'로 결정," 「연합뉴스」, 2013.02.06.
65 "새 정부 명칭은 '박근혜 정부'," 「오마이뉴스」, 2013.02.06.
66 하상복, "박근혜의 리더십: 성장과 국가를 우선시하는 여성적 리더십," 호남정치학회 엮음, 『리더십 청문회』, 부키, 2007.

선거로 공적 경력을 쌓는 시공간에서부터 중요한 정치적 자산으로 동원되어 온 바 있다. 그 점에서 '박근혜 정부'는 대단한 대중적 호소력을 지닌 이름일 수 있으며, 취임식을 2부로 나누어 구성한 것은 자신의 이름 속에 체현되고 있는 남성적 인격과 여성적 인격을 공간적으로, 미적으로 드러내는 전략적 기획이었다.

THE BIRTH
OF POWER
THE BIRTH
OF POWER
THE BIRTH
OF POWER

1
새로운 권력,
언어의 독점적 주체로

정치공동체를 이끌 새로운 권력은 취임의례의 엄격한 규칙과 순서에 따라 움직여야 했다. 취임식의 장소로 들어오는 순간부터 그의 움직임의 선은 정확하고 엄격한 의미의 궤도를 따른다. 무대의 중심으로 새로운 권력이 들어와 앉는 그 순간부터 취임식의 구도가 확립된다. 새로운 권력을 둘러싸고 있는 공간적 구성물들과 배치의 기하학에 의해 그 권력의 정치적 의미가 만들어지고 신성화의 효과가 발생하는 것이다.

그런데 여기서 우리가 흥미롭게 봐야 하는 부분은 새로운 권력이 아직까지 어떠한 '말도 하고 있지 않다'는 점이다. 아니 발언할 권한을 부여받고 있지 않아서 말하지 못하는 상태라는 표현이 더 정확해 보인다. 그는 사회자가 발언권을 부여할 때까지 '침묵'해야 한다. 자신의 정치적 의지를 명확하고 능동적으로 표출할 수단이 언어라는 점에서 새로운 권력이 발언할 자격을 부여받는 일은 대단히 중요해 보인다. 취임의례 절차에서 그 순간은 '취임선서' 단계로 실현된다. 그러한 맥락에서 취임선서는 대단히 중대한 정치적 무게감으로 다가온다. 말하자면 새로운 권력의 정치적 주체성을 완전하게 구축해 낼 결정적 단계 중의 하나라는 것이다.

제헌헌법으로부터 제6공화국 헌법에 이르기까지 헌법은 대통령 취임선서의 형식과 내용을 규정해 왔다. 이는 정치적 언어의 주권을 확보하는 과정의 엄격함을 드러내 준다. 여기서 우리는 근본적인 차원에서의 변화까지는 아니라고 하더라도 주목할 만한 차이점을 관찰한다. 옆의 표는 취임선서에 관한 헌법적 규정들이다.

이렇게 헌법이 규정하고 있는, 취임선서 낭독이라는 최초의 언어적 실천을 통해 새로운 권력은 자신의 정치적 존재성을 이념적 신성화의 세계로 끌고 들어가기 위한 단계로 접어든다. 그러니까 새로운 권력의 신성화와 관련해 언어 행위 이전까지는 이른바 공간적 위상학과 배치를 근간으로 하는 수동적 운동으로 특징지어진다면 그 이후는 능동적인 운동으로의 변화가 일어난다는 해석이 가능하다.

초대 대통령 취임식으로부터 이어져 오고 있는 역사적 연속성의 절차인 이 취임선서는 정치권력의 이념적 신성화에서 대단히 중대한 기능을 수행한다. 취임식의 중앙에 위치하고 있는 새로운 권력이 헌법적 명령을 공개적으로 약속하는 모습은 무엇보다, 그 권력을 근대 민주주의의 핵심적인 이념인 헌정주의constitutionalism의 정치적 기호로 —그 기호의 정치적 진실성 여부와는 별개의 문제다— 만들어 낸다. 헌정주의는 근대 민주주의를 이야기할 때 가장 우선적으로 제시되는 이념이다.[1] 헌정주의는 국가의 기본법으로서 헌법에 의한 통치 혹은 정치를 최고의 규

헌법	취임선서
제헌헌법	제54조: 대통령은 취임에 제하여 국회에서 좌의 선서를 행한다. "나는 국헌을 준수하며 국민의 복리를 증진하며 국가를 보위하여 대통령의 직무를 성실히 수행할 것을 국민에게 엄숙히 선서한다."
1952년 7월 7일 개정 헌법	제54조: 대통령은 취임에 제하여 양원 합동회의에서 좌의 선서를 행한다. "나는 국헌을 준수하며 국민의 복리를 증진하며 국가를 보위하여 대통령의 직무를 성실히 수행할 것을 국민에게 엄숙히 선서한다."
1960년 6월 15일 개정 헌법	제54조: 대통령은 취임에 제하여 양원 합동회의에서 좌의 선서를 행한다. "나는 국헌을 준수하며 국민의 복리를 증진하며 국가를 보위하여 대통령의 직무를 성실히 수행할 것을 국민에게 엄숙히 선서한다."
1963년 12월 17일 개정 헌법	제68조: ① 대통령은 취임에 즈음하여 다음의 선서를 한다. "나는 국헌을 준수하고 국가를 보위하며 국민의 자유와 복리의 증진에 노력하여 대통령으로서의 직책을 성실히 수행할 것을 국민 앞에 엄숙히 선서합니다." ② 전항의 선서에는 국회의원과 대법원의 법관이 참석한다.
1969년 10월 21일 개정 헌법	제68조 ① 대통령은 취임에 즈음하여 다음의 선서를 한다. "나는 국헌을 준수하고 국가를 보위하며 국민의 자유와 복리의 증진에 노력하여 대통령으로서의 직책을 성실히 수행할 것을 국민 앞에 엄숙히 선서합니다." ② 전항의 선서에는 국회의원과 대법원의 법관이 참석한다.
1972년 12월 27일 개정 헌법	제46조: 대통령은 취임에 즈음하여 다음의 선서를 한다. "나는 국헌을 준수하고 국가를 보위하며 국민의 자유와 복리의 증진에 노력하고 조국의 평화적 통일을 위하여 대통령으로서의 직책을 성실히 수행할 것을 국민 앞에 엄숙히 선서합니다."
1980년 10월 27일 개정 헌법	제44조: 대통령은 취임에 즈음하여 다음의 선서를 한다. "나는 헌법을 준수하고 국가를 보위하며 민족문화의 발전 및 국민의 자유와 복리의 증진에 노력하고 조국의 평화적 통일을 위하여 대통령으로서의 직책을 성실히 수행할 것을 국민 앞에 엄숙히 선서합니다."
1987년 개정 헌법	제69조 대통령은 취임에 즈음하여 다음의 선서를 한다. "나는 헌법을 준수하고 국가를 보위하며 조국의 평화적 통일과 국민의 자유와 복리의 증진 및 민족문화의 창달에 노력하여 대통령으로서의 직책을 성실히 수행할 것을 국민 앞에 엄숙히 선서합니다."

범적 가치로 삼는 주의를 가리킨다. 그러나 그렇게 말하는 것만으로는

---

1   김병곤, "영국 헌정주의의 기원과 커먼로," 『유럽연구』, 25(3), 2007, p.278.

헌정주의에 응축된 근대 민주주의 정신을 파악하기는 어렵다. 근대적 왕정체제에서도 국가의 기본법이 있었고 그것을 수단으로 공동체를 다스려 왔다고 한다면, 헌정주의를 근대의 산물이라고 말할 수 없다는 주장도 가능하기 때문이다.

우리가 생각하는 헌정주의의 본질은 정치공동체의 그 어떤 존재도 헌법의 권위를 넘어설 수 없다는 이념에 있다. 그것은 정치권력에게 특히 더 강하게 부과되는 이념이다. 절대권력의 반정립으로 탄생한 근대 민주주의의 중대한 고민 중의 하나는 통치 권력을 적절히 규제하고 통제해야 한다는 것이었다. 그러한 정치적 필요는 자유주의적 문제의식, 즉 피치자의 생명과 재산과 이익, 한마디로 말하면 제반의 권리를 보존하고 유지한다는 점에 있었다.[2] 아무런 제한장치 없이 행사되는 정치권력의 부정적 결과를 익히 인식해 온 근대의 사상가들과 정치가들은 정치권력의 민주적 통제를 향한 이념적·제도적 원칙과 장치들을 고안해 내려 했다. 국민주권, 기본권, 권력분립 등과 같은 자유주의의 원리들이 그러한 고민의 귀결이었다. 그리고 그러한 원리들은 헌법으로 불리는 보편적이고 절대적인 이념적·제도적 형식 속에 담겨져 정치권력이 준수해야 할 규범으로 강제되었다. 정치공동체의 어느 누구도 따르지 않을 수 없는 의지적 실체라는 점에서 헌법은 아마도 근대화된 신일 것이다. 전근대 정치에서 신이 차지한 절대성을 근대 정치는 헌법에 부여하고 있다는 말이다.

---

2 T.R.S. Allan, "Legislative supremacy and the Rue of Law: Democracy and Constitutionalism," *Cambridge Law Journal* 44(1), 1985, p.111.

이러한 해석에 입각한다면, 헌법의 명령을 스스로 낭독하는 일, 헌법이 규정하고 있는 정치적 소명을 공개적으로 표명하는 일은 헌정주의 준수라는 근대적 이념성의 의례적 구현이다. 새로운 권력이 스스로를 드러내기 위해 구사하는 최초의 언어가 헌법의 언어이고 헌법적 명령인 것이야말로 근대가 표방하는 이념성의 핵인 헌정주의 구현체로서의 이미지를 향한 정치적 스펙터클이다. 신임 권력은 그 헌법의 의지를 따라 주어진 임기 동안 자신이 실천해야 할 공동체의 과제들을 성실히 수행할 것을 약속한다.

한국의 신임 대통령이 약속한 헌법의 취임선서와 관련해 우선적으로 관찰해야 할 부분은 대통령 취임선서의 상대counterpart에 관한 헌법적 규정의 변화다. 1972년 개정 헌법인 유신헌법 이전까지, 취임선서는 국회(제헌헌법), 양원 합동회의(1952년 헌법, 1960년 헌법)에서 또는 국회의원과 대법관(1963년 헌법, 1969년 헌법)의 참석 하에 이루어진다고 명시되어 있었던 반면에 이후의 헌법에서는 그에 관한 조항이 사라졌다. 그리고 제헌헌법으로부터 1960년 헌법까지는 "대통령은 취임에 제하여 … 에서 좌의 선서를 한다"라고 서술되어 있는 한편, 1963년과 1969년의 헌법은 "전항의 선서에는 국회의원과 대법원의 법관이 참석한다"라고 기술되어 있다. 주지하는 것처럼, 제헌헌법은 대통령제 권력구조를 특징으로 하지만 의회에 의한 대통령 선거제도를 규정하고 있었다는 점에서, 그리고 1960년 헌법은 내각책임제로 권력구조를 변경했다는 점에서 의회에서의 취임선서라는 헌법적 규정의 맥락을 충분히 이해할 수 있다. 의회를 상대로 이루어지는 취임선서 형식은 근대 민주주의의 중대한 원리들 중의 하나인 '의회 우선주의legislative supremacy'[3]의 의례적 표상으로 해석된다. "모든 국가에서 최고의 권력은 입법권"[4]이라는 정치사상가 로크Jon Locke의 입론처럼 근대 민주주의의 중대한 가치가 입법부 우선주의를 근간으로 해왔다는 점에서 의회 앞에서의 취임선서는 근대 민주주의 이념의 감각적 드러내기다.

여기서 우리는 그렇다면 1952년 헌법과 1963년 헌법 규정을 어떻게 설명할 수 있는가 하는 문제를 만난다. 왜냐하면 1952년 헌법은 의회에서의 간접선거에서 국민의 직접투표로 대통령 선거 방식을 바꾸었고, 1963년 헌법은 내각책임제에서 대통령제로 권력구조를 변경했기 때문이다. 그렇게 보면 의회 앞에서의 취임선서 규정은 일견 모순으로 보인다. 1952년 헌법은 이른바 '부산파동'으로 불리는 헌정쿠데타의 결과물로 탄생한 것인데, 이승만은 민주주의의 근간인 의회를 폭력으로 통제하는 방식으로 헌법을 개정했기 때문이다. 그 점에서 의회에서의 취임선서 규정을 헌법에 유지한 것은 그 자체로 심각한 아이러니이지만, 역으로 바로 그 사실 때문에 정권으로서는 의회민주주의의 훼손을 상쇄할 헌법적 장치가 필요했을 법했다고 우리는 해석할 수 있다. 이어서 1963년 헌법은 1961년에 군사쿠데타로 권력을 잡은 박정희 세력이 헌정주의 복귀라는 대내외적인 정치적 요구에 밀린 결과다. 군사쿠데타로 헌정은 중단되었고 모든 국가권력은 국가재건최고회의로 집중되었는데, 박정희 군사정권은 약속을 한 차례 번복한 후에 헌정주의로의 복귀를 수용하고 제3공화국 헌법을 제정했다. 국회의원과 대법관 앞에서

---

3   Allan, "Legislative supremacy and the Rue of Law: Democracy and Constitutionalism," p.112.
4   J. 로크, 강정인·문지영 옮김, 『통치론』, 까치, 1996, p.128.

대통령 취임선서를 한다는 헌법적 규정은 아마도 쿠데타 정권의 반헌정주의와 반민주주의를 은폐 또는 희석화하려는 의지의 산물로 이해해 봄 직하다.

이와 관련해 우리의 문제의식은 "전항의 선서에는 국회의원과 대법원의 법관이 참석한다"라는 1963년과 1969년의 헌법 규정을 향한다. 앞의 세 헌법 규정과 세 가지 점에서 다르기 때문이다. 입법부에 더해 사법부가 취임선서의 상대로 추가되었고, 국회 또는 양원 합동회의라는 제도적 명칭이 아니라 국회의원과 대법원의 법관이라는 개별적 직위의 명칭으로 바뀌었으며, '…에서 좌의 선서를 행한다'라는 서술어에서 '선서에는 … 참석한다'라는 서술어로 변경되었다. 대통령 취임선서 승인체로서 의회, 사법부라는 제도적 단위가 아니라 개별적 단위의 공적 인격으로 참여해 관람하는 의미로 해석된다. 그렇다면 그러한 규정은, 대통령제 권력구조의 근간인 삼권분립의 구도를 유지하지만 실제로는 의회와 사법부를 권력관계의 대등한 파트너로 인정하지 않는 양면적인 정치적 태도로 읽힌다.

그러한 스탠스는 행정부 우위 이념 또는 대통령주의presidentialism의 왜곡된 양상으로 불릴 수 있는데, 1972년 유신헌법에서 가장 적나라한 방식으로 언어화되었다. 취임선서에 국한해 살펴보면, 유신헌법 제46조에서는 지금까지 유지되어 온 의회(와 사법부) 앞에서의 취임선서라는 규정이 없어졌다. 앞서 관찰했듯이, 유신헌법에 담긴, 권력분립 원리의 근본적 해체에 따른 대통령 패권주의를 고려하면 그와 같은 헌법적 규정의 삭제는 정치적 책임의 제도적 원칙에 대한 부정이다. 여기서 우리가 흥미롭게 봐야 할 부분은, 제헌헌법 이래 헌법적 권한과 책무와 관련해, 입법부가 행정부보다 언제나 먼저 기술되어 온 전통이 유신헌법에서는 뒤바뀐다는 사실이다. 1980년 헌법, 즉 군사쿠데타의 귀결로 제정된 제5공화국 헌법도 그러한 기준에서 유신헌법과 정확히 일치한다. 국민들 앞에서의 취임선서라는 정치적 의미를 부각하려는 의지로 헌법적 규정의 삭제를 해석하려 할 수도 있겠지만 당시 대통령 선거가 통일주체국민회의 대의원 선거와 선거인단 선거로 치러졌고, 취임식 또한 초대된 사람만 참석할 수 있는 폐쇄된 체육관에서 열렸다는 사실을 고려하면 그와 같은 해석은 적절치 않아 보인다. 그러나 이와 같은 정치적 본질에도 불구하고, 군부정권들은 헌법의 취임선서가 우회적으로 말해 주는 자신들의 반민주주의를 한국적 민주주의라든가 평화적 정권교체 등의 민주주의 언어로 정당화했다. 그런 관점에서 이전의 헌법들과 비교해 볼 때, 1987년 헌법의 취임선서는 외견상 유신헌법이나 1980년 헌법의 그것과 다르지 않지만, 실제로는 정반대의 정치적 의미로 다가온다. 1987년의 대통령 선거는 국민들의 직접선거로 치러졌고, 초대받은 사람들 또한 열린 공간에서 취임식에 참여했으며, 그들 중에는 이른바 '보통사람들'이 상당수를 차지하고 있었기 때문이다. 말하자면, 국민들을 향한 취임선서로서의 실질적 의미를 지닌다는 것이다.

취임식 무대 위의 새로운 권력은 헌법이 규정한 취임선서 내용을 낭독함으로써 최초로 자신의 정치적 언어 행위를 수행한다. 그럼으로써 그는 온전한 의미의 정치권력체로 재탄생하게 된다. 그러한 의미의 취임선서 내용은 몇 가지 점에서 간과할 수 없는 변화를 보여 왔다. 먼저, 제헌헌법으로부터 1960년 헌법까지 대통령에게 부여된 정치적 소명은 '국헌 준수', '국민 복리 증진', '국가 보위'로 동일하다. 그러나 1963년과 1969년의 헌법에는 '국헌 준수', '국가 보위', '국민의 자유와 복리 증진'으로 서술되어 있다. 제헌헌법부터 1960년 헌법까지는 국민 복리 증진이 국가 보위보다 앞서 있던 반면에 1963년 헌법부터는 그 순서가 바뀌었다는 말이다. 다음으로, 1972년 헌법은 '국헌 준수', '국가 보위', '국민의 자유와 복리 증진', '조국의 평화적 통일'을 규정하고 있다. 1972년 헌법에서 조국의 평화적 통일이라는 민족주의적 과제가 새롭게 진입했다. 1980년 헌법은 '헌법 준수', '국가 보위', '민족문화의 발전', '국민의 자유와 복리의 증진', '조국의 평화적 통일'을 대통령의 소명으로 규정하고 있고, 1987년 헌법은 '헌법 준수', '국가 보위', '조국의 평화적 통일', '국민의 자유와 복리의 증진', '민족문화의 창달'을 규정하고 있다. 1972년 헌법과 비교할 때, 민족문화의 발전(창달)이 추가되었다. 그리고 1987년 헌법에는 마지막에 위치하고 있던 조국의 평화적 통일이 국가 보위 뒤로 이동했다.

헌법은 새로운 권력에게 헌정주의를 필두로 국가, 자유, 국민, 민족, 통일 등 근대 민주주의와 민족주의의 중대한 가치들을 대통령의 소명으로 부과하고 있다. 이에 따라 새로운 권력은 민주주의와 민족주의의 이념적 트랙 위에서 자신의 정치적 존재성을 연출한다. 하지만 그 가치들의 무게중심에서의 미묘한 변화를 관찰하지 않을 수 없다. 국헌 준수혹은 헌법 준수라는 헌정주의는 지속적으로 가장 중대한 가치로 자리매김 되어 왔지만, 국가 보위와 국민의 복리는 1963년 헌법부터 그 순서가 바뀌었다. 우리는 국민보다 국가적 가치가 우선시되고 있다는 점에서 박정희 정권의 민족주의 이념의 보수성을 엿볼 수 있지만, 국민의 복리에 더해 자유 증진을 대통령의 소명으로 명시하고 있다는 면에서 정권의 이념적 모순성 또한 관찰한다. 박정희 정권은 분단체제의 극복과 조국통일이라는 역사적 과제 위에서 유신체제로의 이행을 정당화했는데 그 점에서 1972년 헌법에서부터 조국의 평화적 통일이 새롭게 등장한 이유를 인식한다. 한편 1980년 헌법에서는 민족문화의 발전이 대단히 중대한 민족주의 과업으로 부상했는데, 문화가 대통령이 추진해야 할 민족적 소명에 포함된 것은 —물론 그와 같은 과업이 실제로 달성되었는가는 별개의 문제다— 주목할 만한 부분이다. 민족문화를 대통령의 주요 소임 중 하나로 포함한 정치적 맥락은 명확하지 않다. 다만 전두환 정권이 야심차게 시도한 '국풍81'을 생각해 보면, 평화적 정권교체와 같은 민주주의의 수사와 유사한 맥락에서 문화 민족주의를 내세워 정권의 반민주적 본질을 가리려 한 것으로 해석해 볼 수 있다. 1987년 헌법에 오게 되면, 민족문화의 창달이 맨 뒤에 자리하고 대신에 조국의 평화적 통일이 그 자리를 차지하는 변화를 경험한다. 1987년 헌법은 한국 민족주의의 가장 궁극적인 의제에 무게를 더하는 이념적 스탠스를 보여 주고 있다고 해석할 수 있다.

2
권력의 언어와
정치적 시간 만들기

신임 권력은 취임선서라는 순서를 통해 정치적 언어, 민주주의와 민족주의의 헌법적 언어 행위를 실천함으로써 자신의 정치적 존재성을 보다 명확한 정통성과 정당성의 지평 위로 끌어올리기 시작한다. 하지만 그럼에도 그는 완벽한 의미에서 정치적 주체로 탄생한 것은 아니다. 왜냐하면 그가 수행한 헌법의 언어는 자유롭게 실천할 수 없는, 필연적으로 따라야 하는, 말하자면 정치적 수동성의 언어였기 때문이다. 그가 완전한 차원의 정치적 주체, 공동체의 미래를 견인할 정치적 창조자가 되기 위해서는 주체적인 언어실천의 장인 취임연설의 단계로 들어와야 한다.

앞서 살펴보았듯이, 새로운 정권의 탄생은 공동체의 새로운 탄생을 의미하는 것이고, 그 점에서 —그것을 정치적 창조의 과정으로 이해한다면— 신임 권력은 '취임연설'을 통해 자신의 고유한 의지대로 공동체를 새롭게 창조한다. 여기서 실천의 과정으로서 정치언어가 전면적으로 자기 모습을 드러낸다. 이제 신임 권력자는 자유로운 언어 수행을 통해 이른바 '인식론적 권력'을 행사한다. 그러니까 새로운 정치공동체를 이해할 이념적 꼴form을 만들어 공동체 구성원들을 향해 제시한다는 것이다.[5]

그 창조 과정의 중대한 단계를 우리는 공동체의 '정치적 시간'을 직조하는 일에서 만난다. 종교적 세계에서 시간이 규칙적으로 기원으로 회귀함으로써 신성의 시간을 느끼게 하고 창조의 과정을 실천해 가듯이, 정치적 세계 또한 그러한 기원적 시간으로의 복귀를 따라 작동한다. 그러한 기원적 시간의 회복은 '과거'를 제시하고 그 과거로부터 단절된 새로운 시간의 시작을 이야기함으로써 이루어진다. 공동체의 소멸과 창조의 시간적 이분법에서 과거는 부정적으로 인식되고 묘사될 수도 있고 그렇지 않을 수도 있다. 그것은 권력자의 정치적 의미화 방향에 따라 달라진다. 중요한 사실은 과거와는 근본적으로 '다른', 새로운 정치적 시간을 제시한다는 점이다. 새로운 권력은 그 과정 속에서 스스로 정치적 조물주가 되어야 하기 때문이다. 정치인류학의 근대적 열망이 그렇게 모습을 드러낸다.

한국의 대통령 취임식에서 공동체의 정치적 시간의 이분법은 동일하지 않지만, 크게 볼 때 민족주의와 민주주의의 기준에서 나누어지고 있고, 그 민족주의와 민주주의는 권력자의 정치적 이념과 이해관계 위에서 상이한 내용과 의미로 구성되고 있다.

---

5 이종은, "서문," 이종은 외, 『언어와 정치』, 인간사랑, 2009, p.20.

초대 대통령 취임사에서 이승만 대통령은 "40년 전에 잃었던 나라를 다시 찾은 것이요 죽었던 민족이 다시 사는 것이 오늘에야 표명되는 까닭입니다"라고 말했다. 제1공화국이라는 새로운 정치공동체의 기원이 되는 정치적 시간인 1948년은 1910년에서 출발하는 과거와의 거대한 단절로서 의미 부여된다. 과거는 나라의 상실과 민족의 죽음으로 표상되는 오염의 시간이었고, 그 반대편에서 새로운 시간은 나라를 다시 찾고 민족이 다시 소생하는 성스러운 시간으로 등장한다. 이렇게 반反식민지 민족주의 이념 위에서 정립된 정치적 과거와 현재라는 인식론적 틀은 당시의 정치적 상황을 고려하면 충분히 이해할 수 있다. 민족주의적 시간이야말로 당시의 가장 보편적인 인식 틀이었을 것이기 때문이다.

2대 대통령 취임사에서는 크게 두 개의 정치적 과거가 제시된다. '지나간 4년'이라는 말이 보여 주고 있듯이 4년간의 대통령 임기가 그 하나이고, 다른 하나는 한국전쟁의 시간이다. 그 정치적 과거들은 대단히 어려운 시간들로 묘사되고 있다. "위험한 때", "불의한 전쟁", "참혹한 전화", "이 난리", "비참한 지경"과 같은 낱말이 그러한 난국을 지칭해 주고 있다. 대통령 취임이 한국전쟁 중에 열렸다는 점에서 그와 같은 시간 규정은 불가피한 것으로 보인다. 여기서 새로운 권력은 이렇게 무질서한 정치적 시간을 극복할 것을 요청받은 운명으로 등장한다. 그와 같은 혼란 너머에 새로운 정치적 시간이 기다리고 있다. 이어서 1956년의 제3대 대통령 취임사의 언어가 만들어 낸 정치적 시간은 8년 전, 그러니까 이승만의 두 번에 걸친 집권기를 기준으로 한다. 신임 권력은 8년의 정치적 과거를 묘사하고 그 위에서 새로운 정치적 시간의 창조를 이야기한다. 그런데 그 8년의 과거는 양면의 모습을 보인다. 안으로는 정치적 안정과 발전의 시간이었지만 밖으로는 위기와 위험의 시간이다. 이와 같은 정치적 과거의 중층성은 대단히 효과적인 언어전략으로 보인다. 내적인 성공은 권력 행사의 정당성을 견인하고, 외적인 난국은 권력 연장의 필요성을 견고하게 만들어 줄 것이기 때문이다.

1960년 4월의 민주화 과정으로 민주당의 윤보선 대통령이 취임했다. 신임 대통령이 제시한 정치공동체의 시간은 "4월 혁명" 전후로 구분된다. 정치적 과거는 "독재", "경제부패", "외교 무능력과 사인私人화"로 인해 오염되어 왔고, 이제 새로운 시간은 그러한 속된 시간에서 벗어나는 문턱에서 출발한다. 1960년 4월을 기준으로 정치적 시간을 구분하는 것은 민주당 정부가 스스로를 민주주의의 계승자로, 민주주의를 실현할 주체로 표상하는 데 매우 중요한 일이다.

하지만 그와 같은 민주주의적 시간은 1961년 5월의 군사쿠데타로 더 이상 이어지지 못하고, 민족주의적 시간이 그 자리를 대신한다. 그런데 군부정권이 제시한 민족주의적 시간은 이승만 정권이 만들어 낸, 반식민지적 기호와는 사뭇 거리를 두고 있다. 쿠데타로 정권을 장악한 군부세력은 제3공화국 헌법 제정과 대통령 선거를 거쳐 헌정주의 외형을 지닌 권력으로 재탄생했다. 12월 17일의 5대 대통령 취임식에서 박정희는 "단군 성조가 천혜의 이 강토 위에 국기를 닦으신 지 반만 년, 면면히 이어 온 역사와 전통 위에 이제 새 공화국을 세우면서…"로 시작하는 취임사를 낭독했다. 그리고 "배달의 겨레가 5천 년의 역사를 지켜 온 이 땅이 우리들의 조국입니다"라는 수사가 이어졌다. 박정희가 제시한 공동체의 시간은 단군으로 상징화되는 종족적 민족주의의 시간이라는 점에서 과거 취임식들의 구도와는 근본적으로 달라 보인다.

박정희의 연설에 비추어 보면, 대한민국 정치공동체의 과거는 5천 년으로 표상되는 거대한 민족주의의 역사였고 그 위에서 새로운 정치적 시간이 출발한다. "식민지", "전쟁", "독재", "부패", "부정"으로 점철되어 온, 한마디로 "고된 역정"으로 묘사되는 그 과거는 민족적 노력으로 극복되어 왔다. 하지만 "준엄한 노정"으로 불러야 할 만큼 상황이 온전히 해결된 것은 아니다. 이제 그 과거의 시간을 딛고 새로운 정치적 창조를 실천해야 한다고 박정희는 이야기했다. 박정희는 그것을 "역사적인 새 공화국의 탄생"으로 묘사했다. 이와 같은 시간의 이분법은 그로부터 4년 뒤의 대통령 취임식에서도 반복되었다. 박정희는 단군 성조를 언급하면서 취임사를 시작했다. 5천 년의 정치적 과거는 "외세의 침략", "고난", "정체"와 같은 낱말들로 규정되어야 할 만큼 오염된 시간이었지만, 그 민족적 어려움은 "인내", "끈기", "항쟁", "생명력과 창조력"으로 극복될 수 있었다. 그러한 위기의 과거 위에서 새로운 정치적 시간이 부상하고 있다. 그리고 박정희는 그 시간을 "국정의 새 출발"이라고 말했다.

한편, 1971년의 제7대 대통령 취임사는 앞의 두 취임사가 동원한 정치적 시간의 종족 민족주의 틀을 따르지 않았다. 오히려 이승만의 취임사에서 나타난 반식민주의적 민족주의 이념을 바탕으로 하는 정치적 시간이 등장했다. "뼈아픈 망국의 비애를 겪은 지 어언 한 세기가 되려 하고 있는 이때", "제2차 대전의 포화가 멎은 지 어느덧 사반세기"와 같은 표현은 제국주의 지배로서 정치적 과거에 대한 인식을 보여 준다. 그런데 박정희가 제시한 정치적 과거는 이중의 시간 구조를 지니고 있다. 식민지 과거와 함께 1960년대가 또 하나의 과거로 제시되고 있다는 말이다. 이는 어떻게 보면 이승만의 제2대 대통령 취임사의 시간 구조와 흡사해 보인다. 1960년대는 박정희 정권의 시간이었는데, 그 점에서 그에 대한 평가는 긍정적일 수밖에 없다. 그러니까 그 과거는, 연설에 따르면, "5·16혁명을 기폭으로 하여 오랜 의타와 침체의 묵은 껍질에서 벗어나 자립과 중흥의 반석 위에 새 한국의 기초를 다져 놓았고, 경제 건설의 토양 위에서만 민주주의의 꽃이 길이 피어날 수 있음을 체험을 통해 실증했으며, 개발과 성장에 있어서도 민주체제가 공산체제보다 훨씬 능률적이라는 자유 이념의 승리를 기록"한 시간들이었다는 것이다. 이러한 과거의 시간 구조 위에서, 박정희 정권의 정당성에 연결되어 있는 새로운 정치적 시간의 의미가 구성된다. 박정희는 그 시간을 "이 역사적인 새 시대의 출발"이라고 명명했다.

1972년 12월의 제8대 대통령 취임은 한국정치, 한국 민주주의 역사에서 근본적인 퇴행의 기록이라고 할 수 있다. 앞서 살펴본 것처럼, 유신헌법으로 불리는 제4공화국 헌법은 민주주의 제도와 절차에 대한 전면적인 부정이었기 때문이다. 그러한 맥락에서, 대통령의 취임사가 제시할 정치적 시간의 이분법은 헌정쿠데타로 등장한 국가권력의 정당성을 견고하게 해 줄 의미의 구도로 구성되어야 한다. 따라서 여기서도 신임 대통령이 제시한 정치적 과거는 이중적 양상을 지닌다. 하나는 그가 과거에 사용해 온 종족 민족주의 시간으로서 5천 년이며, 다른 하나는 1961년 5·16에서 시작하는 10여 년의 시간이다. 앞의 과거는 "지난날 우리의 5천 년 역사는, 멍에와 오욕으로 점철된 것이었으며"라는 수사가 말해 주고 있듯이, 대단히 부정적인 평가를 받고 있는 반면, 뒤의 과거는 "5·16혁명을 기점으로 우리는 민족의 위대한 자아를 되찾기 위한 보람찬 노력을 기울이기 시작"했고, "온갖 시련과 도전을 이겨내면서 국력 배양에 일로 매진해" 온 시간이었다는 점에서 대단히 긍정적이다. "민족사의 새로운 출발점"으로 표상되는 새로운 정치적 시간은 그러한 민족사적 고난과 굴욕을 극복하는 일, 그리고 1960년대에 태동한 민족적 희망의 기운을 계승하는 일의 차원에서 정당성을 획득한다.

1978년 제9대 대통령 취임사가 토대하고 있는 정치적 과거의 구도 또한 이중적 형식을 띠고 있다. "6·25동란"으로 명명되는 내전의 시간이 그 하나라면, 1960년대와 70년대라는 근 20년의 시간이 다른 하나다. "빈곤과 침체, 체념과 무기력 속에서 헤어나지 못하고 있던" 때인 앞의 시간은 그야말로 정치적 퇴락으로 규정되어야 하고, 뒤의 시간은 "국정의 모든 면에서 차츰 활기와 질서를 되찾으면서 자력갱생의 뚜렷한 목표를 세워 힘찬 발걸음을 계속"한, "국력 배양을 가속화할 수 있는 확고한 기틀을 마련"한 희망의 시대였다. 그러한 대비 속에서, 1980년대라는 새로운 정치적 시간이 부상하고, 그 시간은 "새 역사의 장이 펼쳐지는", "장엄한 민족사의 분수령"으로 의미화된다.

한편, 1979년 12월의 최규하 대통령 취임사는 전임 대통령들이 정치적 시간 인식에 사용해 온 특정한 역사적 기준을 제시하지 않고 있다. 신임 대통령은 "지금 우리는 1970년대를 마무리하고 1980년대를 맞이하는 역사의 큰 전환기에 있습니다"라고 이야기했다. 그렇게 보면 정치적 과거는 1970년대라는 10년의 시간으로 등장한다. 그와 같은 규정은 대단히 모호하고 불명확하다. 그러니까 1970년대라는 시간 규정은 기존의 대통령 취임사가 제시해 온 정치적 과거에 내재되어 있는, 반식민주의, 종족 민족주의, 민주주의, 내전과 같은 특정한 이념적 지평으로부터 벗어나 있다는 말이다. 아마도 그것은 자신의 정권이 지닌 상황적 한계에 대한 인식으로 이해할 수 있겠다. 예측하지 못한 정치적 격변기가 가져다준 권력은 적극적인 정치적 의지를 실천하지 못하기 때문이다.

그러한 맥락에 비추어 우리는 1980년 9월 전두환의 제11대 대통령 취임식이 ─비록 최규하의 사임에 따른 보궐선거의 결과임에도─ 대단히 적극적인 정치적 의지가 드러나는, 시간에 대한 이분법적 규정을 제시했다는 사실에 주목할 필요가 있다. 강력한 정치적 욕망으로 권력을 잡은 그로서는 공동체의 미래를 견인할 새로운 정치적 창조의 시간을 이야기하지 않을 수 없었다는 말이다. 전두환은 취임사에서 1945년 해방부터 1970년까지의 정치적 과거를 이야기하면서 그 시대를 "구시대"로 명명하고 1980년대로 불리는 새로운 정치적 시간 만들기를 역설했다. 이와 같은 시간의 이분법은 이듬해의 제12대 대통령 취임사에서도 다시 등장했다. 전두환은 "우리는 오늘 시련으로 얼룩졌던 구시대를 청산하고 창조와 개혁과 발전의 기치 아래 새 시대를 꽃피우는 제5공화국의 영광스러운 관문 앞에 모였습니다"라고 말했다. 평화적 정권교체로 표상되는 민주주의는 그 구시대와 새로운 시대를 가르는 기준이 된다.

1988년 2월 노태우의 취임사에서 과거의 정치적 시간은 1948년부터 시작하는 40년이다. 신임 대통령은 그 시간을 "민주정부"로 명명했다. 그럼에도 그 시간은 "갈등의 찌꺼기"가 쌓여 왔다는 점에서 부정적인 평가를 비껴나갈 수 없다. 그렇다면 여기서 우리는 노태우가 왜 과거의 시간을 '민주정부'라는 긍정적인 낱말로 규정했는가를 살펴봐야 한다. 그것은 그로서는 자신의 대통령권력이 민주적 정당성을 계승했음을 강조하지 않을 수 없었다는 사실에 기반한다고 해석할 수 있다. 그 정치적 과거가 마무리되는 지점에서 "새로운 나라, 새로운 시대", "희망찬 새 시대"를 창조할 시간이 다가온다고 대통령은 선언했다.

1993년 2월 김영삼은 "신한국"이라는 개념을 통해 정치적 시간의 이분법을 제시했다. 그는 "한국병"이라는 묘사 위에서 정치적 과거의 문제를 지적했다. 김영삼은 "오늘을 맞이하기 위해 30년이라는 세월을 기다려야 했습니다"라고 말했는데, 그 점에서 우리는 신임 대통령이 말하는 정치적 과거가 박정희 군부통치가 시작되는 1961년이라는 사실을 인식한다. 그가 취임사에서 가장 강조해 마지않은 가치가 문민정권의 등장이었다는 사실에 기댈 때, 이와 같은 정치적 과거를 제시한 이유는 대단히 명확하다. 지난 시절은, 긍정적인 측면이 없지는 않았음에도, "전도된 가치관", "자신감 상실", "정신적 패배주의", "좌절과 침체", "폐쇄와 경직", "갈등과 대립", "불신의 사회"와 같은 정신적 질병의 시간들이었다. 그리고 그에 맞서서 새로운 권력이 열어 갈 "새로운 조국 건설", "민족 진운의 새봄", "새로운 결단", "새로운 출발"을 향한 창조의 시간이 자리하고 있다.

1998년의 정치적 시간은 김대중의 취임에서 시작했다. 김영삼이 스스로를 문민정권의 등장으로 의미화했다면, 김대중은 "여야 간 정권교체"에서 정당성을 찾으려 했다. 그러한 맥락에서 우리는 신임 대통령이 "정부 수립 50년"이라는 언어를 통해 정치적 과거를 1948년부터의 50년으로 묘사한 이유를 이해한다. '국민의 정부'의 탄생은 한국정치의 역사에서 최초로 정당 간 정권교체라는 성공적 민주화의 역사적 의미를 지닌 사건이 된다. 역으로 말하면 50년의 정치적 과거는 실질적인 정치 민주주의가 지속적으로 실패해 온 시간이라는 부정적 평가를 받는다. 그에 더해 더 심각한 문제는 외환 위기에서 시작한 국가적 난국이 발생했다는 점이다. 그러한 정치경제적 퇴행과 어려움의 시간 반대편에 "새로운 세기", "새로운 혁명의 시대"를 만드는 창조의 시간이 열리게 된다.

국민의 정부에 이어 진보세력의 정치적 승리를 다시 견인해 낸 노무현이 2003년 2월의 취임사에서 제시한 정치적 시간은, "반만년"이라는 개념이 말해 주고 있듯이, 종족 민족주의 시간에서 출발하고 있다. 그가 말하고 있는 그 공동체의 과거는 그야말로 고난, 전쟁, 가난의 시간들과 그런 위기들을 극복한 시간들이었다. 그리고 그 시간의 끝에서 이제 이른바 "세계사적 전환점"이 도래하고 있고, 그것은 대내외적 위기를 의미한다. 노무현은, 그러한 위기의 시간 저편에서 "동북아 시대"로 불리는 새로운 정치적 시간이 열리고 있다고 이야기했다.

2008년 2월에 취임한 이명박이 대통령 취임사를 통해 제시한 정치적 시간의 관념은 "올해로 대한민국은 건국 60주년을 맞이합니다"라는 수사에서 알 수 있듯이, 1948년을 기점으로 하고 있다. 그런데 흥미롭게도 그는 "지난 10년"이라는 표현을 통해 정치적 과거를 명확히 규정하고 있는데, 말하자면 김대중과 노무현 대통령의 집권기간이다. 그는 그 시대를 "이념의 시대"로 등식화하면서 "지난 10년 더러는 멈칫거리고 좌절하기도 했지만 이제 성취의 기쁨은 물론 실패의 아픔까지도 자산으로 삼아 우리는 다시 시작할 것입니다"라는 발언으로 그 정치적 과거의 부정적 측면을 우회적으로 이야기했다. 즉 그 시대는 주저, 좌절, 실패의 시간이었다는 말이다. 정치적으로 결코 긍정적이지 않았던 과거의 반대편에서 이른바 "실용의 시대"로 부르는 새로운 정치적 시간이 시작된다. 그리고 신임 대통령은 "2008년을 대한민국 선진화의 원년으로 선포합니다"라고 선언하면서 그 시간의 출발을 알렸다.

2013년 2월의 박근혜 대통령 취임사가 제시한 정치적 시간의 관념은 전임 이명박 대통령과 동일하다. 1948년 대한민국의 출발이 그 시작이다. 그 과거의 시간과 관련해 박근혜는 산업화와 민주화라는 두 개의 가치로 규정했지만, 사실은 "한강의 기적", "열사의 중동 사막", "공장과 연구실", "최전방 전선"과 같은 수사가 말해 주고 있듯이, 그 시간은 본질적으로 산업화의 시간이었다. 도도하게 흘러가는 산업화의 시간들이 "글로벌 경제위기"와 "북한 핵무장 위협"이라는 위기를 맞이했다는 진단 속에서 박근혜는 정치적 창조를 위한 새로운 시간을 선언했다. 그 시간은 "희망의 새 시대, 제2의 한강의 기적"으로 묘사된다. 여기서 우리는 박근혜가 왜 정치적 과거를 산업화의 시간으로 해석하려 했는지 정확히 인식할 수 있다. 그것은 곧 자신의 정치적 존재성을 박정희라는 정치적 과거와 굳게 연결하려는 열망의 실천이었다.

3

정치적 창조
―공동체의 유토피아 건설

정치적 과거는, 긍정적인 모습이든 부정적인 모습이든, 새로운 권력의 공동체 창조를 위한 일종의 보색이다. 그러니까 정치적 과거라는 시간의 반대편에서 권력은 또 하나의 시간의 문을 열어야 하고, 그 속에 공동체의 미래를 만들어 내야 한다. 그리고 그 미래는 가장 이상적이고 아름다운 디자인이어야 한다. 우리는 그것을 유토피아로 부른다. 앞서 논의한 것처럼, 유토피아는 정치적 근대의 열망을 구현한 것이다. 신이라는 초월자의 전지전능한 기획이 아니라, 인간의 합리적이고 이성적인 사유와 실천의 프로젝트가 유토피아다. 모든 근대적 권력은 과거라는 구시대와의 단절 위에서 새로운 정치적 시간을 이야기한다. 그 시간이 정당성의 영역 안으로 들어오기 위해서 권력자는 반드시 구체적인 유토피아의 그림을 매력적으로 설계해야 한다. 그리고 그 유토피아의 중대한 이념적 프레임은 민족주의와 민주주의다.

식민지배의 과거에서 벗어나 새로운 공동체를 세우는 일과 관련해 초대 대통령 이승만은 크게 두 개의 정치적 과제를 제시하고, 그 성과로 등장하게 될 공동체의 모습을 그리고 있다. 하나는 능력 있고 견고한 정부를 조직하는 일이고, 다른 하나는 이웃 나라들과 친선과 평화를 이룩할 수 있는 외교를 수행하는 일이다. 그러한 정치적 과업의 실천을 통해 대한민국은 민주공동체와 통일공동체를 창조할 수 있게 될 것이다. 이승만은 "모든 국민들의 뜻이 실제로 반영되는", "하루 바삐 평화적으로 남북을 통일해서 정치와 경제상 모든 권리를 다 같이 누리게 하기를 바란"다는 말을 통해 민주통일국가의 이상을 제시했다. 통일과 민주국가의 그 유토피아는 4년 뒤에 다시 등장했다. 2년 뒤에 발발한 한국전쟁의 와중에 대통령에 재선된 이승만은 국군과 유엔군의 강력한 전투력을 언급하면서 "우리 대한이 통일 독립민주국가로 완전히 회복하는 것입니다"라는 이야기로 통일의 유토피아를 강조했고, 취임사의 후반부에 '자유', '통일', '민주'의 가치를 역설했다. 통일과 민주로 표상되는 유토피아는 제3대 대통령 취임사에서도 동일하게 제시되었다. 이승만은 "우리의 제일 긴급하고 절박한 문제는 통일입니다"라고, "우리들은 오직 독립으로 또 통일민주국으로 세운 한국을 위해서 우리는 우리의 생명과 모든 것을 공헌하기에 주저하지 않을 것입니다"라고 말했다. 그에 더해 "민주정체의 진보"를 강조해 마지않았다. 초대와 2대 취임사와 비교할 때 3대 취임사는 유토피아의 경제적 비전을 최초로 가시화하려 했다는 사실에 우리는 주목할 수 있다. 이승만은 중소기업의 발전을 통한 생산력 증대, 수출 증대, 실업 해소, 농업정책의 발전을 통한 식량 생산 증대, 대내적인 경제안전의 실현을 제시했다.

민주화의 성과로 탄생한 윤보선 대통령의 유토피아는 경제적 차원에 초점을 맞추었다. 윤보선은 "국민이 잘 먹고 잘 살 수 있는 경제적 자유를 마련하지 않으면 안 되겠습니다"라고 말하면서 "경제제일주의"를 통한 유토피아의 비전을 제시했다. 새로운 사회는 경제적 부패가 사라진 토대 위에서 국민적 빈곤이 해결된 사회를 의미한다. 이어서 윤보선은 행정과 외교정책의 혁신을 통한 새로운 사회 모델을 그리고 있다. 창의적인 행정과 실용적 외교를 통해 과거와는 근본적으로 다른 체제를 이룩할 것을 선언했다.

반면 박정희의 대통령 취임사에서 제시된 유토피아의 문법은 앞의 두 대통령들과는 사뭇 달랐다. 박정희의 유토피아는 본격적인 의미의 근대적 정치문법 위에 서 있었다. 1963년의 취임사에서 박정희는 다음과 같이 말했다.

본인과 새 정부는 안으로는 조속히 건실한 경제, 사회적 토대를 이룩하고, 현 군사력의 유지와 발전을 포함한 단합된 민족의 힘을 결속할 것이며, 밖으로는 유엔과 자유우방, 그리고 전 세계 자유애호 인민들과의 유대를 공고히 하여 여하한 상황과 조건 하에서도 공산주의에 대항, 승리할 수 있는 민주적 역량과 민족진영의 내실을 기하여 우리의 숙원인 민족통일의 길로 매진할 것입니다.

박정희는 지난 두 정권이 제시한 유토피아의 내용들을 포함하면서 그 틀을 넘어서는, 민주주의와 민족주의와 국제적 연대에 기초하는 미래 공동체의 이상을 제시하고 있다. 이러한 유토피아는 4년 뒤의 취임사에서 보다 세밀한 방식으로 제시되었다. "균형 있는 경제성장으로 아시아에 빛나는 공업국가", "평화적 정권교체와 민주주의", "빈곤과 부패를 추방한 복지사회", "가난이 사라진 통일조국"의 모습들이 그것이다. 대통령은 "근면하고, 정직하고, 성실한 서민국가가 바탕이 된 자주독립의 민주사회"를 이야기했다.

박정희가 취임사에서 묘사한 유토피아는 경제발전, 민주주의, 민족주의의 세 축으로 구성되어 있다고 말할 수 있다. 그것은 근대국가의 전형적인 근본 가치다. 그런데 박정희는 그와 같은 가치들 중에서도 경제성장과 발전을 강조했다. 그것은 당시의 한국적 상황에서 자연스러운 스탠스였다. 그와 같은 유토피아의 비전은 1971년의 제7대 대통령 취임사에서는 일정한 변화를 만난다. 박정희가 제시하는 새로운 공동체를 향한 우선적 비전은 "분단된 조국을 평화로운 방법으로 하루속히 통일"하는 것이다. 민족주의의 강조다. 통일된 공동체라는 유토피아는 1972년의 취임사에서 한층 더 적극적인 방식으로 표명되었는데, 대통령은 "전쟁 없는 평화 속에 5천만 동포가 다함께 행복과 번영을 누리며, 세계 평화와 인류 공영에 이바지하며, 민족의 영광을 드높이는" 민족 공동체의 비전을 제시했다. 이어서 1978년의 취임사는 평화적 통일의 비전을 제시하면서 유토피아의 새로운 개념적 지향을 보여 주고 있다. 그것은 바로 "부국강병"의 비전이다. 대통령은 자립경제와 자주국방의 실현, 고도 산업사회의 달성, 세계적인 과학기술 발전, 도시와 농촌의 균형, 격조 높은 민족문화 개발이 만들어 내는 유토피아를 제시했다.

1979년의 국가적 위기 속에서 권력을 장악한 최규하 대통령은 스스로를 "국난 타개를 위한 위기관리정부"로 규정했다. 그러한 정치적 특수성은 신임 대통령이 공동체의 유토피아를 적극적으로 그리지 못한 이유를 설명해 준다. 그것은 정치적 과거에 대한 대단히 중립적인 규정과도 무관하지 않다. 최규하는 "국가안전보장 공고화", "사회 안정과 공공의 안녕질서 유지", "국민생활의 안정과 경제의 안정적 성장", "정치발전의 착실한 추진"을 언급했다. 이와 같은 표현들에서 유토피아의 적극적 내용을 발견하기는 어려워 보인다.

그에 비해서 1980년의 전두환 정권은 권력의 탄생이 미증유의 반인륜적 학살을 수반한 군사쿠데타의 결과물이었다는 점에서 한층 더 중대한 정당화 과정이 필요했다. 두 번에 걸친 그의 취임사가 '구시대와 새 시대'라는 근본적 이분법을 동원하려고 한 것도 그와 같은 맥락에서 읽을 수 있다. 우리는 그러한 정치적 고민의 연장선에서 그의 유토피아 비전을 독해해 볼 수 있다. 전두환은 11대 대통령 취임사에서 구시대의 건너편에서 탄생할 정치공동체를 디자인했다. "참다운 민주복지국가"로 명명된 새로운 정치공동체는 "민주주의 토착화", "복지사회", "정의로운 사회", "교육혁신과 문화창달"이라는 대단히 아름다운 모습으로 그려졌다. 그리고 이듬해의 12대 대통령 취임사에서 다시 제시된 그러한 정치공동체는 그 이전의 어느 공동체 모델보다 이상적이고 다채로워 보인다.

여기서 우리는, 정치적 시간은 소멸과 창조를 반복한다는 인류학적 진실을 다시 한번 강조해 봄 직하다. 전두환이 제시한 위대한 공동체 창조의 시간은 7년 뒤 노태우에 의해 완전한 과거로, 전적인 소멸로 퇴행해 버렸다. 그것은 새로운 권력은 새로운 공동체를 창조해야 한다는 정치적 명제의 또 한 번의 증명 과정이다. 노태우는 "민족자존의 새 시대가 열렸음을 국민 여러분 앞에 엄숙히 선언합니다"라고 말하면서 과거와의 단절과 새로운 정치공동체의 탄생을 알렸다. "온 국민이 민주와 번영을 누리게 하여 자유와 자존의 통일대국으로 비약할 때", "새 시대는 분명히 변화하며 발전하고 쇄신하며 도약하는, 활력에 가득 찬 진보의 시대", "자유와 행복이 가득 찬 희망의 나라"와 같은 메시지들이 노태우가 제시한 유토피아의 비전이었다.

그러나 그 유토피아 또한 5년 뒤에는 새로운 유토피아에 의해 부정되고 소멸될 운명이었다. 김영삼은 뚜렷한 가치의 대비를 통해 자신이 창조할 새로운 이상향의 얼개를 제시했다. 말하자면 좌절과 침체 대신 용기와 희망의 시대, 폐쇄와 경직 대신 개방과 활력의 시대, 갈등과 대립 대신 대화와 협력의 시대, 불신의 사회 대신 신뢰의 사회, 나만을 앞세우는 사회 대신 더불어 사는 사회의 건설이다. 그것을 그는 "신한국"이라는 모델로 그려 내었다.

그로부터 5년 뒤, 정당 간 정권교체를 실현한 김대중은 보다 세밀한 방식으로 새로운 유토피아 모델을 제시했다. 몇 개의 관념적 언어들로 직조된 유토피아가 아니라 각 사회영역별로 구체화된 유토피아였다. 그 유토피아는 완전히 새롭게 탄생하는 정치공동체 창조 패러다임이었는데, 그것은 전례 없는 국가적 위기가 가져온 필연적 결과물일 것이다. "총체적인 개혁"의 의지로 구현될 새로운 정치공동체는 "국민에 의한 정치", "국민이 주인 되는 정치", "작지만 강력한 정부", "민주주의와 시장경제의 병행"의 원리 위에서 기업 자율성과 대기업-중소기업의 균형과 식량자급을 가능하게 하는 농업발전과 같은 경제적 이상을 구현하는, 교육개혁, 여성인권보장, 지식정보사회, 자주적 집단안보, 화해와 협력의 남북관계를 향유하는 모습으로 제시되었다.

2003년 2월 취임사에서 노무현 신임 대통령이 그린 공동체 유토피아의 핵심적 언어는 "21세기 동북아 시대의 중심적 역할"이었다. "번영의 공동체", "평화의 공동체", "한반도 평화"는 그러한 정치적 유토피아의 구체적인 이념적 표상이었고, 그 이상은 "국민이 주인이 되는 정치", "과학기술혁신", "교육혁신", "부정부패 척결", "국민통합", "복지와 평등"과 같은 정책의 구현을 통해 이룩될 것이었다. 노무현의 공동체 유토피아는, 과거의 취임사들이 제시한 비전이 한반도라는 지리적, 공간적 경계 안에서 상상되었고, 이후 두 취임사의 경우에는 그 경계가 한국이라는 정치적 장소로 더 축소되었다는 점에서, 대단히 독특한 비전으로 평가할 만하다.

앞서 이야기한 것처럼, 이명박 신임 대통령의 취임사가 그린 정치적 유토피아는 동북아로부터 대한민국으로 회귀한다. 그의 유토피아는 "대한민국 선진화"의 개념으로 표상되었다. "실용의 시대"를 따르게 될 새로운 공동체의 미래는 "정부가 국민을 지성으로 섬기는 나라, 경제가 활기차게 돌아가고, 노사가 한마음이 되어, 소수와 약자를 따뜻이 배려하는 나라, 훌륭한 인재를 길러 세계로 보내고, 세계의 인재를 불러들이는 나라"로 묘사되었다. 그것은 어떻게 보면 분단 민족주의에 기반을 둔 유토피아적 이상이라고 볼 수 있는데, 그러한 이념적 스탠스는 박근혜에게서도 재연되었다. 박근혜 신임 대통령의 비전 또한 대한민국의 지리적 경계 위에 머물러 있었다. 그는 "희망의 새 시대, 제2의 한강의 기적"이라는 언어를 통해 자신이 그린 정치적 유토피아를 제시했다. 박정희의 정치적 유산과 밀접히 관련된 '한강의 기적'이 일어날 무대는 한반도 이남인 것이다. "국가발전과 국민행복이 선순환하는 새로운 미래"로 그려진 유토피아는 "경제가 부흥하고 국민이 행복하며 문화가 융성한" 모습으로 구현된다.

4

정치언어와
'적'의 구성

독일의 정치사상가 슈미트Karl Schmitt는 정치의 본질을 다음과 같이
이야기했다.

> 도덕적인 것의 영역에서 최종적인 구별이란 선과 악이며, 미학적인 것
> 에서는 아름다움과 추함이고, 경제적인 것에서는 이와 해, 예컨대 수익성
> 과 비수익성이라고 할 수 있다. … 정치적인 행동이나 동기의 원인으로 여
> 겨지는 특정한 정치적 구별이란 적과 동지의 구별이다. … 적이란 바로 타
> 인, 이방인이며, 그 본질은 특히 강한 의미에서 낯설고 이질적인 존재라는
> 것으로 족하다.[6]

---

6 C. 슈미트, 김효전·정태호 옮김, 『정치적인 것의 개념』, 살림, 2012, pp.38-39.

새로운 정치권력은 정치적 시간을 나누고 정치공동체의 유토피아를 창조하는 일과 더불어 정치적인 적을 만드는 일을 수행해야 한다. 왜냐하면 바로 그 적의 가시화를 매개로 신임 정권의 정당성이 확보될 수 있고, 나아가 권력 행사를 위한 견고한 지지 기반을 확보할 수 있기 때문이다. 그 점에서, 슈미트가 통찰하고 있는 것처럼, 정치적 적은 의미의 명백한 전선을 만들어 낼 정도로 선명한 모습으로 나타날수록 더 강력한 정치적 효과를 산출할 수 있다. 그것은 곧 슈미트가 주장한 이질성의 논리인 것인데, 에델만이 말하고 있듯이 "사악함, 부도덕함, 심리적 뒤틀림, 병리적 성격과 같은 내적 요인들을 보유하고 있는 존재들로 그려"[7]지는 적일수록 강력한 이질성을 생산해 낼 수 있으며, 그 심리적 두려움의 생산은 새로운 권력자를 중심으로 강력한 정치적 동질성의 외연을 만들어 내는 토대가 된다.

그 점에서 한국의 대통령 취임사의 텍스트 또한 예외가 아니다. 물론 그 적은 정권의 고유한 이념적 정체성과 정치사회적 국면의 특수성에 맞추어 상이한 형식과 내용으로 그려졌다.

이승만의 초대 대통령 취임사에서 적은 북한 공산주의자로 묘사되었다. 대통령은 "공산당을 빙자하여 국권을 파괴하려는 자", "공산당의 매국주의" "이북의 공산주의자"를 말하면서 이들을 외세에 의지해 민족을 가르고 통일을 어렵게 하는 세력으로 규정했다. 이때부터 시작된, 북한 공산주의를 적으로 규정하는 정치언어학은 그 이후로 한국의 정권이 자신의 정당성을 확보하는 데 지속적으로 사용해 온 가장 강력한

---

7 Edelman, *Constructing the Political Spectacle*, p.67.

상징전략이었다. 그럼에도 그 강도와 무게는 동일하지 않았는데, 초대 대통령 취임사에서는 그들을 민족적 대화의 파트너로 인정하고 있었다는 점에서 상대적으로 온건한 양상을 보였다. 하지만 1950년 한국전쟁 중에 수행된 2대 대통령 취임사는 사뭇 다른 방향으로 선회했다. 내전의 고통을 고려하면, 그것은 너무나도 자연스런 변화일 수밖에 없었다. 4년 전에 비해 북한은 악마의 이미지로 나타났다. "악독한 원수", "무도한 공산당의 침략", "무염지욕無厭之慾을 가진 적군들", "적색학정", "포악한 원수들"과 같은 극단적 표현들이 그 사실을 잘 말해 준다. 3대 대통령 취임사에서는 적의 범주와 위험에 관한 인식이 달라지는데, 일본과 공산당을 연결하는 방식으로 적의 존재를 만들고 있고, 공산당이 한국으로 침투해 "난동과 혁명운동을 선동"한다는 논리로 적의 위험을 전면화하고 있다.

1960년 윤보선 대통령의 취임연설에서는 중대한 변화를 만나는데, 그는 북한을 적으로 언급하지 않았다. 대신 적은 "경제부패"로 규정되었다. 윤보선 대통령은 "이 경제적 위기를 극복하지 못하는 날에는 한낱 내각의 수명만이 아니라 국가의 운명 또한 여기 달려 있다 하겠습니다"라고 이야기했다. 적이 외부에서 내부로 이동한 것인데, 이러한 변화는 4·19혁명으로 탄생한 정권이면서 경제발전이 최우선적으로 달성해야 할 시대적 소명이라는 인식으로 설명할 수 있다.

1963년 제5대 대통령 취임사에서 박정희는 내부와 외부에서 적을 규정했는데, 먼저 내부의 적에 대해 박정희는 "오늘의 시점에서, 우리들의 최대의 적은 선거 과정에서의 상대 정적이나 대립 정당도 아니며, 바로 비협조와 파쟁으로 인한 정치적·사회적 불안정 그 자체"라고 말했다. 이어서 외부의 적으로는 다시 공산주의가 동원되었다. 이러한 방식의 적의 상징화는 근대화와 반공주의를 정권의 이념으로 설정한 정권의 성격과 정확히 일치한다. 이러한 방식의 정치언어학은 4년 뒤의 취임사에서도 동일하게 나타났다. 박정희는 "우리의 적은 빈곤과 부정부패와 공산주의입니다. 나는 이것을 우리의 3대 공적으로 생각"한다고 말했다. 이러한 사실에 비추어 보면 1971년 제7대 대통령 취임사의 기조는 주목할 만한 변화다. 적에 대한 규정의 무게중심은 내부로부터 외부로 급격하게 이동했다. 대통령은 '북한', '공산주의'와 같은 언어가 아니라 '북괴'라는 극단적 언어를 선택했다. "북괴는 우리의 평화통일 제의를 묵살하고 있을 뿐 아니라 심지어는 세계 도처에서 인민전쟁 수출의 파괴적 역할까지 떠맡고 있으며"라고 말했다. 이와 같은 강력한 "위기의 수사학"[8]은 당시 대통령 선거에서 나타난 부정적인 국민여론을 통제하려는 전략으로 해석된다. 그런데 1972년 이른바 '유신헌법' 아래에서 대통령 선거를 승리한 박정희의 취임사에서는 북한이 언급되지 않는다. 대신에 적은 "휘몰아치고 있는 거센 파도"와 같은 "국제 권력정치"로 규정되었다. 아마 1972년의 유신쿠데타 이전에 시도된 남북적십자회담을 필두로 하는 화해 분위기를 고려하지 않을 수 없었던 것으로 보인다. 박정희로서는 1972년의 헌정쿠데타는 남북통일이라는 민족적 소명으로 정당화되었다는 점을 무시할 수는 없었던 것이다. 1978년의 대통령 취임사 또한 같은 방향에서 전개되었는데, 대통령은 "열강의 움

---

8   Albert Hirschman, *Rhetoric of Reaction*, The Belknap press of Harrard university Press, 1991.

직임은 더욱 다양하고 복잡한 국제 권력정치의 유동성을 드러내고 있"다고 말했다.

강력한 적으로서 북한의 언어적 구성은 1979년 12월 최규하 대통령 취임사에서 다시 등장했다. 최규하는 국제정치상의 격동과 충돌 가능성과 함께 극단주의의 언어로 북한의 정치적 위협을 묘사했다. 최규하는 "군사력 증강을 계속해 온 북한 공산집단은 특히 10·26사태 후 우리의 국론을 분열시키고 사회혼란을 야기하고자 모략과 선동을 격화하고 있으며, 경우에 따라서는 무모한 군사적 도발마저 저지를 가능성도 배제할 수 없"다고 말했다. 유례없는 국가적 위기 국면에서 탄생한 정권의 정당성을 위해서는 가장 자극적인 방식으로 적을 구성해 내는 일이 필요하지 않을 수 없었을 것이다.

한편, 전두환의 취임사에서는 북한이 아니라 내부의 비정상적인 행태가 주된 적으로 묘사되었다. 물론 북한은 대외정세의 갈등과 함께 위협적 존재로 그려졌지만, 내부의 도덕적 해이가 그것들보다 더 심각한 위협이었다. 전두환은 "권력형 부정축재, 부의 편재현상, 황금만능주의, 도의의 타락, 정치적 이견의 극단화, 공직자들의 무사안일주의"를 대표적인 예로 언급하면서 그와 같은 문제들은 국가적 분열과 갈등을 일으키고, "나라의 존립마저 크게 위협"하는 적임을 강조해 마지않았다. 그런데 적에 대한 수사학적 강조는 1년 뒤인 1981년의 대통령 취임사에서는 뚜렷이 관찰할 수 없었다. 대한민국을 둘러싼 국제정세의 위기라는, 일종의 정치적 클리셰cliché를 넘어가지 못했다. 대통령의 수사는 새 시대에 대한 유토피아의 청사진을 묘사하는 데 더 많은 시간을 할애했다.

1988년 노태우의 대통령 취임사에서도 적은 내부로 향하고 있었는데, "내부의 지나친 다툼", "지역감정", "당파적 이기심" 등이 그것이다. 그러나 신임 대통령은 그러한 적이 얼마나 위협적인가를 강조하는 방식으로 접근하지 않았다. 그것들은 새 시대의 문턱에서 사라지고 해체될 것들에 불과하다고 노태우는 이야기했다. 바로 이어 '희망의 나라'를 언급한 사실에 비추어 보면 적의 위협에 대한 강조가 희망에 대한 설득의 수사에 부정적인 영향을 미칠 것으로 인식했을 법하다. 그와 같은 정치언어의 논리는 1994년 김영삼 대통령의 취임사에서는 정반대로 나타났다. 김영삼은 "경제전쟁, 기술전쟁의 시대"라는 대외적 위기를 언급한 뒤에 대단히 강력한 언어로 내부의 적을 만들어 내었다. 한마디로 그것은 "한국병"이란 적이었다. "그런데 지금 우리는 병을 앓고 있습니다. 한국병을 앓고 있습니다. … 바로 이것이 문제입니다. 우리에게 위기가 있다면 그것은 외부의 도전에서 오는 것이 아니라 바로 우리 안에 번지고 있는 이 정신적 패배주의입니다"라고 김영삼은 주장했다. 적에 대한 이러한 극단주의 수사는 역사적으로 새로운 것은 아니지만, "오늘을 맞이하기 위해 30년의 세월을 기다려야 했습니다"라는 표현에 비추어 보면, 이 한국병은 곧 박정희로부터 시작되는 군부정권이 만들어 낸 질병이자 위협이다. 그렇게 보면 한국병이란 언어의 강조는 문민정권에 대한 강력한 정통성의 산출과 연결되는 것이다.

반면, 김대중 신임 대통령에게서 적은 위기라는 단어로 묘사되었다. "6·25전쟁 이후 최대의 국난이라고 할 수 있는 외환위기", "나라가 파산할지도 모를 위기", "모든 분야에서의 좌절과 위기"로 표현되었는데, 이러한 위기에 대한 강조는 현실적으로 다가오고 체험된 위험이라는 면에서 김영삼이 자신의 정치적 정통성을 강조하기 위해 사용한 정치적 수사의 차원을 넘어선다. 이러한 위기는 물가 상승, 실업 증대, 소득 저하, 기업 도산과 같은 부정적 결과들과 연결되면서 한층 더 심각한 양상으로 그려졌다. 이후 신임 노무현 대통령에게서 적은 안으로부터 바깥으로 무게중심이 이동한다. 대통령은 세계적 안보상황의 불안과 그에 대한 구체적 예로서 이라크 사태, 북한의 핵에 대한 국제사회의 우려, 대외경제 환경의 압력을 극복해야 할 적으로 묘사했다.

이명박 신임 대통령이 제시한 적은 안과 바깥 모두에 걸쳐 있었는데, 국제적으로는 치열해져 가는 "국가 간 경쟁 압력"이고, 국내적으로는 "경제 불평등 심화", "계층과 집단 갈등", "저출산 고령화", "분단국의 현실" 등이다. 그리고 박근혜 신임 대통령이 강조한 적은 크게 둘로 압축되었다. 하나는 "글로벌 경제위기"이고, 다른 하나는 "북한의 핵무장 위협"이다.

5
권력의 언어와
정치적 주체의 호명

　새로운 권력은 자신의 언어로 새로운 창조의 시간이 탄생했음을 알리고, 그 시간 위에서 조형을 시작할 공동체의 정치적 유토피아를 그려내고, 그와 같은 집단적 미래를 방해하는 적의 존재를 제시했다. 이제 권력의 언어는 그렇게 만들어진 정치적 설계도를 실천해 갈 '주체'를 구성하는 과정으로 이행한다. 그래야만 취임연설의 내러티브가 완결된다. 적에 의해 초래될 위기들을 효과적으로 극복하면서 공동체의 미래상을 현실화할 존재인 그 정치적 주체는 새로운 권력 자신과 자신의 메시지를 듣고 있는 청중으로 구성된다. 한국 대통령 취임식의 언어가 만들어 낸 정치적 주체는 역시 다른 무엇보다 민족주의와 민주주의 언어라는 근대성의 궤도를 돈다. 물론 취임연설이 구성해 내는 민족주의적 주체, 민주주의적 주체의 양태가 결코 동일하지 않다는 사실을 간과할 수는 없다.

이승만은 3번의 취임연설에서 자신을 민족주의와 민주주의의 존재로 그려 냈다. "하느님 은혜와 동포 애호로 지금까지 살아 있다가 오늘에 이 영광스러운 추대를 받는 나로서는", "나에게 치하하러 온 남녀동포가 모두 눈물을 씻으며 고개를 돌립니다"(초대 취임사), "다행히 우리 동포가 나를 전적으로 지지한 힘으로"(2대 취임사), "우리 동포들이 나의 지도에 신념을 표시한 것"(3대 취임사)과 같은 예들이다. 자신은 동포로 불리는 민족 구성원들의 절대적 존경과 사랑으로, 그리고 그 동포들의 정치적 지지로 탄생한 존재다. 물론 여기서 이승만이 자신을 형용하는 민족주의는 다분히 일차원적인 혈연적 정서에 바탕을 둔 것이고, 민주주의 또한 모호한 형태로 남아 있다. 이어서 이승만은 동포, 민족, 백성, 국민과 같은 용어로 청중을 호명했다. "일반 국민은 다 각각 제 직책을 행해서 우선 우리 정부를 사랑하며 보호해야 될 것이니", "나의 사랑하는 3천만 남녀는 이날부터 더욱 분투용진해서 날로 새로운 백성을 이룸으로써"(초대 취임사), "전 민족에게 대하야 … 각인의 모든 생각이나 주장을 다 버리고 일심협력하는 것입니다"(2대 취임사), "내가 우리 사랑하는 동포들에게"(3대 취임사)와 같은 수사가 대표적 예들이다. 여기서 우리는 그가 호명하는 청중의 정치적 성격이 전근대성과 근대성 사이에서 모순적인 모습으로 남아 있음을 인지한다. 따라서 이승만이 청중을 비록 국민으로 호명하면서 민주주의적 개념을 동원하고 있다 하더라도 그들은 실제로는 민주주의적 주체가 아니라 전근대적 신민이다.[9] 그리하여 청중은 '하느님의 은혜'를 받은 '나'로 호명되는 우월한 권

9 박명규, 『국민·인민·시민 —개념사로 본 한국의 정치주체』, 소화, 2014, p.60.

력자의 명령을 따라야 할 종속적 존재가 될 것을 요구받았다.[10]

1961년 윤보선은 취임연설에서 "나같이 부족하고 무능한 사람을 대통령으로 뽑아주신 국회의원제위에게 송구하면서도 감사하다는 말씀을 아울러 올리는 바입니다"라고 말했는데, 스스로를 민주주의적 주체로 호명하고 있음을 의미한다. 그것은 아마도 이승만이라는 정치적 주체와의 뚜렷한 대비를 만들어 내는 언어적 실천일 것이다. 그는 청중을 향해서도 동포, 백성, 민족과 같은 전근대적 호칭들은 사용하지 않은 채 국민만으로 불렀다. 윤보선은 "국민을 위한 정부라기보다는 진실로 국민의 정부이오니 현명하신 국민의 건설적인 비판과 적극적인 협조가 없이는 오늘의 난국을 타개할 도리가 없는가 합니다", "이제는 국민이 잘 먹고 잘살 수 있는 경제적 자유를 마련하지 않으면 안 되겠습니다"라고 말했다. 이승만이 사용한 동포, 백성, 민족과 달리 국민은 근대적인 호칭이라고 할 수 있는데, 그렇게 보면 윤보선의 취임연설에서 청중은 이승만의 전근대적 백성과 신민으로부터 근대적인 정치적 주체인 국민으로 새롭게 탄생했다고 말할 수 있다. '국민을 위한 정부가 아니라' '국민의 정부'라는 표현에서 그 사실을 인지할 수 있다. 그들은 막연한 혈연성의 전근대적 연대가 아니라 '비판과 협력'의 근대적 연대의 존재로 나타날 것을 요청받는다. 하지만 여전히 윤보선은 스스로를 이승만처럼 나로 호명했는데, 그 점에서 과연 그가 국민을 온전한 의미에

---

10 뒤에서 살펴보겠지만 윤보선에서 전두환에게 이르기까지 권력은 스스로에 대해 나 혹은 본인이라는 우월한 호칭을 사용했다. 그와 같은 우월한 정치적 존재성은 정치적 권위주의의 산물로 보이는데, 이승만의 경우는 그러한 정치의식과 더불어 스스로를 종교적 선민 혹은 초월적 존재로 바라보는 예외성을 드러내는 것으로 우리는 해석한다.

서 근대적 주체로 호명하고 있는가 하는 문제를 제기할 수 있다.

박정희의 취임사는 윤보선에게서 사라졌던 종족 민족주의의 언어를 다시 동원해 자신과 청중을 불러냈다. 하지만 그것은 전근대적 지배관계와 혈연적 정서에 입각한 민족주의와는 근본적으로 달랐다. 그는 '단군 성조'라는 표현을 통해 스스로를 혈연과 종족 민족주의의 맥락에서 정당화했지만, 거기서 그치지 않고 조국 근대화와 민족중흥이라는 근대 민족주의 차원에서 스스로의 존재성을 규정했다. 동시에 박정희는 자신을 근대 민족주의의 주체로서만이 아니라 근대 민주주의 수호자로도 만들어 냈다. 제5대와 6대 취임사의 도입부가 그러한 지향을 잘 보여 주고 있다.

> 단군 성조가 이 강토 위에 국기를 닦으신 지 반만년, 면면히 이어 온 역사와 전통위에, 이제 새 공화국을 세우면서(이제 대한민국 제6대 대통령으로 취임하면서 ─6대 취임사) 나는 국헌을 준수하고 나의 신명을 조국과 민족 앞에 바칠 것을 맹세하면서 겨레가 쌓은 이 성단에 서게 되었습니다.

박정희는 이어지는 취임사들에서 조국 근대화의 가치를 향하는 다양한 민족주의 수사들과 민주주의 언어들로 자신을 정립했다. "조국 근대화의 굳건한 터전 위에서", "경제건설의 토양 위에서만 민주주의의 꽃이 길이 피어날 수 있음을", "근대 시민의 생활 이념을 일상화하는 데"(7대 취임사), "민족의 자주성에 입각한 영광의 역사", "민족사의 새로운 출발점", "국민 여러분의 절대적 지지 속에 민족통일과 번영의 대임을 맡은"(8대 취임사), "민족 웅비의 부푼 꿈과 새로운 결의", "이 보람

찬 중흥의 창업 도정에서", "부국강병의 기틀", "민족문화의 개화기를 맞이하는 위대한 문화의 연대", "이 시대를 함께 사는 온 국민과 더불어 항상 고락을 같이하면서"(9대 취임사) 등의 표현을 예로 들 수 있다. 근대 민족주의와 민주주의로 자신의 주체성을 규정한 박정희는 동포, 겨레, 민족, 국민의 이름으로 청중들을 호명했다. "사랑하는 나의 삼천만 동포들이여!", "배달의 겨레가 5천 년의 역사를 지켜 온", "생각하는 국민, 일하는 국민, 협조하는 국민"(5대 대통령 취임사), "사랑하는 동포 여러분", "친애하는 국민 여러분"(6대 취임사), "5천만 국내외 동포 여러분", "5천만 우리 민족"(7대 취임사), "겨레의 염원"(8대 취임사), "친애하는 5천만 동포 여러분", "5천만 겨레"(9대 취임사) 등이 그 예들이다. 청중을 종족과 혈연에 기반하는 민족적 구성원으로 호명하고 있다는 점에서 이승만의 경우와 같지만, 그 청중은 '조국 근대화'와 '민족중흥' 나아가 '조국 통일'을 위해 스스로 참여해야 할 민족주의적 주체로 그려진다는 점에서 이승만과는 같지 않다. 그러한 맥락에서 우리는 박정희가 비록 청중을 국민으로 호명하고 있지만, 그 청중은 민주주의 주권체라기보다는 사실상 국가를 위해 스스로를 헌신하고 희생해야 할 종속적 존재일 뿐이라는 점을 인식해야 한다. 그의 취임사에서는 어디에서도 국민으로서의 정치적 권리를 언급한 경우를 볼 수 없기 때문이다. 이는 박정희가 청중의 호칭에 대비해 자신을 일관되게 '나'로 호명한 것에서도 뚜렷하게 드러난다.

한편, 최규하의 취임사에서 자신에 대한 규정과 관련해 우리는 박정희식의 민족주의 언어는 발견할 수 없고 민주주의 언어만을 관찰할 수 있다. 그는 취임사의 앞부분에서 "본인은 헌법이 규정한 바에 따라 선서를 하면서"라고 이야기하면서 자신을 근대 민주주의의 핵심적 가치인 헌정주의를 준수하는 주체로 규정했다. 자신에 대한 그와 같은 호명에 이어 최규하는 청중들을 국민으로 불러냈는데, 그렇다고 해서 그 청중들을 자신과 함께 국가적 위기를 돌파할 정치적 주체, 권리의 소유주체로 인정한 것은 아니었다. 오히려 청중은 과거처럼 여전히 국가주의의 희생적 존재로 호명될 뿐이었다. 말하자면, 최규하는 '본인'이라는 호칭을 반복적으로 사용하는 것과 대응해 국민을 향해 "지금이야말로 우리 국민 모두에게 애국심과 단합이 절실히 요구되는 때입니다. 또한 지금이야말로 우리 모두 인내와 자제로 대동단결하여 보다 차원 높은 국가 건설에의 준비를 갖추어 나가야 할 시기입니다"라는 집단주의적 덕목을 요구했다. 이러한 수사학적 구도는 전두환에게서도 동일하게 나타났다. 전두환 역시 "대통령으로 선출해 주신 통일주체국민회의 대의원과 국민 여러분에게 심심한 감사를 드립니다"(11대 취임사), "국민 여러분이 본인에게 압도적인 성원을 보내주신"(12대 취임사)과 같은 표현을 통해 자신을 민주주의 주체로 호명했다. 다음으로, 그는 청중을 국민으로 호칭하면서 "우리 모두 국가 속에 내가 있고 나와 함께 국가가 있다는 것을 명심하여 조국과 민족을 위해 무엇을 할 것인가를 겸허한 마음으로 생각"(11대 취임사)할 것을 요구했다. 이것은 스스로를 '본인'으로 호명한, 우월한 존재로서 대통령의 권위주의적 요구라는 점에서 역시 국민은 전체를 위한 의무의 존재로 간주될 뿐이라고 말해야 한다.

지금까지의 논의 지평에 비추어 볼 때, 노태우의 취임사는, 민족주의와 민주주의의 언어로 자신과 청중을 호명하는 형식에서는 과거와 동일했지만, 그 내용에서는 근본적으로 달라진 양상을 보여 준다. 신임 대통령은 자신을 "민족웅비의 새 시대"와 "민주정부"의 새 시대를 여는 주체, 그리고 '직선제로 선출된' 권력으로 호명하면서 나 또는 본인이 아니라 '저'로 불렀다. 그에 대비해 국민으로 호명된 청중은 정치적 주체, 주권자로 세워진다. "오늘 이 거룩한 단상에 저는 국민 여러분과 함께 서 있습니다", "이 자리에 제가 서 있는 것은 국민 여러분의 명에 따른 것입니다", "모두가 오늘 이 영광스러운 단상의 주인으로서"와 같은 표현에서 우리는 국가권력의 궁극적 근원으로서 국민이라는 근대 민주주의 이념이 표명되고 있음을 본다. 그 점에서 노태우의 취임사는 초대 대통령 취임사 이래 지속되어 온, 정치적 주체들을 호명한 이데올로기적 양상에서 주목할 만한 변화가 시작되는 문턱으로 해석할 수 있다.

문민정부의 탄생을 선포한 김영삼은 자신의 취임사에서 스스로를 민족주의와 민주주의 공동체 건설의 주체로 규정했다. "오늘 탄생되는 정부는 민주주의에 대한 국민의 불타는 열망과 거룩한 희생으로 이루어졌습니다", "새로운 조국 건설에 대한 시대적 소명을 온 몸으로 느끼고 있습니다"라는 수사에서 그 점을 확인할 수 있다. 신한국으로 명명되는 공동체 창조의 주체로서 자신은 '저'로, 자신과 함께 새로운 공동체를 만들어 나갈 주체로서 청중은 국민으로 호명되었다. 그런데 김영삼의 취임사는 이 국민을 민주주의 달성의 숭고한 주체로 명명하면서도 주권자로서의 정치적 권리보다는 국가적 목표를 위해 자신을 희생해야 할 존재로서의 의무를 더 부각했다. "고통이 따릅니다. 우리 다 함께 고통을 분담합시다. 우리는 해낼 수 있습니다. 반드시 해내야만 합니다"라는, 취임사 끝의 명령적 수사에서 그 점이 드러난다. 문민 민주주의 탄생의 주체로서 국민을 호명하면서 동시에 그들을 공동체를 위한 대상적 존재로 부르는 일이 뒤섞여 있다는 말이다.

한편, 김대중은 취임사에서 자신과 자신의 정부를 민주주의의 가치로 불러 세웠다. 구체적으로는 정당 간 정권교체라는 근대 민주주의의 중대한 제도적 양상으로 스스로를 호명했다. 예컨대, "정부 수립 50년 만에 처음 이루어진 여야 간 정권교체", "이 땅에서 처음으로 민주적 정권교체가 실현되는 자랑스러운 날", "국민의 힘에 의해 이뤄진 참된 '국민의 정부'"와 같은 표현을 들 수 있다. 이어서 김대중은 청중을 향해 가장 진보적인 민주주의적 주체로서 국민이 탄생할 것임을 선포했다. 그는 "국민이 주인대접을 받고 주인 역할을 하는 참여민주주의가 실현되어야 하겠습니다", "저는 '국민에 의한 정치', '국민이 주인이 되는 정치'를 국민과 함께 반드시 이루어 내겠습니다"라고 말했다. 과거 어떤 취임사에서도 국민을 이러한 진보적 민주주의 주체로 호명한 적은 없었다는 점을 언급하지 않을 수 없는데, 이러한 호명의 스탠스가 노무현의 취임사에서도 재연됐음을 예측하기는 어렵지 않다. 노무현은 "국민 여러분의 위대한 선택으로 저는 대한민국의 새 정부를 운영할 영광스러운 책임을 맡게 되었습니다"라고 하면서 절차적 민주주의의 가치로 스스로를 불러냈고, 청중을 향해서는 "참여민주주의", "국민 참여 확대", "국민과 함께하는 민주주의", "진정으로 국민이 주인인 정치"와 같은 언어를 통해 능동적인 정치적 주체로서의 국민으로 청중을 호명하려 했다.

이명박도 역시 취임사에서 자신을 민주주의의 언어로 불러냈는데, "저는 오늘 국민 여러분의 부름을 받고", "국민을 섬겨 나라를 편안하게 하겠습니다", "국민을 지성으로 섬기는 나라"와 같은 수사를 예로 들 수 있다. 그런데 이른바 '대한민국 선진화 원년'으로 명명되는 새로운 공동체의 미래를 만들기 위한 정치적 주체로서 국민은 앞의 두 대통령의 참여민주주의 주체와는 거리를 두고 있었다. 예컨대, 이명박은 청중을 향해 "시민사회는 양적으로 성장했지만 권리주장이 책임의식을 앞지르고 있습니다"라고 말하면서 국민들의 변화를 강조했다. 이후에 이어지는 변화의 내용은 정치사회적 권리에 대한 강조가 아니라 공동체를 위한 의무와 희생에 대한 역설로 이어졌다. 이명박은 국가적 미래를 위해 "국민 여러분께서 함께 나서 주셔야 합니다. 각자가 스스로 행동에 나서야 합니다"라고 요구했다.

박근혜 또한 자신의 정치적 존재성을 민주주의 언어 위에 정립했는데, "저에게 이러한 막중한 시대적 소명을 맡겨 주신 국민 여러분께 깊이 감사드리며", "대한민국의 대통령으로서 국민 여러분의 뜻에 부응하여"와 같은 표현을 언급할 수 있다. 이어서 박근혜는 "가족과 조국을 위해 헌신하신 위대한 우리 국민"이 대한민국을 창조했다고 언급했는데, 이러한 논리는 "제2의 한강의 기적"으로 비유한 공동체의 새로운 미래에도 동일하게 적용되고 있다. 그는 청중들을 향해 "각자의 위치에서 자신뿐만 아니라 공동의 이익을 위해 같이 힘을 모아 주시"고, "공동과 공유의 삶을 살아온 민족"의 "정신을 다시 한번 되살려서 책임과 배려가 넘치는 사회를 만들어 간다면", 즉 전체를 위해 희생하는 존재가 된다면 "행복의 새 시대"를 만들 수 있다고 강조했다. 이렇게 그에게서 국민은 권리의 주체라기보다는 전체를 위한 책무를 수행하는 객체로 호명되었다.

제10장

보론
—취임의례와 미디어

하버마스는 『공론장의 구조변동』에서 전근대 정치권력, 특히 르네상
스 시대 이후 군주권력의 존재론을 '과시적 공공성'의 관점에서 설명하
고 있다. 과시적 공공성이란 정치권력이 피치자를 향해 자신의 존재와
위엄을 여러 감각적 형식으로 재현하는 것을 의미한다. 이 경우 권력은
객관적 모습이 아니라 과장된 모습으로, 사실적 양태가 아니라 연출의
양상으로 드러난다.[1] 권력의 과시적 드러내기라는 차원에서 예술은 핵
심적인 장치가 아닐 수 없다. "표장, 용모, 거동, 수사"[2] 등 과시적 공공
성의 여러 전략적 장치들은 예술의 형식으로 실현된다.

　이러한 정치적 기능을 위한 도구에 우리는 미디어를 추가할 수 있
다. 사실을 말하자면, 전근대적 미디어는 그러한 정치적 역할을 수행
하는 중요한 수단으로 탄생했다. 프랑스 절대군주 시대에 탄생한 신문

1　하버마스, 『공론장의 구조변동』, 제1장.
2　하버마스, 『공론장의 구조변동』, pp.69-70.

'라 가제트La Gazette'가 말해 주고 있듯이 근대 이전의 미디어는 권력의 존재와 위엄을 연출해 주기 위한 발명품이었다. 그와 달리 근대적 미디어는 권력의 반대편에서 운동하면서 여론public opinion 생산의 무대가 되었지만, 그렇다고 해서 권력으로부터 전적으로 자유로운 것은 아니었다. 신문은 물론이거니와, 20세기 들어 종이 미디어와는 근본적으로 상이한 그와 동시에 기술적인 차원에서 과거의 미디어들이 필적할 수 없는 능력을 가진 시청각 미디어는 미디어의 정치적 활용에 대한 권력의 이해관계를 지속적으로 확대하고 강화해 왔다. 매킨리William McKinley 이후 미국의 대통령들이 자신의 권력을 유지하고 공고히 하는 데 신문과 라디오 그리고 텔레비전을 얼마나 적극적으로 활용했는가에 대한 한 연구는 그러한 사실을 잘 보여 주고 있다. 그러한 점에서 우리는 "미디어 통치media presidency"를 이야기할 수 있다. [3]

예컨대 텔레비전은 다른 어떤 미디어보다 권력과 더 강력한 결합 양상을 보여 왔는데, 그 핵심적 이유는 무엇보다 '리얼리티 효과' 때문이다. 텔레비전 속의 운동 이미지로 구성되는 세계를 만나고 인식하는 일은 반성적 사유를 필요로 하지 않는다. 말하자면 시청자는 텔레비전의 이미지 세상을 보는 즉시 하나의 정치적 현실이 존재한다고 믿는다는 것이다. 시청각 이미지 세계의 구성과 그 존재성에 대한 인지 사이에는 어떠한 시간적 격차도 없다. 그 둘은 지표관계로 묶여 있기 때문이다.

현대사회에서 텔레비전이 정치의 미디어화[4]를 강력하게 추동하면

---

3 Stephen Ponder, *Managing the Press: origins of the media presidency, 1897-1933*, Macmillan, 1999.

서 정치의 시공간은 물리적 시공간과 상징적 시공간에 더해 미디어 시공간으로 분화되기에 이른다. 그리고 그 미디어 시공간은 기술과 제도적 동력에 의해 현대 정치의 가장 지배적인 장소로 기능하고 있다. 대중들이 정치를 인식하는 가장 보편적인 장소가 텔레비전이라는 사실이 그 점을 잘 보여 주고 있다. 하지만 텔레비전의 정치적 지배력은 대중들의 정치적 인식이 아니라, 그들의 정치적 열정과 열광을 생산하는 매체라는 차원에서 찾아야 한다.

권력의 여러 의례들은 텔레비전 속으로 깊이 들어와 있는데, 그것은 취임의례에 대해서도 예외가 아니다. 하나의 정치권력이 탄생하거나 소멸하는 과정이야말로 텔레비전이 가장 중대한 정치적 관심을 기울이는 대상이다. 이 경우 텔레비전은 자신의 일상적인 방송 프로그램을 모두 멈추고 새로운 권력의 창출 혹은 기존 권력의 해체 과정을 생생하게 재현한다. 우리는 텔레비전의 이러한 정치적 관여를 미디어 연구자 카츠Elihu Katz와 그의 동료가 사용하는 '텔레비전 의례televisual ceremony'라는 개념으로 부를 수 있다.

텔레비전 의례는 몇 가지 점에서 문화적 독특함을 드러낸다. 무엇보다 그것은 관행적으로 진행되는 방송 프로그램으로부터의 단절을 의미한다. 말하자면 텔레비전 "프로그램의 흐름과 우리의 일상적 삶의 중단"을 이끄는데, "일상적 규칙을 잠시 유보하는 축제처럼, 우리가 다른 성격의 경험에 접근하도록 한다." 또한, 그 의례는 "텔레비전 정규 프로그램을 모두 중단하면서 시청자들의 관심을 독점하고, 스튜디오 바깥

---

4   하상복, "매스미디어," 한국정치학회 편, 『정치학 이해의 길잡이』, 법문사, 2008, p.197.

에서 진행되고 있는 의례를 생중계하는 방식으로 운동하면서 참여의 효과를 생산한다. 아울러 그것은 대규모의 청중을 동원하는 방식으로 진행된다.[5]

국가 혹은 공동체 차원의 무게를 지니는 대사건들이 발생하면 텔레비전은 정해진 프로그램 편성을 중단하고 그 사건을 독점적으로 방송한다. 그럼으로써 텔레비전은 국민 또는 공동체 구성원들을 단일의 시청자로 간주하고 중계되는 의례에 주목할 것을 그들에게 호소한다. 그리하여 텔레비전 의례 앞에 대규모의 시청자들이 모여들게 되면 중대한 정치사회적 효과가 발생한다. 국가적 의례는 사실상 물리적·공간적 한계로 인해 많은 사람들의 참여를 어렵게 한다. 그러나 텔레비전은 그러한 한계를 넘어 커다란 규모의 사람들이 의례의 무대 앞에 모이는 것을 가능하게 한다. 그럼으로써 우리는 공동체적 기반의 반경이 확대되는 효과를 마주하게 된다. 국민적·대규모적 관심을 끌어모으는 의례란 그 자체가 거대한 역사적 단절 혹은 전환점을 생산해 내는 계기적 사건이 아닐 수 없다. 그 점에서 그와 같은 의례를 생중계하는 텔레비전은 더 많은 사람들이 그러한 새로운 역사적 사건을 공유하게 할 수 있다. 텔레비전은 그들을 새로운 역사의 참여자, 증인으로서의 존재성으로 끌어들인다.

그러나 텔레비전 의례의 사회적 효과는 거기서 그치지 않는다. 우리는 앞의 두 효과만큼의 또는 그보다 더 중대한 의미를 갖는 효과를 만

---

5 Daniel Dayan et Elihu. Katz, *La Télévision Cérémonielle: Anthropologie et Histoire en Direct*, PUF, 1996, p.5; p.14.

나는데, 그것은 텔레비전 의례를 중계하는 카메라의 기술적 능력에 기인한다. 물리적 공간에서 전개되는 의례에 참여하는 사람들은 의례 과정을 정교하고 세밀하게 관찰하기가 상당히 어렵다. 대체로 소수의 사람들을 제외하면 나머지 사람들은 먼 거리에 위치하는 주변적 관찰자가 되기 쉽기 때문이다. 하지만 텔레비전 의례에 참여하는 시청자들은 오히려 그러한 한계를 벗어난다. 텔레비전 카메라는 의례를 대단히 정밀하게 재현한다. 의례를 구성하는 인물이나 대상물을 세밀하게 촬영할 수 있고, 그럼으로써 물리적으로는 관찰할 수 없는 미묘한 표정과 움직임 그리고 대상물의 외관에 대한 미세한 시각적 접촉을 가능하게 한다. 그와 같은 이미지는 시청자가 단순히 의례의 증인, 참여자라는 의지적 역할을 넘어, 의례와의 정서적·무의식적 동일화를 경험하게 한다.

카메라의 눈에 대한 철학적·미학적 사유들은 카메라의 기술적 탁월성이 가져오는 이미지 효과에 주목해 왔다. 헝가리의 문화이론가인 발라즈Béla Baláz에 따르면 카메라의 눈은 인간의 얼굴과 신체 그리고 사물들을 근접, 확대 촬영하는 방식으로 그것들에 깊이 내재해 있는 본원적 감정과 영혼의 상을 즉각적으로 드러내 준다. 카메라는 존재의 외관만이 아니라 그 존재의 무의식적 내면까지도 시각적으로 표현해 주는 능력을 보유하고 있다. 또한 영화이론가 엡슈타인Jean Epstein은 포토제니photogénie 개념을 통해 인간만이 아니라 사물에 담겨 있는 근원적이고 고유한 정신성을 표현해 주는 카메라의 능력을 이야기했다.[6] 구소련의 영

6 　김호영, 『영화이미지학』, 문학동네, 2014, 4장; 5장.

화이론가인 베르토프Dziga Vertov가 주장하고 있는 것처럼, 카메라의 눈은 무한한 운동성을 통해 "사물을 자유롭게 돌아다니면서 사물의 운동과 리듬을 지각한다."[7]

카메라의 이러한 인식, 지각, 직관의 능력에 힘입어 텔레비전 의례는 시청자 대중으로 하여금 의례를 중립적으로 관찰하는 행위를 넘어, 의례에 대한 정서적 일체화와 의례에 대한 근원적 동일화를 생산해 낼 수 있다. 그리하여 텔레비전 의례는 한층 더 드라마틱하게 다가오며, 감동을 만들어 내고, 본능적 감성을 자극한다.

대통령 취임식에 대한 텔레비전 중계 또한 그와 같은 텔레비전 의례의 한 범주에 속한다. 의례의 물리적 공간에 함께 하는 사람과 더불어 텔레비전 앞의 시청자 또한 새로운 권력의 탄생을 관찰하고, 그 과정에 참여한다. 그리고 그 시청자들은 새로운 권력의 얼굴 표정, 몸의 움직임, 신체의 자세, 그리고 그를 둘러싸고 있는 사물의 상을 세밀하게 인지하고 감지하면서 의례와의 근원적 합일의 세계로 빠져들 수 있다. 그러한 맥락에서 우리는 텔레비전 카메라가 만들어내는 이미지로 구축되는 의례의 감각적 양상에 주목하지 않을 수 없다. 한국의 대통령 취임식에 대한 텔레비전 중계방송의 시각적 재현이 세밀하게 분석되어야 할 필요가 거기에 있다.[8]

그러한 방식으로, 새로운 권력의 취임식에 대한 텔레비전 중계는 권

---

7 김호영, 『영화이미지학』, 3장.
8 전인하, 「대통령 취임식 TV 중계방송의 시각적 표상에 관한 연구」, 연세대학교 언론홍보대학원 석사학위논문, 2006.

력에 대한 국민적 정당성의 복합적 메커니즘을 작동시킨다. 앞서 이야기했던 것처럼, 베버는 정당한 권력을 세 유형으로 구분했다. 취임식의 텔레비전 중계는 무엇보다 취임식의 법률적 절차를 재현함으로써 국민들로 하여금 정당성의 법률적 원리를 시각화한다. 하지만 텔레비전 화면이 처음부터 끝까지 새로운 권력자를 중심으로 구성되고 그의 일거수일투족을 지속적으로 비추고 강조하면서 국민들은 그 권력을 예외적 존재, 비범한 존재, 신성한 존재로 느끼게 된다. 그리고 그 심리적 토대 위에서 새로운 권력은 단순히 법률적 정당성의 존재가 아니라 전통과 카리스마적 정당성의 존재로 나타나게 된다.[9]

9   Dayan et Katz, *La télévision cérémonielle*, pp. 46-48.

제11장

에필로그
─정치적 근대와
권력 이미지의 본질을 사유하기

1

정치적 근대에 대한
새로운 상상

　근대국가 대한민국은 새로운 대통령권력이 탄생할 때마다 성대하고 화려한 취임식을 거행해 왔다. 1960년과 2017년의 취임식은 그렇지 않았지만 그것은 권력구조의 변화와 정치적 상황의 긴급함으로 인해 발생한 예외적인 사례라고 볼 수 있다. 반복하자면, 사실 근대 정치권력의 법률적 정당성 원리에 기댈 때 그처럼 장대한 의식을 통해 대통령이 탄생할 필연적 이유는 없다. 가령 영국 총리는 총리 관저가 있는 다우닝가에서 거행되는 간략한 행사를 통해 취임한다. 그들은 대통령 취임식과 같은 형식과 규모를 상상하지는 않는다.

　그렇기에 우리는 한국의 대통령 취임식을 선거를 통해 국민으로부터 주권을 위임받은 대표자를 확정 짓는 대의민주주의적 관점으로만 볼 수는 없다. 한국의 대통령 취임식을 권력의 인류학적 원리와 속성을 통해 해석해야 할 이유가 거기에 있다. 정치인류학은 합리성의 토대 위에서만 작동하지 않는 것이 정치권력이란 사실을 늘 역설해 왔다. 새로운 권력은 피지배자들 앞에서 자신의 정치적 존재성을 과시적으로 드러내 왔고, 자신과 그들 사이의 의지적, 정서적, 무의식적 결속과 동질감과 일체화를 조성하려 했다.

중앙청, 체육관, 국회의사당 등 다양한 취임식 무대에 선 한국의 신임 대통령은 모든 면에서 정치적 비범함과 신성함으로 둘러싸여 왔다. 무대의 구조와 무대의 미학적 구성물이 그를 그렇게 만들었으며 그가 사용하는 언어가 그러한 신성함의 동력이었다. 그의 정치적 언어는 과학적이고 합리적인 형식과 논리 너머에서 운동했다. 그가 구사하는 정치적 언어는 대한민국이라는 정치공동체를 구원할 만큼의 절대자적 역량과 신비로움의 후광을 지니고 있었다. 그렇기에 그의 언어는 정치적 관객들의 영혼 속에 깊이 내재하는, 공동체의 과거에서 조형된 그들의 무의식적 정서를 자극하면서 눈물 흘리게 하고, 더 나은 미래를 향한 그들의 본원적 소망과 희망을 대신 이야기하면서 감동하게 했다.

대통령 취임식 자리에 선 새로운 권력은 그 점에서 제사장에 비견될 수 있을지도 모른다. 물론 그 제사장은 민족주의와 민주주의라는 근대적 이념을 체현하고 있는 정치적 제사장이다. 그는 취임식 무대 위에서 민족과 근대화 그리고 민주주의 가치와 동일시되면서 신성화되었고, 민족을 발전시키고 민주주의를 수호할 것을 약속함으로써 정치적 신성성의 토대에 설 수 있었다. 그는 마법의 언어로 정치적 공동체의 과거를 위로하고, 현재를 진단하며, 미래를 예견하고 축복해 왔다. 그의 언어는 한국이라는 정치공동체와 국민이 집합기억을 공유하고, 현재적 문제를 마주하고, 자신들의 미래가 향할 유토피아에 열광하게 했다. 그 점에서 정치적 제사장이란 말은 취임식 무대에 선 한국 대통령에 대한 적절한 은유가 될 만하다.

한국의 정치적 제사장들은 예외 없이, 민족주의와 민주주의라는 근대적 이념이 자신들의 정치적 성화를 위한 강력한 집단적 가치라는 사실을 이해해 왔고 동원해 왔다. 민족의 단결과 번영 나아가 통일을 약속한다는 선언, 민주주의를 지키겠다는 연설이야말로 새로운 권력에 대한 국민들의 절대적 믿음과 숭배를 만들어 낸 신비의 언어였다. 그러나 한국의 정치사에서 탄생한 모든 대통령이 정치적 진실을 품고 있는 제사장은 아니었다. 어떤 제사장들은 민족과 민족주의를 설파하면서도 정반대의 정치적 실천을 해 왔고, 국민과 민주주의를 지상至上의 가치로 간주하겠다고 하면서도 반민주주의의 정치적 지향을 보였다. 그들에게 민족의 통합과 발전을 향한 유토피아의 언어는 본질적으로 자신의 정치권력을 재생산하기 위한 이미지 전략에 다름 아니었고, 민족적 통일을 향한 희망의 언어는 민족적 분열과 분단을 고착화함으로써 권력을 공고히 하려는 욕망을 숨기는 거짓의 수사이기도 했다. 그렇게 민주적 공동체라는 유토피아를 추종하지 않으면서도 취임식에서는 마치 민주주의의 옹호자로 스스로의 이미지를 만들어 자신을 성스럽게 하려 했던, 사적인 이익을 위해 자신의 권력을 사용하려는 의지를 숨긴 채 취임식의 언어와 이미지로는 마치 공동의 일반 이익을 위해 살아갈 존재인 것처럼 환상을 초래한 거짓된 제사장이 탄생하기도 했다.

한국 대통령 취임식에 대한 이와 같은 역사적 관찰과 해석을 통해 우리는 정치이론상의 두 가지 중대한 논의 영역으로 접근해 들어가게 된다. 하나는 근대 정치를 이해하는 새로운 상상에 관한 것이고, 다른 하나는 정치적 이미지의 상징성에 관한 것이다.

근대국가와 정치는 사회계약의 원리 위에서 탄생했다. 홉스Thomas Hobbes에서 시작하는 사회계약은 무엇보다 국가와 정치를 인류학적 시간의 지속 위에서 이해하는 것을 거부한다. 대신에 홉스는 사람들의 필요에 의해 인공적으로 창출된 제도와 절차적 실체로 인식할 것을 제안한다. 주지하는 것처럼, 홉스의 사회계약을 이끄는 본질적 동력은 인간의 욕망이다. 모든 인간들은 자신의 이익을 향한 욕망의 존재로 그려지고 있고, 그러한 욕망의 물리학적 충돌이 혼란과 무질서를 만들며, 그 지점에서 국가권력과 정치의 필요성이 대두한다.[1] 이렇게 이해한다면 홉스적 인간의 삶이 이루어지는 시공간은 세속화된 물질적 세계로 보아야 한다. 우리는 이러한 정치적 인식론을 로크에게서도 관찰할 수 있다. 로크는 자신의 저서 『통치론』에서 자연과 세계를 다음과 같이 설명하고 있다.

사람들에게 세계를 공유물로 주신 하느님은 또한 그들에게, 삶에 최대한 이득이 되고 편의에 봉사하도록 세계를 이용할 수 있는 이성을 주셨다. 대지와 그것에 속하는 모든 것은 인간의 부양과 안락을 위해서 모든 인간에게 주어진 것이다. 그리고 대지에서 자연적으로 산출되는 모든 과실과 거기서 자라는 짐승들은 자연발생적인 작용에 의해서 생산되기 때문에 인류에게 공동으로 속한다. 따라서 그러한 것들에 대해서는 그것들이 자연적인 상태에 남아 있는 한, 어느 누구도 처음부터 다른 사람을 배제하는

---

1 T. 홉스, 신재일 옮김, 『리바이어던』, 서해문집, 2007.

사적인 지배권을 가지지 않았다.[2]

의심할 바 없이 로크는 자연을 물질적 장소, 인간의 삶과 이익을 위한 수단적 장소, 따라서 세속적인 장소로 이해하고 있다. 그 점에서 자연을 인간 욕망의 실현을 위한 무대로 간주하는 홉스의 태도와 다르지 않아 보인다.

그리고 그와 같은 세속적 인간관과 자연관으로부터 정치에 대한 관점이 도출되고 있다. 정치란 본질적으로 국가 구성원들의 세속적 이익과 욕망을 구현해 주는 일이 된다. 성 아우구스티누스의 정치사상에서와 같이, 초월적 존재의 성스러운 의지를 지상에 실현하는 일로서의 정치는 더 이상 유효하지 않다. 이제 정치는 종교와 단절하기에 이르고, 경제적인 논리와 결합한다. 전근대에서 근대로 이행하면서 정치는 다음처럼 변모한다.

근대의 부상은 정치의 점진적인 세속화로 설명될 수 있다. 신성의 영역 안에서 정치는 해결할 수 없는 자기 갈등의 본성(가령, 모든 정치적 갈등의 궁극적 터전인 선과 악의 갈등)을 보유하고 있었지만, 근대의 내부에서 정치는 점차적으로 경제 영역으로 흡수되고 있다. 신성성과는 달리 경제는 가치의 근본적인 상대주의를 요구한다. 17세기부터 20세기에 이르는 많은 정치이론가들을 몰입하게 한 근본적 문제는 사회의 근본적인 이데올로기적 가치가 사라진 시간 위에 정치를 기초 지을 어떤 것을 찾는 일이었다.[3]

2 로크, 『통치론』, p.34.

여기서 우리는 정치신학으로부터 정치경제학으로의 전환을 관찰할 수 있다. 자유주의 정치이론으로부터 마르크스주의 정치이론에 이르기까지 근대의 정치이론은 무엇보다 정치를 경제적인 것으로 환원해 왔다. 자유주의는 자신의 물질적 이익을 명확하게 사유하고 판단할 수 있는 합리적인 인간들로 구성되는 시장 안에서의 경제적 운동을 이론화했으며, 마르크스주의는 생산수단의 소유를 둘러싼 갈등의 운동을 정치의 핵심으로 이해해 왔다. 한마디로 말하자면, 근대 정치는 물질적 소유관계의 함수였다.

그런데 정치에 대한 근대적 관점 위에서 우리는 새로운 정치적 상상력의 흥미로운 계기를 만난다. 바로 루소Jean-Jacques Rousseau의 정치사상이다. 주지하는 바와 같이, 루소는 홉스, 로크와 함께 근대 사회계약론의 핵심적 사상가지만, 그는 몇 가지 점에서 홉스와 로크와는 근본적으로 다른 사유의 지평을 열었다. 그 독특함은 인간에 대한 이해와 정치 공동체의 근본 원리에서 명확하게 만날 수 있지만, 근대적 시공간에 대한 관점에서도 뚜렷하게 드러나고 있다. 루소는 자신의 저작 『사회계약론』의 후반부에서 시민종교religion civile의 문제를 고민했다. 루소에게서 시민종교란 "특정한 나라에 국한된 것으로 그 나라에 신들, 즉 저마다 고유한 수호신을 부여"하는 것으로, "신의 예배와 법에 대한 사랑을 결부시키고, 조국을 시민들이 뜨겁게 사랑해야 할 대상으로 삼고 국가에

---

3 Pier Vittorio Aureli and Maria S. Giudici, "The Politics of Sacred Space: spaces, rituals, architecture," http://www.diploma14.com/2013/Diploma%2014%20politics%20of%20 sacred.pdf.

봉사하는 것이 바로 수호신에게 봉사하는 일이라고 가르치는"[4] 종교다. 그런데 그 시민종교는 전통적인 의미의 신이 아니라 조국이라는 신을 숭배한다는 점에서 전통과 결별한다. 시민종교는 조국에 대한 헌신과 의무를 자발적으로 실천하는 애국적 시민들의 믿음의 터전이다.

시민종교에 대한 루소의 예외적이고 흥미로운 생각은 그가 구상한 근대적 정치공동체의 구조에 대한 상상으로 우리를 이끈다. 홉스와 루소는 기본적으로 근대적 정치공동체가 물질에 대한 자유로운 소유와 세속적 욕망의 실현을 본질로 한다는 데 동의했지만, 루소에게 그것만으로는 충분치 않았다. '일반의지 La volonté générale' 위에서 공동체의 절대적 통합을 이룩하기 위해서는 성스러움의 실체가 필요하고 성스러운 존재에 대한 숭배를 실천하는 시민종교야말로 그러한 정치적 필요에 부응하는 제도다. 이것이 바로 정치공동체에 대한 루소의 보완적 설명이었다. 여기서 우리는 사회적 통합과 질서의 문제의식에서 루소와 뒤르켐의 사유가 서로 만나는 것을 관찰한다. 그렇다면 우리는 루소의 정치공동체를 세속화된 시공간 질서로만 이해해서는 안 된다. 그의 사회계약으로 탄생한 공동체는 물질적 평등이 관철되어야 하는 속된 시공간과 함께, 국가적 성스러움의 존재가 운동하는 신성함의 시공간으로 구성된다. 이러한 방식으로 우리는 루소에게서 근대적 정치신학의 탄생을 목격한다.[5]

---

4 J.-J. 루소, 최석기 옮김, 『인간불평등기원론 · 사회계약론』, 동서문화사, 1978-2012, pp.284-285.
5 공진성, "루소, 스피노자, 그리고 시민종교," 『정치사상연구』 19(1), 2013.

루소의 사유에서 우리는 근대 정치에 대한 새로운 이해의 중대한 기점을 만난다. 근대 정치는 세속화된 욕망과 물질적 소유를 효율적으로 관리해 주는 일이고, 그것을 위한 대단히 조밀하고 전문화된 체계와 장치로 운동하지만, 그와 같은 기능주의적 양상은 근대 정치의 모든 것이 아니다. 근대 정치는 여전히 종교성의 원리에 둘러싸여 있기 때문이다. 그렇기에 종교성을 가로지르는 성과 속의 원리가 전근대적인 것만은 아니다. 미국 정치에 대한 벨라Robert N. Bellah[6]의 논점도 그러한 점을 흥미롭게 보여 주고 있다. 우리가 지금까지 살펴본 취임의례는 정치적 근대가 여전히 성과 속의 원리 위에서, 종교성의 기제 위에서 작동하고 있음을 설득적으로 제시해 주고 있다.

새로운 정치권력이 자신의 힘을 행사할 공간은 물질적 장소로서 속된 시공간이다. 하지만, 새로운 정치권력이 그 속화된 공간에서 자신의 권력을 실천하기 위해서는 반드시 정치적 성스러움의 세례를 받아야 한다. 취임식은 근본적으로 그와 같은 종교적 기능을 수행한다. 그것은 전근대사회에서 권력자가 권력의 세속적 실천을 위해 성스러움의 표징을 얻는 일과 크게 다르지 않다. 물론, 근대의 성스러움을 산출하는 시민종교는 전통적인 신적 인격을 숭배하지 않는다. 대신에 근대가 발명하고 성스러운 것으로 신성화해 온 민족과 민주주의로 명명되는 정치적 인격의 후광을 열망한다. 즉 시민종교는 민족주의와 민주주의의 가치를 숭상한다.

---

6   Robert N. Bellah, "Biblical Religion and Civil Religion in America," http://hirr.hartsem.edu/Bellah/articles_5.htm.

근대국가의 정치에서 가장 중요한 의례의 하나인 취임의례는 아마도 시민종교의 가장 드라마틱한 형식과 내용일 것이다. 거기에는 언제나 민족주의의 과거, 현재, 미래가 놀라운 모습을 드러내고 민주주의를 향한 의지와 열정이 표출되기 때문이다. 그러한 절대적인 두 개의 근대적 가치는 정치적 성스러움의 무대를 관장하는 제사장, 그러니까 새로운 정치권력자를 매개로 구체화되고 공유되며 생명력을 확보한다. 그리고 그 정치적 제사장은 자신을 민족주의와 민주주의의 이념적 미학으로 두름으로써 그와 같은 정치적 실천을 이끌어 간다.

그러므로 그러한 정치미학을 위해, 종교적 제단에 비유될 수 있는 취임의례의 무대가 만들어져야 한다. 그러기 위해서 새로운 권력자가 서야 할 무대는 신중하고 정교하게 선택되어야 한다. 그곳은 민족주의 차원에서 특별한 의미를 지니는 장소나 민주주의의 가치를 드러내는 장소, 또는 그러한 의미체로 만들어진 장소여야 한다. 그렇게 보면 취임식의 무대와 장식은 제도와 기능의 관점을 넘어 성스러움의 생산과 연출, 그러한 성스러움의 공유와 실천으로 이해되어야 한다. 그리고 그러한 정치적 제단 위에서, 공동체를 이끌 신성한 존재로서의 새로운 제사장이 가시적인 모습을 드러내는 절차가 진행된다. 민족과 민주주의의 이름으로 신성한 존재가 된 새로운 권력자는 이제 자신의 정치적 신성함을 국민으로 불리는 정치적 신도들과 공유하는 절차를 밟아 나간다. 그리하여 마침내 정치적 신성성을 매개로 정치적 제사장과 그를 따르는 신도들이 함께 머무르게 될 거대한 공동체가 창조된다.

이런 해석을 바탕으로 한다면 취임의례는 단순한 제도적 차원을 넘어 이해되어야 한다. 그것은 본질적 차원의 이해를 요구한다. 말하자면 취임의례란 단순히 권력을 위임한 주권자와 권력을 위임받은 대표자 사이에서 전개되는 제도적 민주주의 절차에 머무는 행사가 아니다. 그것은 본질적으로 두 정치적 존재가 성스러움을 공유하는 종교적 과정이며, 그럼으로써 새로운 정치공동체를 탄생시키는 분수령이다.

여기서 새로운 권력자가 사용하는 언어야말로 종교성의 강력한 실천 도구다. 베버가 말한 합리화는 근본적으로 언어의 합리화로 이루어진다. 근대적 사유의 과학적 패러다임은 언어를 관찰하고 경험한 것을 묘사하고 설명하는, 그리고 그러한 정보들 사이의 상관성과 인과성의 연쇄를 보여 주는 논리적 수단으로 규정해 왔다. 그리하여 진리는 사물들의 존재와 그것에 대한 언어적 명제 사이의 일치 여부로 판단되는 것이다. 여기서 언어는 언어 바깥의 존재들을 객관적으로 표상하고 재현하는 형식으로 환원되기에 이른다. 그렇게 보면 취임사를 이끌어 가는 정치적 언어, 권력의 언어는 근대적 관점으로 해석하기 어려운 언어로 보인다. 왜냐하면 그 언어들은 정치적 사태에 대한 객관적 설명과 표상의 기능과는 거리가 멀기 때문이다.

반대로 그 언어는 새로운 권력을 탄생하게 하고, 그 권력이 정치적 만물의 창조 주체가 되게 한다. 취임사의 언어는 정치적 시간을 둘로 나누고, 공동체의 유토피아를 구성하며, 사람들을 거대한 정치적 동일성의 자리로 불러내는 마법의 언어다. 그러한 실천의 언어가 정치적 시간을 어떻게 구분하든, 어떠한 이상향을 제시하든, 그리고 어떻게 청중들을 호명하든, 그것은 참과 거짓의 판단 영역이 아니다. 종교적 언어가 참과 거짓의 객관적 판단의 대상이 아니라는 사실은 새로운 권력의 언어에서도 동일하게 적용될 수 있다.

2
이미지와 상징
—한국 대통령 취임의례의 윤리학을 향해

두 번째 논의 영역은 프랑스 철학자 드브레의 상징론에서 시작한다. 드브레는 인간이 이미지를 만들게 된 원초적 이유를 죽음의 문제 속에서 설명하고 있다. 죽음은 삶으로부터의 절대적 단절이고, 존재로부터의 완전한 절연을 본질로 한다. 드브레의 표현을 빌린다면 죽음은 "무그 자체", "뭔지 모를, 그 어떤 이름으로도 부를 수 없는 그 무엇", "얼을 빼는 정신적인 상처"[7]다. 그 예외적이고 거대한 심연의 공허 위에서 인간은 초월을 욕망하지 않을 수 없다. 그러니까 인간은 자기 앞에 놓여 있는 소멸된 생명을 간직하기 위한 혹은 죽음의 세계로 떠나간 이가 삶의 세계와 언제나 연결될 수 있기 위한 방법을 찾고자 한다. 그러한 실존적 고민과 해법을 찾으려는 노력의 끝에서 인간이 만든 것이 바로

---

7 드브레, 『이미지의 삶과 죽음』, p.36.

이미지다.

　　이렇게 어떤 것에서 이미지를 만들어 애도하는 과정은 곧 해방과 비슷한 과정이다. 가령 이런 식으로 이미지가 시작됐다면, 인간성의 기초가 된 청천벽력을 맞은 듯, 시신 앞에서 놀라는 것이야말로 종교적이며 또 조형적인 충동을 동시에 부추기는 것이리라. 또는 매장의 배려와 초상 제작을 부추긴다고도 하겠다. … 우리는 죽음의 파괴에 '이미지'라는 재생으로 맞선다.[8]

　　우리는 그 이미지를 상징symbol이라고 한다. 즉 하나의 이미지가 그에 연결되어 있는 존재와 세계로의 넘어감을 가능하게 하는 초월적 매개물이 곧 상징이다. 여기서 중요한 사실은 상징으로서의 이미지는 자신과 연결된 실재와 존재론적인 동일성의 관계에 놓인다는 점이다. 드브레가 예로 들고 있는 프랑스 국왕 프랑수아 4세의 장례식에 등장한 마네킹은 시신을 대신하고 있는 상징인데, 그 마네킹은 존재론적으로 국왕의 육신과 동일한 존엄을 지니는 것으로 받아들여진다는 의미다. 그렇게 보면 실재와 이미지 사이에는 진리관계가 성립한다(반대로 실재와 이미지가 아무런 관련이 없다면 그것은 거짓관계이다). 따라서 그 이미지의 상징적 힘은 실재로부터 나오므로 실재의 성스러움만큼 이미지도 성스러운 존재가 된다. 종교세계에서의 이미지가 상징의 자격을 획득하고 성스러운 대상으로 숭배되는 것이 바로 이러한 까닭이다.

8　드브레, 『이미지의 삶과 죽음』, p.37.

하지만 그렇다고 해서 상징적 이미지가 종교적인 세계에서만 존재하는 것은 아니다. 우리는 세속적인 시공간에서도 상징으로서의 이미지를 만날 수 있는데, 이는 이미지를 통해 실재에 내재되어 있는 진실의 단면 혹은 전체가 드러나는 경우다. 여기서 이미지는 실재를 인식하기 위한 우회로일 수 있지만, 그 실재는 바로 그 은유적 혹은 환유적 경로를 통해서 자신의 진리성을 더 잘 드러내 주기 때문에 이미지야말로 진리를 파악하기 위한 중대한 통로가 될 수 있다. 반복하지만 여기서 이미지가 실재의 진리에 도달하기 위한 열쇠가 되기 위해서는 그 둘 사이에 존재론적 연결관계가 성립해야 하는데, 그 연결의 힘은 어디까지나 실재로부터 나온다. 그러므로 상징이 존재한다는 것은 곧 하나의 이미지가 자신의 진리성의 자리를 벗어나지 않았음을 의미한다.

이렇게 모든 상징은 이미지로 가시화되지만, 그렇다고 모든 이미지가 상징인 것은 아니다. 오히려 어떤 이미지는 상징에 반한다. 가장 큰 이유는 이미지가 실재의 본질을 우회적으로 혹은 암시적으로 드러내 주기 위한 목적으로 만들어지지 않았기 때문이다. 여기서 우리는 실재의 참모습을 은폐하기 위한 도구로 생산되는 이미지를 말하려는 것이다. 실재의 허구성이 크고 심각할수록 이미지는 한층 더 화려하고 매혹적인 모습으로 드러나야 한다. 새롭고 다채로운 이미지들은 실재의 추악함을 은폐하거나 미화하는 데 매우 강력한 힘을 발휘하기 때문이다. 그러나 그 경우에 실재와 이미지의 거리는 너무나 멀다. 아마도 플라톤의 동굴 비유가 그 둘 사이의 존재론적 격차가 얼마나 클 수 있는가를, 그리하여 이미지가 실재를 인식론적으로 얼마나 심각하게 왜곡할 수 있는가를 보여 주는 강력한 철학적 은유가 될 것이다. 이미지에 대한 그와 같은 경계는 현대사회의 이미지 운동에 관한 여러 비판들에서도 만나볼 수 있다. 가령, 보드리야르Jean Beaudrirard의 시뮬라크르simulacre 개념[9]은 실재와 이미지 사이의 거대한 간극을, 이미지의 매혹 속에서 실재가 가려지거나 더 심각하게는 이미지가 실재 자체로 오인되는 현상을 이야기하고 있다.

정치적 실재와 이미지 사이의 완전한 일치는 불가능하다. 이미지는 실재의 은유적 통로이지만 그 길이 실재의 모든 것을 남김없이 보여 주는 것은 아니다. 그러니까 이미지는 은유를 넘어 환유의 장소이기도 하다고 말해야 할지도 모른다. 그리고 어쩌면 정치권력의 열망은 은유보다는 환유에 있을 것이다.

하나의 이미지는 영원하고도 결정적으로 '최선의 독해'가 불가능한 수수께끼다. 그것은 (전 세계 인구 수만큼) 50억 가지의 잠정적 이본들을 가지고 있고, 따라서 그 어떤 것도 권위 있는 것으로 볼 수 없다. … 고갈될 줄 모르는 다중적인 의미인 것이다.[10]

이와 같은 환유의 능력을 지닌 이미지는 권력의 의미를 확장하고, 그럴수록 권력은 더 강력해진다. 그러나 정치적 이미지의 '환유의 잠재력'은 그 이미지가 상징으로서의 존재조건을 벗어나지 않은 선에서만 확보된다.

9 J. 보드리야르, 이상률 옮김, 『소비의 사회』, 문예출판사, 1992.
10 드브레, 『이미지의 삶과 죽음』, p.66.

이미지와 상징의 일치 혹은 불일치 문제는 관념적인 차원을 넘어선다. 한국의 모든 대통령권력은 민족주의와 민주주의라는 근대의 성의聖衣를 입고 탄생했다. 대통령 취임식을 구성하는 정치미학상의 이미지들과 언어들은 그러한 성스러운 이념과 가치들을 가시화하는 방향으로 배치되었고 운동했다. 하지만 실제로 그러한 민주주의적, 민족주의적 정통성과 정당성으로 정치적 생명을 부여받은 대통령이 예외 없이, 권력 행사 과정에서 민주주의와 민족주의를 실천해갔는지에 대해서는 비판적 논의가 필요해 보인다. 앞서 말했듯, 우리에게는 정치적 본질에서 민족주의, 민주주의 이념과 어떠한 관련성도 없거나 심지어 적대적이면서도 민족주의와 민주주의의 외양으로 스스로를 두르고 성스러운 존재로 탄생한 뒤에 실질적인 통치의 과정에서는 자신의 정치적 본질을 드러낸 대통령들(즉 거짓 제사장들)이 있어 왔다는 이야기다. 그 경우 정치적 이미지는 권력의 본질을 은폐하거나 왜곡하고 있다는 점에서 반反상징이다. 취임의례에서 운동하는 상징과 이미지의 문제는 이처럼 궁극적으로는 권력의 윤리학에 연결되어 있다.

대통령표장에 관한 건

1. 구분

표장은 대통령기와 대통령휘장으로 구분한다.

2. 규격

표장의 규격은 별표1과 같이 하되 사용하는 목적에 따라 그 규격을 확대 또는 축소할 수 있다. 확대 또는 축소할 때에는 길이와 너비를 3과 2의 비로 한다.

3. 사용

표장은 대통령관인, 집무실, 대통령이 임석하는 장소, 대통령이 합승하는 항공기, 자동차, 기차, 함선 등에 사용한다.

4. 기타

대통령표장은 우리나라 국기와 함께 사용할 때에는 우리나라 국기를 최우선의 위치로 하고 기타의 경우의 대통령표장의 사용위치는 사용물 또는 설치물의 형상에 따라 그 위치를 조정할 수 있다.

위의 공고에 따라 다음과 같은 표장 규격이 확립되었다.[1]

---

1 '대통령표장에관한건' 별표 1의 내용을 그대로 옮겨온 것이다.

기의 표집규격

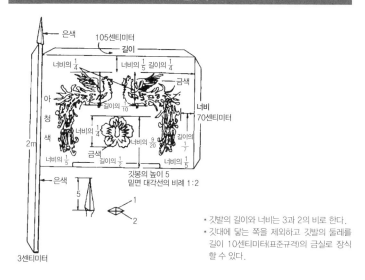

은색
105센티미터
길이

너비의 $\frac{1}{4}$ 너비의 $\frac{1}{5}$ 길이의 $\frac{1}{4}$

금색

길이의 $\frac{1}{10}$

너비
70센티미터

아
청
색

너비의 $\frac{1}{4}$

너비의 $\frac{9}{20}$

길이의 $\frac{1}{7}$

2m

너비의 $\frac{1}{5}$

금색

길이의 $\frac{1}{2}$

너비의 $\frac{1}{5}$

은색

깃봉의 높이 5
밑면 대각선의 비례 1:2

5

1
2

3센티미터

* 깃발의 길이와 너비는 3과 2의 비로 한다.
* 깃대에 닿는 쪽을 제외하고 깃발의 둘레를 길이 10센티미터(표준규격)의 금실로 장식할 수 있다.

휘장 표집규격 (차량 표식판을 기준한 것임)

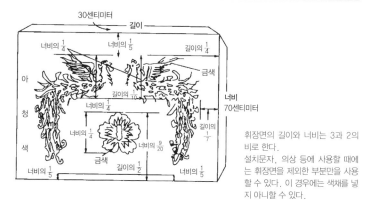

30센티미터
길이

너비의 $\frac{1}{4}$ 너비의 $\frac{1}{5}$ 길이의 $\frac{1}{4}$

금색

길이의 $\frac{1}{10}$

아
청
색

너비
70센티미터

너비의 $\frac{1}{4}$

너비의 $\frac{1}{4}$

길이의 $\frac{1}{7}$

너비의 $\frac{9}{20}$

금색

길이의 $\frac{1}{2}$

너비의 $\frac{1}{5}$

너비의 $\frac{1}{5}$

휘장면의 길이와 너비는 3과 2의 비로 한다.
설치문자, 의상 등에 사용할 때에는 휘장면을 제외한 부분만을 사용할 수 있다. 이 경우에는 색채를 넣지 아니할 수 있다.

자료출처: 국가법령정보센터

제8대 대통령 취임식(장충체육관, 1972.12.27, 11:00~)

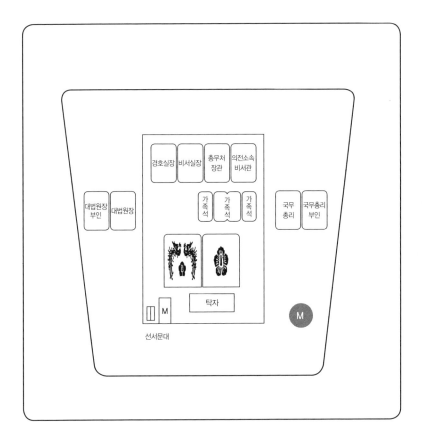

자료출처: 정부의전편람(1990)

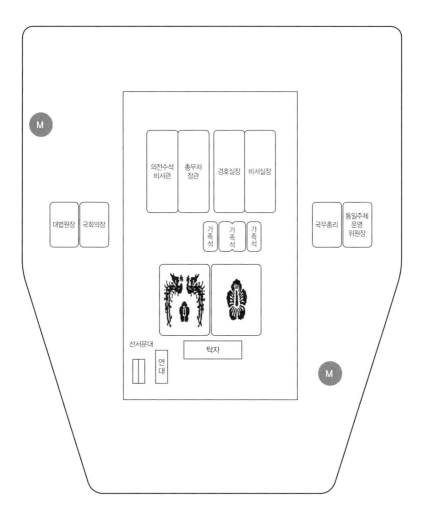

자료출처: 정부의전편람(1990)

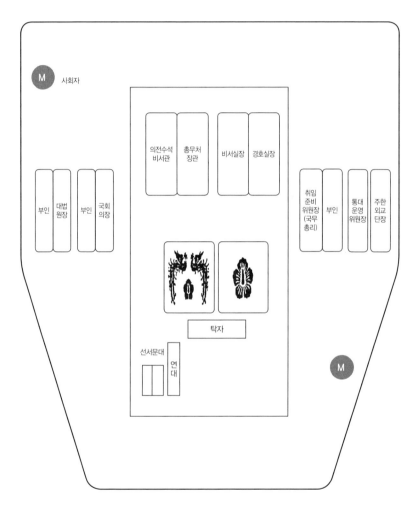

자료출처: 정부의전편람(1990)

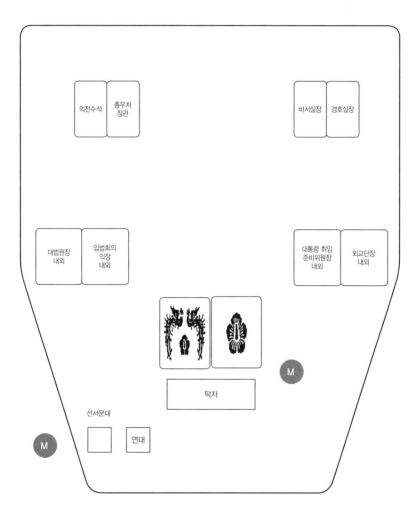

자료출처: 정부의전편람(1990)

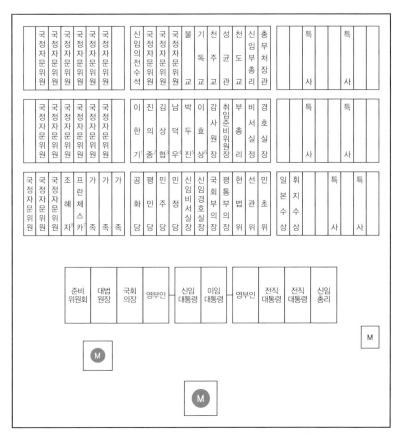

자료출처: 정부의전편람(1990)

1 이한기(1917-1995): 80년 감사원장, 84년 민정당 후원회장, 1987년 국무총리 서리를 역임.
2 진의종(1921-1995): 83년 민정당 대표위원, 83-85년 국무총리 서리 역임.
3 김상협(1920-1995): 80년 헌법개정심의위원회 부위원장, 국가보위입법회의 의원, 82년 국무총리 서리, 국무총리 역임, 84년 국정
　　자문위원 위촉, 85-91년 대한적십자사 총재 역임.
4 남덕우(1924-2013): 74년-78년 경제기획원 장관, 80-82년 국무총리 역임.
5 백두진(1908-1993): 70년 국무총리, 72년 국회의장, 73년 유신정우회 의장, 79년 국회의장 역임.
6 이효상(1906-1989): 6·7대 국회의장.
7 프란체스카: 이승만 영부인.
8 조혜자: 이승만의 양자 이인수의 부인.

356

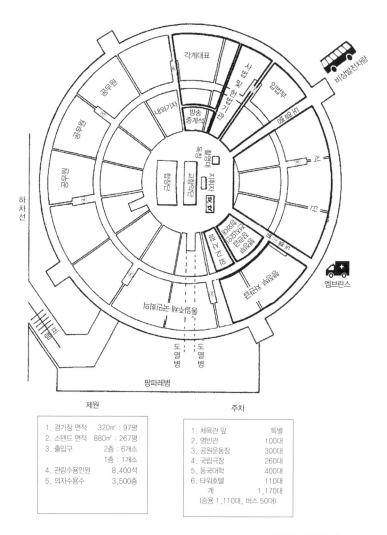

제원

1. 경기장 면적 320㎡ : 97평
2. 스텐드 면적 880㎡ : 267평
3. 출입구 2층 : 6개소
           1층 : 1개소
4. 관람수용인원 8,400석
5. 의자수용수 3,500층

주차

1. 체육관 앞	특별
2. 영빈관	100대
3. 공원운동장	300대
4. 국립극장	260대
5. 동국대학	400대
6. 타워호텔	110대
계	1,170대
(승용 1,110대, 버스 50대)	

자료출처: 정부의전편람(1990)

참고문헌

1차 자료

대한민국정부, 『정부의전편람』, 1990.

대한민국정부, 『정부의전편람』, 1999.

총무처, 『제14대 대통령 취임행사』, 발행연도 미상.

행정안전부, 『정부의전편람』, 2008.

"1대-19대 대통령 취임 연설문," 1948-2017, 대통령기록관(http://pa.go.kr/index.jsp).

저서, 논문

강난형·송인호, "1960년대 광화문 중건과 광화문 앞길의 변화," http://dx.doi.
    org/10.7738/JAH.

젠넵, A. 반, 전경수 옮김, 『통과의례』, 을유문화사, 1992.

공진성, "루소, 스피노자 그리고 시민종교," 『정치사상연구』 19(1), 2013.

기어츠, 클리포드, 김용진 옮김, 『극장국가 느가라』, 눌민, 2017.

김병곤, "영국 헌정주의의 기원과 커먼로," 『유럽연구』 25(3), 2007.

김수자·하상복, "민족주의," 강정인·문지영·하상복·정승현, 『한국정치의 이념과 사
    상』, 후마니타스, 2009.

김용욱, "조선조 후기의 봉수제도 ―해안 봉수대를 중심으로," 『법학연구』(부산대학교
    법학연구소) 44(1), 2003.

김정동, 『남아 있는 역사, 사라지는 건축물』, 대원사, 2000.

김상봉, 『자기의식과 존재사유: 칸트 철학과 근대적 주체성의 존재론』, 한길사, 2009.

김수진, "한국 봉황 표장의 기원과 정치학," 고연희·김동준·정민, 『한국학, 그림을 그리
    다』, 태학사, 2013.

김영수, "동아시아 군신공치제의 이론과 현실: 태조-세조대의 정치운영을 중심으로,"
『동양정치사상사』 7권 2호, 2008.

김종법, 『에밀 뒤르켐을 위하여: 인종, 축제, 방법』, 새물결, 2001.

김형효, 『구조주의 사유체계와 사상: 레비-스트로스, 라깡, 푸코, 알튀세르에 관한 연
구』, 인간사랑, 1992.

김호영, 『영화이미지학』, 문학동네, 2014.

노명식, 『프랑스 혁명에서 파리코뮌까지 1789-1871』, 까치, 1997.

던, J., 강철웅·문지영 옮김, 『민주주의의 수수께끼』, 후마니타스, 2015.

뒤르켐, 에밀, 노치준·민혜숙 옮김, 『종교생활의 원초적 형태』, 민영사, 1992.

드브레, 레지스, 정진국 옮김, 『이미지의 삶과 죽음: 서구적 시선의 역사』, 글항아리, 2011.

로크, 존, 강정인·문지영 옮김, 『통치론』, 문학과 지성사, 1996.

루소, 장-자크, 최석기 옮김, 『인간불평등기원론·사회계약론』, 동서문화사, 1978-2012.

르낭, E., 신행선 옮김, 『민족이란 무엇인가』, 책세상, 2012.

립셋, S.-M., 문지영·강정인·하상복·이지윤 옮김, 『미국 예외주의』, 후마니타스, 2006.

마키아벨리, N., 박상훈 옮김, 『군주론』, 후마니타스, 2014.

만하임, 카를, 임석진 옮김, 『이데올로기와 유토피아』, 김영사, 2012.

문지영, "자유주의: 체제 수호와 민주화의 이중 과제 사이에서," 『한국정치의 이념과 사
상』, 후마니타스, 2009.

민문홍, 『에밀 뒤르케임의 사회학』, 아카넷, 2001.

민주통일민중운동연합, "민주헌법쟁취 국민운동본부 결성선언문," 『6월 항쟁 10주년
기념자료집』, 1997.

박광주, 『한국권위주의 국가론』, 인간사랑, 1992.

박명규, 『국민·인민·시민 —개념사로 본 한국의 정치주체』, 소화, 2014.

박정희, 『한국 국민에게 고함』, 동서문화사, 2005.

박태균, "서민들 애환 맺힌 '정치의 광장'," 『한겨레 21』, 2009(784호).

베버, M., 박성환 옮김, 『경제와 사회 I』, 문학과 지성사, 1997.

벨, 캐서린, 류성민 옮김, 『의례의 이해』, 한신대학교 출판부, 2007.

보드리야르, 장, 이상률 옮김, 『소비의 사회』, 문예출판사, 1992.

서중석, 『배반당한 한국 민족주의』, 성균관대학교 출판부, 2004.

송기형, 『여의도 국회의사당의 건립배경과 건설과정에 관한 연구』, 한양대학교 공학대
　　　학원 석사학위논문, 2007.

슈미트, 카를, 김효전·정태호 옮김, 『정치적인 것의 개념』, 살림, 2012.

아귈롱, 모리스, 전수연 옮김, 『마리안느의 투쟁』, 한길사, 2001.

아탈리, 자크, 김용채 옮김, 『자크 아탈리의 미테랑 평전』, 뷰스, 2006.

안성호 편저, 『동유럽 민족문제 연구』, 충북대학교 출판부, 2002.

안철현, "남북협상운동의 민족사적 의미," 최장집 편, 『한국현대사 I, 1945-1950』, 1985.

앤더슨, 베네딕트, 윤형숙 옮김, 『상상의 공동체: 민족주의의 기원과 전파에 대한 성찰』,
　　　나남, 2002.

안창모, "건축," 한국예술종합학교 한국예술연구소 엮음, 『한국현대예술사대계: 1960년
　　　대』, 시공사, 2001.

양건, 『헌법강의』, 법문사, 2009-2016.

양미경, 곽태기, "박근혜 대통령의 패션정치 연구," 『한국패션디자인학회지』, 14권 1호,
　　　2014.

엘리아데, M., 박규태 옮김, 『상징, 신성, 예술』, 서광사, 1991.

_____, 이은봉 옮김, 『성과 속』, 한길사, 1998.

_____, 이은봉 옮김, 『신화와 현실』, 한길사, 2011.

유기환, "바르트의 신화학에 나타난 현대 신화의 구조와 의미," 『어문학연구』 제8집, 1999.

윤선자, "1790년 프랑스 연맹제; 국민적 통합의 축제," 『서양사학연구』 제7집, 2002.

윤장섭, "국회의사당 건립계획에 관하여," 『대한건축학회지』 14권 37호, 1970.

융, 카를 구스타프, 이윤기 옮김, 『인간과 상징』, 열린책들, 2009.

웨슬러, 하워드 J., 임대희 옮김, 『비단같고 주옥같은 정치 ―의례와 상징으로 본 唐代
　　　정치사』, 고즈윈, 2005.

이범직, 『조선 초기의 오례연구』, 서울대학교 국사학과 박사학위논문, 1988.

이강래, 『대통령을 완성하는 사람』, 형설라이프, 2016.

이문호, "9·28(서울 탈환)의 감격, 불덩어리가 된 중앙청," 『한국논단』 251권, 2010.

이재원, "제국주의의 식민통치 성격 비교: 프랑스-알제리," 『역사비평』 30호, 1995.

이정구, 『성상과 우상: 그리스도교 이미지 담론』, 동연, 2012.

이종은, "서문," 이종은 외, 『언어와 정치』, 인간사랑, 2009.

이현욱, 『조선 초기 보편적 즉위의례의 추구 一嗣位』, 서울대학교 국사학과 석사학위논
　　　문, 2014.

이화용, "영국: 민주주의의 신화와 역사(1832-1928)," 강정인 외, 『유럽 민주화의 이념
　　　과 역사』, 후마니타스, 2010.

임석재, 『서양건축사 1 一땅과 인간』, 북하우스, 2003.

임지현, 『민족주의는 반역이다: 신화와 허무의 민족주의 담론을 넘어서』, 소나무, 1999.

전상숙, "파리강화회의와 약소민족의 독립문제," 『한국근대사연구』 50, 2009.

전인하, 『대통령 취임식 TV 중계방송의 시각적 표상에 관한 연구』, 연세대학교 언론홍
　　　보대학원 석사학위논문, 2006.

정재훈, 『조선의 국왕과 의례』, 지식산업사, 2010.

정태일, "정치 이데올로기의 이상과 현실," 한국정치학회 편, 『정치학: 인간과 사회 그리
　　　고 정치』, 박영사, 2015.

조승래, "18세기 영국의 애국주의 담론과 국민적 정체성의 형성," 한국서양사학회 편,
　　　『서양에서의 민족과 민족주의』, 까치, 1999.

조지형, 『대통령의 탄생』, 살림, 2008.

조현연, "한국 민주주의와 군부독점의 해체과정 연구," 『동향과 전망』 69호, 2007.

주은우, 『시각과 현대성』, 한나래, 2003.

지라르, 르네, 박무호·김진식 옮김, 『폭력과 성스러움』, 민음사, 2000.

지젝, 슬라보예, 이수련 옮김, 『이데올로기라는 숭고한 대상』, 인간사랑, 2002.

최갑수, 「프랑스 혁명과 '국민'의 탄생」, 한국서양사학회 편, 『서양에서의 민족과 민족주
　　　의』, 까치, 1999.

칸트, 이마누엘, 백종현 옮김, 『순수이성비판 1』, 아카넷, 2013.

클라스트르, 피에르, 홍성흡 옮김, 『국가에 대항하는 사회』, 이학사, 2005.

폴라니, 칼, 홍기빈 옮김, 『다호메이 왕국과 노예무역』, 길, 2015.

터너, 빅터, 박근원 옮김, 『의례의 과정』, 한국심리치료연구소, 2005.

플라톤, 박종현 옮김, 『국가·정체』, 서광사, 2005.

피어슨, 크리스토퍼, 박형신·이택면 옮김, 『근대국가의 이해』, 일신사, 1997.

피히테, J. G., 황문수 옮김, 『독일 국민에게 고함』, 범우사, 1997.

하루키, 와다, "아시아 해방사에 있어서 3·1 독립운동," 『기독교사상』 34(4), 1990.

하버마스, J., 한승완 옮김, 『공론장의 구조변동』, 나남, 2001.

하상복, "한국의 민주화와 민족주의 이념의 정치(1945-1987)," 『동아연구』 49권, 2005.

_____, "프랑스 사회당 정부의 문화정책: 군주제와 공화제 원리의 공존," 『문화정책논
        총』 17권, 2005.

_____, "박근혜의 리더십 ―성장과 국가를 우선시하는 여성적 리더십," 호남정치학회
        엮음, 『리더십 청문회』, 부키, 2007.

_____, 『빵떼옹: 성당에서 프랑스 공화국 묘지로』, 경성대학교 출판부, 2007.

_____, "매스미디어," 한국정치학회 편, 『정치학 이해의 길잡이』, 법문사, 2008.

_____, 『광화문과 정치권력』, 서강대학교 출판부, 2010.

_____, 『죽은 자의 정치학 ―프랑스, 미국, 한국 국립묘지의 탄생과 진화』, 모티브북,
        2014.

_____, "인민을 어떻게 자유롭게 할 것인가?," 『개념과 소통』 17권, 2016.

_____, "취임의례, 전통에서 근대로: 근대적 취임의례의 예비적 연구," 『문화와 정치』,
        3(2), 2016.

헤센, 요하네스, 이강조 옮김, 『인식론』, 서광사, 1986.

홉스, T., 신재일 옮김, 『리바이어던』, 서해문집, 2007.

홉스봄, E., 강명세 옮김, 『1780년 이후의 민족과 민족주의』, 창작과비평사, 1994.

_____, 정도영·차명수 옮김, 『혁명의 시대』, 한길사, 1998.

_____, 정도영 옮김, 『자본의 시대』, 한길사, 1998.

_____, 김동택 옮김, 『제국의 시대』, 한길사, 1998.

홉스봄, 에릭·버나드 S. 콘·데이비드 캐너다인·프리스 모건·테렌스 레인저·휴 트레
        버-로퍼 엮음, 박지향·장문석 옮김, 『만들어진 전통』, 휴머니스트, 2004.

Allan, T.R.S., "Legislative supremacy and the Rue of Law: Democracy and
        Constitutionalism," *Cambridge Law Journal* 44(1), 1985.

Apostolidès, Jean-Marie, *Le Roi-Machine*, Les Editions de Minuit, 1981.

_____, *Le prince sacrifié: théâtre et politique au temps de Louis XIV*, Les Editions de Minuit, 1985.

Aureli, Pier Vittorio and Maria S. Giudici, "The Politics of Sacred Space: Spaces, rituals, architecture," http://www.diploma14.com/2013/Diploma%2014%20politics%20 of%20sacred.pdf.

Balandier, Georges, *Le Pouvoir sur Scenes*, Balland, 1992.

Bellah, Robert N., "Biblical Religion and Civil Religion in America," http://hirr.hartsem. edu/Bellah/articles_5.htm.

Beetham, David, *The Legitimation of Power*, McMillan, 1997.

Blumer, Herbert, *Symbolic Interactionnism*, University of California Press, 1969.

Cotteret, Jean-Marie, *Gouverner, c'est paraître*, PUF, 1991.

Dayan, D. et E. Katz, *La Télévision Cérémonielle: Anthropologie et Histoire en Direct*, PUF, 1996.

Dierkens, Alain et Jacques Marx (sous la dir.), *La sacralisation du pouvoir: imgaes et mises en scène*, Université de Bruxelles, 2004.

Draï, R., *Pouvoir et Parole*, Fayard, 1981.

Fechner, Erik, "Arbre de liberté: objet, symbole, signe linguistique," *Mots*, 15, 1987, http://www.persee.fr/doc/mots_0243-6450_1987_num_15_1_1350.

Fleurdorge, Denis, *Les Rituels du President de la Republique*, PUF, 2001.

Hirschman, Albert, *Rhetoric of Reaction*, The Belknap press of Harrard university Press, 1991.

Huntington, S.P., *The Third Wave of Democratization in the late 20th Century*, University of Oklahoma Press, 1991.

Jackson, R.A., *The Royal Coronation Ceremony in France from Charles VIII to Charles X*, University of Minnesota, Ph. D. dissertation, 1976.

Kertzer, David I., *Ritual, Politics & Power*, Yale University Press, 1988.

Kramnick, I., and F. M. Watkins, *The Age of Ideology-political thought*, 1750 to the

Present, Prentice-Hall, Inc., 1979.

LeBart, Chriatian, *Le Discours Politique*, PUF, 2000.

Marin, Louis, *Des Pouvoirs de l'Image*, Editions du Seuil, 1993.

_____, *Le portrait du roi*, Les Editions de Minuit, 1981.

_____, *Politiques de la Représentation*, Editions KIME, 2005.

Mark, Max, *Modern Ideologies*, St. Martin's Press, 1973.

Murray, Edelman, *The Symbolic Uses of Politics*. University of Illinois Press, 1985.

_____, *Constructing the Political Spectacle*, The University of Chicago Press, 1988.

Padioleau, J.G., *L'Ordre Social*, L'Harmatan, 1986.

Pennsylvania, *Revised Report made to the Legislature of Pennsylvania, Soldiers' National Cemetery at Gettysburg*, Singerly & Myers, State printers; Harrisburg, 1867.

Ponder, Stephen, *Managing the Press: origins of the media presidency*, 1897–1933, Macmillan, 1999.

Schirch, L., *Ritual and Symbol in Peacebuilding*, Kumarian Press, Inc., 2005.

Shaftesbury, *Characteristics of Men, Manners, Opinions, Times*, Lawrence E. Klein (ed.), Cambridge University Press, 1999.

Sfez, Lucien, *La symbolique politique*, PUF, 1988.

Weber, Max, Gerth, H.H.·C.W. Mills (tr. and eds.), *From Max Weber: Essays in Sociology*, Oxford University Press, 1946.

연설문, 신문·방송 기사, 기타 자료

"광복절," 〈위키백과〉.

"국회 건축/예술," 국회의사당 홈페이지(www.assembly.go.kr).

"기록으로 만나는 대한민국 70년," http://theme.archives.go.kr/next/koreaOfRecord/parliamentBldg.do.

김종민, "각하 호칭 논란, 어원을 살펴보니," http://daily.hankooki.com/lpage/politics/

201412/dh20141208225553137450.htm.

김종석, "1955년 지붕없는 육군체육관이 모태," http://news.donga.com/3/all/2015
0113/69052068/1.

만델라, N., "우리 모두를 위한 평화가 있게 하소서," 『Daily 월간조선』, 2012년 1월.

압바스, M., "제66차 유엔 총회 연설문," http://www.sweetspeeches.com/s/2546-mah
moud-abbas-mahmoud-abbas-un-speech-calling-for-a-palestinian-state.

오바마, B., "오바마 대통령 취임사," 『문화일보』, 2009년 1월 21일.

"우리대통령 – 대통령 찬가(1960년)," 『대한늬우스』 제255호.

이명박, "제66차 유엔총회 기조연설," http://www.mofa.go.kr/webmodule/htsboard/
template/read/korboardread.jsp?typeID=6&boardid=89&tableName=TYPE_
DATABOARD&seqno=335811.

"이스라엘 독립선언서," 〈위키백과〉.

"이제는 말할 수 있다. 국풍 81," https://www.youtube.com/watch?v=Q49vOupSTc4.

이종민, "우리나라 최초 철골 돔 구조 시설물 장충 체육관의 추억," http://www.posri.
re.kr/ko/mobile/view/R13008.

전두환, "개헌공고에 즈음한 대통령 특별담화," 『동아연감』. 1981.

Bush, G.W., "The Struggle for Democracy in Iraq," http://www.presidentialrhetoric.
com/speeches/12.12.05.html.

_____, "President Delivers State of the Union Address," http://georgewbush-
whitehouse.archives.gov/news/releases/2002/01/20020129-11.html.

Lenin, V., "Decree on Peace," https://www.marxists.org/archive/lenin/works/1917/
oct/25-26/26b.htm.

Mtterand, François, "Discours d'investure de M. François Mitterand, Président de la
République," http://www.elysee.fr/la-presidence/discours-d-investiture-de-
francois-mitterrand-21-mai-198/.

"Proclamation of Independence," http://www.knesset.gov.il/docs/eng/megilat_eng.htm.

"Union Buildings," Wikipedia.

Wilson, W., "Fourteen points," http://avalon.law.yale.edu/20th_century/wilson14.asp.

『경향신문』, "대통령 취임식, 국기 올리고 경의 표하자," 1948.07.23.

_____, "대통령찬가," 1953.08.15.

_____, "정·부통령 취임식 성료," 1956.08.16.

_____, "합동회의장 없어 야단," 1960.06.28.

_____, "구 중앙청 청사 복구 사용," 1961.09.06.

_____, "축전 속에 민정 제3의 출발," 1963.12.17.

_____, "잠실체육관 개점 휴업 … 동양 최대 시설," 1979.07.26.

_____, "축포, 비둘기 날리며 희망의 나라로," 1988.02.25.

_____, "인공기 게양," 1995.08.16.

_____, "국민의 정부 출범," 1998.02.25.

_____, "〈한국전쟁 60년(2): 인천상륙과 서울수복〉," 2010.04.26. http://news.
khan.co.kr/kh_news/khan_art_view.html?artid=201004261751455#csidxb95e85
de5cd03e293e3385f59c08b72.

_____, 김보미, "매년 보신각 새해 알리는 제야의 종, 33번 타종 유래는?"
2015.12.28. http://news.khan.co.kr/kh_news/khan_art_view.html?artid=20151
2280610401#csidx5083eeb611861cb92b3367382cbb8dd.

『동아일보』, "명일 대통령·부통령 취임식, 국기 달고 경축하자," 1948.07.23.

_____, "무궁화대훈장령, 대통령령으로 공포," 1949.08.14.

_____, "정·부통령 취임식 성대." 1952.08.16.

_____, "파란 많은 우남회관공사," 1958.06.19.

_____, "권세와 아부로 남산에 세운 이 박사 동상도 하야하기로," 1960.07.24.

_____, "경제안정제일주의를 지향," 1960.08.14.

_____, "활짝 열린 '문화의 전당', 어제 시민회관 개관식 성대," 1961.11.08.

_____, "80년 새마을지도자대회, 잠실체육관서 유공자 등 표창," 1980.12.10.

_____, "민정당 전당대회, 전 대통령을 후보·총재로," 1981.01.15.

_____, "중앙청 영욕 56년, 건립에서 '박물관 계획'까지. (하) 관의 상징서 문화전당
으로," 1982.03.19.

_____, "검소한 식장 가득한 향기와 기대," 1988.02.25.

_____, "노 대통령이 노 대통령에 주는 훈장," 2008.01.29.

『매일경제』, "천수이벤 '독립선언, 양국론 천명 없다'," 2000.05.21.

『서울신문』, "흑백화합 새 출발, 15만 명 참석 축복. 남아공 만델라 대통령 취임," 1994.05.11.

_____, "천수이벤 새 총통 20일 취임," 2000.05.16.

_____, "시대의 거울이자 국민 향한 다짐. … 10명의 대통령 초심 지켰을까," 2013.02.23.

『연합뉴스』, "새 정부 명칭, '박근혜 정부'로 결정," 2013.02.06.

『오마이뉴스』, "반칙·특권 용납되는 시대 끝내야. 21세기 동북아 중심국가 웅비하자," 2003.02.25.

_____, "새 정부 명칭은 '박근혜 정부'," 2013.02.06.

『중앙일보』, "MB, 취임식서 논란 끝 양복 입기로," 2008.02.24.

『조선일보』, "오바마 취임식 행사 곳곳에 '링컨의 향기'," 2009.01.20. http://news. chosun.com.site.data.html_dir.2009.01.18.2009011801049.html.

『프레시안』, 곽재훈, "테러에 대한 우리의 대응은 더 많은 민주주의와 개방성, 인간애," 2011.07.26.

『한겨레』, "김대중 정부 출범, 임명동의한 꼼꼼한 서명, 첫 직무수행," 1998.02.25.

_____, "한나라, '새 정부 이름은 실용정부'," 2007.12.16.

_____, "실용정부냐, 이명박 정부냐," 2007.12.21.

_____, "이명박 정부, '실용정부'라는 말 안 쓰기로," 2007.12.28.

『한국일보』, "남아공 흑인정권 출범. 만델라, 대통령취임 업무시작," 1994.05.11.

Le Monde, "Les cérémonies de la journée du 21 mai 1981," le 21 mai 1981.

_____, "De l'Élysée au Panthéon," le 22 mai 1981.

대통령기록관(http://www.pa.go.kr).

『조선왕조실록』(sillok.history.go.kr).

: 찾아보기 :